हरिशंकर परसाई

22 अगस्त, 1924 को मध्य प्रदेश, होशंगाबाद के जमानी गाँव में जन्मे हरिशंकर परसाई का आरम्भिक जीवन कठिन संघर्ष का रहा। पारिवारिक जिम्मेदारियों के बीच उन्होंने नागपुर विश्वविद्यालय से हिन्दी में एम.ए. किया और फिर 'डिप्लोमा इन टीचिंग' का कोर्स भी।

उनकी प्रकाशित कृतियाँ हैं–'हँसते हैं रोते हैं', 'जैसे उनके दिन फिरे' (कहानी-संग्रह); 'रानी नागफनी की कहानी', 'तट की खोज' (उपन्यास); 'तब की बात और थी', 'भूत के पाँव पीछे', 'बेईमानी की परत', 'वैष्णव की फिसलन', 'पगडंडियों का ज़माना', 'शिकायत मुझे भी है', 'सदाचार का तावीज़', 'विकलांग श्रद्धा का दौर', 'तुलसीदास चन्दन घिसैं', 'हम इक उम्र से वाकिफ हैं', 'जाने-पहचाने लोग', 'कहत कबीर', 'ठिठुरता हुआ गणतंत्र' (व्यंग्य निबन्ध-संग्रह); 'पूछो परसाई से' (साक्षात्कार)। 'परसाई रचनावली' शीर्षक से छह खंडों में उनकी सभी रचनाएँ संकलित हैं। लगभग सभी भारतीय भाषाओं और अंग्रेजी में उनकी रचनाओं के अनुवाद हुए हैं।

उन्हें 'साहित्य अकादेमी पुरस्कार', मध्य प्रदेश के 'शिखर सम्मान' समेत कई पुरस्कारों से सम्मानित किया गया।

10 अगस्त, 1995 को उनका निधन हुआ।

किस्सा कुर्सी का

हरिशंकर परसाई

संकलन
प्रकाशचन्द दुबे

राजकमल पेपरबैक्स

राजकमल पेपरबैक्स में
पहला संस्करण : 2024

राजकमल पेपरबैक्स : उत्कृष्ट साहित्य के जनसुलभ संस्करण

राजकमल प्रकाशन प्रा. लि.
1-बी, नेताजी सुभाष मार्ग, दरियागंज
नई दिल्ली-110 002
द्वारा प्रकाशित

शाखाएँ : अशोक राजपथ, साइंस कॉलेज के सामने, पटना-800 006
पहली मंजिल, दरबारी बिल्डिंग, महात्मा गांधी मार्ग, प्रयागराज-211 001
1, अनमोल सोराबजी सन्तुक लेन, धोबी तलाव, मरीन लाइंस, मुम्बई-400 002
वेबसाइट : www.rajkamalprakashan.com
ई-मेल : info@rajkamalprakashan.com

विकास कंप्यूटर एंड प्रिंटर्स
ट्रॉनिका सिटी-201 102
द्वारा मुद्रित

मूल्य : ₹250

KISSA KURSI KA
Interviews by Harishankar Parsai
Compilation by Prakashchand Dube

ISBN : 978-93-6086-535-1

प्रकाशकीय

हरिशंकर परसाई के साक्षात्कारों का यह संकलन उनके लेखन और जीवन, दोनों के बारे में एक आवश्यक सन्दर्भ स्रोत बन गया है। अलग-अलग समयों में अलग-अलग लोगों से बातचीत करते हुए परसाई ने जो बातें कही हैं उनसे उनके विचारों और चिन्तन-प्रक्रिया की थाह तो मिलती ही है, उस परिवेश का भी पता चलता है जिसने उनके लेखकीय अनुभव-जगत को निर्मित करने में महत्त्वपूर्ण भूमिका निभाई। प्रसंगवश उन्होंने अपने व्यक्तिगत जीवन का उल्लेख भी किया है जिससे उनके जीवन-संघर्ष की झलक मिलती है। बात लेखन की हो चाहे जीवन की, उनमें कहीं भावुकता नहीं है। वे हमेशा विवेक को महत्त्व देते हैं और बेबाकी से अपना नजरिया रखते हैं।

परसाई और व्यंग्य को एक-दूसरे का पर्याय मान लिया गया है। इसके पीछे उनके लेखन की शक्ति और श्रेष्ठता को स्वीकार करने का भाव ही रहा है। इससे यह भी हुआ है कि उनके चिन्तक-विचारक रूप पर लोगों का ध्यान किंचित कम गया है, जिसे इस पुस्तक में सहज ही लक्षित किया जा सकता है।

हम उनके सभी साक्षात्कारों को इस पुस्तक में अविकल रूप में प्रकाशित करना चाहते थे। विभिन्न पत्र-पत्रिकाओं में बिखरे साक्षात्कारों को इकट्ठा करना काफी श्रमसाध्य साबित हुआ, आखिरकार सफलता मिली। तमाम प्रयासों के बावजूद एक साक्षात्कार पूरा नहीं मिल सका। इसलिए वह अधूरा ही दिया गया है। सम्भव है परसाई जी के एक-आध साक्षात्कार अब भी कहीं दबे पड़े हों। यदि ऐसा कुछ मिला तो उसको अगले संस्करण में शामिल कर लिया जाएगा।

क्रम

व्यंग्य कोई विधा नहीं यह एक स्प्रिट है

ज्ञानरंजन की बातचीत

ज्ञानरंजन : आपने लेखन लगभग किस सन् में आरम्भ किया?

हरिशंकर परसाई : मैंने सन् '48 के आसपास लिखना शुरू कर दिया परन्तु जमकर मैंने '50-51 में लिखा।

ज्ञा. रं. : यह वह समय था जब भारतीय साहित्य में अलगाव की प्रवृत्ति लेखकों में प्रमुख थी। परन्तु आपकी भूमिकाओं तथा 'गर्दिश के दिन' जैसे आत्म-कथ्य से मालूम होता है कि आपने लेखन अलगाव से नहीं, लगाव से शुरू किया—ऐसा क्यों?

ह. प. : मेरे साथ ऐसा हुआ कि एक ओर तो मैं कुछ समय किशोरावस्था में भोगे व्यक्तिगत दुखों और उनकी स्मृतियों से आक्रान्त था, दूसरी ओर जबलपुर में मेरा साथ उस समय ऐसे लोगों से हो गया जो साहित्य और राजनीतिक क्षेत्र के बुलन्द लोग थे। व्यक्तिगत दुख का मोह 2-3 सालों में समाप्त हो गया। जिन लोगों के साथ मैं था, वे कांग्रेस के भीतर के समाजवादी थे तथा 1942 के भारत छोड़ो आन्दोलन के 'हीरो' थे। वे उग्र समाजवाद के नारे के साथ कांग्रेस से बाहर आ गए, मैं इनके साथ हो गया। यह आन्दोलन तब बहुत उग्र और 'पॉजिटिव' था, बाद में 'निगेटिव' हो गया। पर इन वर्षों में एक आन्दोलन में शामिल होने का बोध और उत्साह मेरे भीतर था। इसलिए कुंठा, निराशा, निर्वासन, अकेलेपन का प्रश्न ही नहीं था।

दूसरे महायुद्ध के बाद निर्वासन की प्रवृत्ति यूरोप में बढ़ी, उसके विशिष्ट कारण थे। एक तो युद्ध का महानाश, दूसरी ओर फासिस्ट पूँजीवाद और बुर्जुआ लोकतांत्रिक पूँजीवाद के बीच के संघर्ष में भौतिक, नैतिक और आत्मिक विनाश हुआ। इसका कोई कारण पश्चिमी यूरोप के बुद्धिजीवी की समझ में नहीं आ रहा था। इसलिए वहाँ के लेखक अपनी नियति के बारे में अनिश्चित हो गए। सामूहिक नाश भोगे हुए लोग व्यक्तिगत हालात से घबरा उठे, ऐसे में उनकी आस्थाएँ टूट गईं। वे उस परिवेश में अपने को अकेला और निर्वासित महसूस करने लगे। ध्यान देने की बात

यह है कि आखिर इन लेखकों, कवियों में पुनर्निर्माण का उत्साह क्यों नहीं है? उसी समय रूस का हर कवि नष्ट कारखाने के फिर खड़े होने से उल्लसित होता था और कविता लिखता था; जबकि पश्चिमी यूरोप में पुनर्निर्माण के बावजूद लेखक निराश, कुंठित और निर्वासित अनुभव कर रहा था।

भारत में स्वतंत्रता आई ही थी, युद्ध का विनाश इस देश ने नहीं भोगा था। विभाजन और नरसंहार अवश्य भोगा था। नव स्वतंत्र देश में निर्माण के उत्साह के बजाय निराशा और कुंठा आखिर क्यों थी? कारण—एक तो यह है कि स्वतंत्रता-आन्दोलन में भावुकता अधिक थी और आर्थिक-सामाजिक क्रान्ति के तत्त्व लगभग नहीं थे। हमने स्वतंत्रता में बहुत जल्दी बहुत अधिक आशा कर ली और एक क्रान्ति के बाद निर्माण का जो उत्साह होता है वह गायब था। फिर बहुत जल्दी राजनीतिक-आर्थिक-सामाजिक क्षेत्र में भ्रष्टाचार फैल गया। उस समय जो लिखा गया, उसके कुछ कारण तो ये थे, पर ऐसा लेखन बहुत कुछ झूठा और नकल थी।

ज्ञा. रं. : आपके लेखन में राजनीतिक चेतना की शुरुआत कब से होती है? इसके पीछे जीवन की शिक्षा है, कोई घटना, कोई व्यक्ति या कोई विचारधारा?

ह. प. : आरम्भ में ही राजनीतिक लोगों के साथ रहने के कारण राजनीतिक चेतना मुझमें थी। वे लोकतांत्रिक समाजवादी लोग थे जिनके नेता जयप्रकाश नारायण थे। पहले आम चुनाव में इनका सफाया हो गया। इनमें खीझ आई और 'फ्रस्ट्रेशन' में आए और ये टूट-फूट गए। संयोग से तभी मेरा सम्पर्क कम्यूनिस्ट पार्टी से हुआ और मार्क्सवादियों के सम्पर्क से मैंने बहुत कुछ सीखा। अब मेरी दृष्टि साफ है। मैं श्रमिक आन्दोलन से भी तभी सम्बद्ध हो गया। मेरा अनुमान है कि सन् '53-54 में मार्क्सवाद के प्रभाव में आ गया। तभी मेरा सम्पर्क मुक्तिबोध जी से हुआ और उन्होंने मेरे मार्क्सवादी विश्वासों को मजबूत किया तथा दृष्टि को बिलकुल साफ और सही कर दिया।

ज्ञा. रं. : आपके नाम के साथ व्यंग्य-शिल्पी, व्यंग्यकार जैसे शब्द जुड़ गए हैं; अर्थात् आपका व्यक्तित्व मूल रूप में, या कहें, केवल व्यंग्य-लेखक का मान लिया गया है। आपने व्यंग्य माध्यम ही अभिव्यक्ति के लिए क्यों चुना?

ह. प. : एक तो इस प्रकार लेबल लगाना ठीक नहीं है, परन्तु जिम्मेदारी कुछ मेरी भी है। मैंने यह तय करके लिखना शुरू नहीं किया कि व्यंग्य नाम की चीज ही लिखूँगा। वास्तव में हर लेखक जीवन की खोज और समीक्षा करता है और जीवन से साक्षात्कार करता है। इसके लिए किसी विशिष्ट शैली या रूप का चुनाव सहज ही हो जाता है। मैंने वही लिखा है जो दूसरे लेखकों ने दूसरे ढंग से लिखा है पर कुछ तो मेरी मानसिक प्रवृत्ति और चेतना तथा सामाजिक जीवन के प्रति

मेरी प्रतिबद्धता थी जिसके कारण मैंने विसंगतियों, विकृतियों, अन्याय, शोषण, पाखंड, दोमुँहापन, ढोंग इत्यादि को पकड़ा। इस पर लेख भी लिखा जा सकता है या अखबारी टिप्पणी भी। पर एक रचनाकार के नाते इन्हें अभिव्यक्त करने के लिए मुझे व्यंग्य का माध्यम अनुकूल पड़ा।

ज्ञा. रं. : आपके पहले से और आपके समय में भी हास्य और विनोद की परम्परा थी। आपने हास्य और विनोद की इस परम्परा का जान-बूझकर त्याग किया था?

ह. प. : हास्य-विनोद अच्छी चीजें हैं। हँसना स्वास्थ्य का लक्षण है, पर हर बात पर हँसना गैर-जिम्मेदारी और मूर्खता है। जीवन में हर बात पर हँसी नहीं आती। किसी बात पर करुणा पैदा होती है, किसी से घृणा होती है, किसी से क्रोध होता है। इसलिए केवल विनोद और हास्य का लहजा गैर-जिम्मेदारी का काम है। कोई हास्य-लेखक पीटनेवाले पर भी हँसे कि कैसे मजे में पीट रहा और पिटनेवाले पर भी हँसे कि कैसे मजे में पिट रहा है तो ऐसे लेखक को आप क्या कहेंगे? जानवर कहेंगे न? मगर जानवर हँसते नहीं हैं, मेरा मतलब है, यह समझ चाहिए कि क्या हँसने लायक है और क्या रोने लायक है अर्थात् सहानुभूति तय होनी चाहिए। इसके लिए लेखक को ठिठोली और छिछोरापन छोड़ करके सामाजिक जीवन में अपने को शामिल करना होता है। उसकी सम्बद्धता होनी चाहिए। यहीं से मात्र हास्य-विनोद और सामाजिक चेतना-सम्पन्न व्यंग्य अलग हो जाता है।

ज्ञा. रं. : क्या आप व्यंग्य को स्वतंत्र विधा मानते हैं?

ह. प. : इसका जवाब लेना चाहिए शास्त्रियों से। मेरे मत में व्यंग्य कोई विधा नहीं है। इसका अपना कोई 'स्ट्रक्चर' नहीं है। यह एक 'स्प्रिट' है, जो हर विधा में आ सकती है : कहानी में, नाटक में, उपन्यास में। बर्नार्ड शॉ का प्रधान स्वर व्यंग्य है, लेकिन उनका मूल्यांकन नाटककार के रूप में होता है। व्यंग्य कविता से लेकर उपन्यास तक में आ सकता है।

ज्ञा. रं. : जीवन के प्रति व्यंग्य का लहजा क्या हमें दार्शनिक रूप से एक अस्थिर और सिनिक नहीं बना देता?

ह. प. : व्यंग्य एक पॉजिटिव चीज है, उसे नकारात्मक नहीं मानना चाहिए। व्यंग्य-लेखक यही तो बताता है कि समाज में यह बुरा है, यह असंगत है, यह अकल्याणकारी है। वह ऐसा इसलिए करता है कि क्योंकि वह दुखी है कि इतना बुरा क्यों हुआ। वह एक बेहतर मनुष्य, एक बेहतर समाज-व्यवस्था के प्रति आस्था रखता है इसलिए जो बुराई आज उसे दिखती है, उन्हें इंगित करता है। डॉक्टर अगर मरीजों को रोग बताता है तो वह निराशावादी, नकारात्मक और 'सिनिकल' नहीं है,

वह आदमी को स्वस्थ करना चाहता है, इसलिए रोग बताता है। अगर वह रोगी से कह दे कि वह तो स्वस्थ है तो वह मर जाएगा। यह लहजा क्या सकारात्मक है?

ज्ञा. रं. : परसाई जी, मैं आपके सामने एक समस्या रख रहा हूँ। यह बताएँ कि व्यंग्य अगर विसंगति में ही पैदा होता है, जैसा आप मानते हैं, तो क्या यह विधा संसार के साहित्य में अस्थायी तौर पर है?

जब सारी दुनिया समाजवादी संगति में व्यवस्थित हो जाएगी तो व्यंग्य कहाँ जाएगा?

ह. प. : यह सही है कि पूँजीवादी व्यवस्था में सामाजिक, आर्थिक विषमताएँ बहुत होती हैं, अन्याय और ढोंग भी भरपूर होता है, इसलिए पूँजीवादी व्यवस्था में व्यंग्य के मुद्दे बहुत होते हैं, लेकिन समाजवाद स्थापित होने के बाद व्यंग्य की जरूरत नहीं रहेगी, ऐसी बात नहीं! वास्तव में दो मनुष्य, उनका चरित्र, उनका काम करने के तरीके कभी एक जैसे नहीं हुए। समाजवादी हैं, वहाँ ये हैं और उन पर लिखा जा रहा है। रूस में नौकरशाही की बहुत विसंगतियाँ हैं। सरकारी फार्मों, सहकारी दुकानों में विसंगतियाँ हैं, कारखाने के मैनेजर तरह-तरह के होते हैं और उनमें तरह-तरह की सनक भी होती है, अति क्रान्तिकारिता के उबाऊ नारे भी होते हैं।

यह कल्पना नहीं की जा सकती कि रूस के किसी सहकारी स्टोर में अच्छे विदेशी जूते आए हों और स्टोर के मैनेजर ने उनमें से दो-चार जोड़ी अपने लोगों के लिए बुक न कर लिये हों, यह होता है और रूसी लेखक इस तरह के व्यंग्य भी करते हैं। रूसी पत्रिका 'क्रोकोडाइल' में छपा एक व्यंग्य बताता हूँ।

कोऑपरेटिव स्टोर पर नोटिस लगा था—पाँच सौ इटालियन जूते अमुक साइज के आए हैं, इनमें से चार सौ पचास जोड़ी की माँग पहले से बुक है, उनचास जोड़ी कार्यकर्ताओं ने ले लिये हैं, अब एक जोड़ी बचा है, सब ग्राहकों से अनुरोध है कि वे आकर उस जूते को देख लें और अपनी पसन्द का ले जाएँ। और उदाहरण देता हूँ। एक रूसी उपन्यास 'पाट होल्स' में है। सहकारी कृषि फार्मों का सेक्रेटरी एक मरते हुए आदमी को चार-पाँच मील दूर डॉक्टरों के पास नहीं ले जाने देता, वह कहता है कि ट्रैक्टर खेती के लिए है, दूसरे काम के लिए नहीं। उसे आखिर किसी तरह डॉक्टर के पास तक ले जाया जाता है, पर डॉक्टर उसे देखकर कहता है कि यह अभी-अभी मर गया। क्या तुम इसे कुछ पहले नहीं ला सकते थे? उसके साथ के लोग उसे बताते हैं कि सहकारी फार्म के सेक्रेटरी ने ट्रैक्टर नहीं दिया। डॉक्टर खीझकर कहता है—वह एक नौकरशाह है जो हत्यारा हो गया। देखिए, विसंगतियाँ हर मनुष्य समाज में होती हैं, वे चाहे कम हों, उनका रूप बदला हुआ हो और उनका प्रतिफलन चाहे उतना घातक न हो।

ज्ञा. रं. : आपकी धारणा है कि आप सुधारवादी नहीं हैं, आप परिवर्तन के लिए लिखते हैं या लिखना चाहते हैं, कृपया यह बताएँ कि योजना-आयोग, विज्ञान-संस्थाएँ, न्यायपालिका, संसद, प्रकाशन-संस्थान, रेडक्रॉस, सामाजिक क्लब, कानून और परिवार—ये सभी संसदीय तंत्र, वर्तमान हालत में लेखन शास्त्र और शस्त्र में परिवर्तित हो सकेंगे? क्या साहित्य में क्रान्तिकारी परिवर्तन हो सकेगा?

ह. प. : मैं सुधार के लिए नहीं बल्कि परिवर्तन के लिए लिखता हूँ, यह कहने का मेरा यह अर्थ नहीं है कि मैं और मेरे जैसे परिवर्तनकारी लेखक केवल लेखन में समाज बदल देंगे। ऐसा दावा करना तो अहंकार और मूर्खता है। क्रान्तिकारी परिवर्तन क्रान्तिकारी आन्दोलन से ही होते हैं। भारत में एक प्रयोग जैसा हो रहा है। जवाहरलाल नेहरू राष्ट्रीय बुर्जुआ के नेता थे, परन्तु उन्होंने सार्वजनिक उद्योग क्षेत्र खोल दिया और योजना आयोग बैठा दिया। आयोग पूँजीवाद की नहीं, समाजवाद की चीज है, इससे कम्यूनिस्ट और गैर-कम्यूनिस्ट दोनों भौचक थे। यह कैसा बुर्जुआ है, जो 'पब्लिक सेक्टर' का विस्तार होता जाएगा, वह कभी जाकर 'प्राइवेट सेक्टर' को खत्म कर देगा? ऐसा यह प्रयोग है। साम्यवादी पार्टियाँ भी रणनीति के हिसाब से ही सही संसदीय मार्ग अपना रही हैं। उन्हें काम करने के लिए संसदीय लोकतंत्र की आवश्यकता भी है। योजना आयोग, न्यायपालिका, शिक्षा-पद्धति आदि पूँजीवादी तंत्र की हैं, समाजवाद की नहीं। इसलिए देखा जा रहा है कि 33 वर्ष बाद भी कोई विशेष परिवर्तन हुआ नहीं। मेरा खयाल है कि पूरी व्यवस्था को बदले बगैर कुछ होनेवाला नहीं है और इसके लिए वर्ग-संघर्ष जरूरी मालूम होता है। ऐसे वर्ग-संघर्ष की तैयारी कब होगी, यह मैं नहीं कह सकता। हम लेखक कुल इतना कर सकते हैं कि इस व्यवस्था की सड़ाँध को उजागर करें और परिवर्तन की चेतना का निर्माण करें।

ज्ञा. रं. : 'वैष्णव की फिसलन' की भूमिका में आपने लिखा है कि कुछ लोग आपकी रचना 'अकाल उत्सव' पढ़कर सोचने लगे हैं कि लेखक का विश्वास संसदीय लोकतंत्र से उठ रहा है। श्याम बेनेगल की फिल्म 'अंकुर' और आपके 'अकाल उत्सव' के अन्त में हिंसा का संकेत है। आपने अपनी भूमिका 1973 में लिखी थी और कहा था कि इस आरोप का उत्तर अभी मैं नहीं दूँगा। क्या आज 7 वर्ष बाद आप कोई उत्तर दे सकते हैं? उसी भूमिका से मैं आपका एक वाक्य दोहराता हूँ कि 'इतिहास एक हद तक समय देता है, मेरा खयाल है, हमें तीन सालों से ज्यादा का समय नहीं है।'

ह. प. : 'अकाल उत्सव' जैसी और भी कहानियाँ मैंने लिखी हैं। एक कहानी 'चूहा और मैं' है। इसमें हिंसा का संकेत है। यह अजब बात है बल्कि षड्यंत्र है कि जब शोषित लोग लड़ने लगते हैं तब ही यह शोर हो जाता है कि हिंसा हो रही है। शोषक वर्ग की हिंसा सिर्फ 'लॉ एंड ऑर्डर प्रॉब्लम' कहलाती है। शासन की हिंसा संवैधानिक बन जाती है।

ज्ञा. रं. : 'न्यूनतम मजदूरी' खेत-मजदूरों को न कांग्रेस सरकार दिला सकती है, न वामपंथी मोर्चे की सरकार, यह तथ्य है। न्यूनतम मजदूरी का कानून संसद और विधानसभा द्वारा पास करके रखा हुआ है। सरकार के आदेश M.E. इसके लिए अलग विभाग भी है, कानून भी है और प्रोपेगैंडा और मशीनरी भी। मगर खेत-मजदूरों को 'न्यूनतम मजदूरी' नहीं दिलाई जा सकी। माँगते हैं तो उनकी पिटाई। जमींदार, पुलिस, श्रम विभाग के अफसर, स्थानीय विधायक, संसद-सदस्य तथा प्रदेश का राजनीतिक नेतृत्व सब मिले हुए हैं। ऐसी हालत में खेत-मजदूर क्या करे? वह यह करता है कि संगठित होकर, हथियार धारण करता है और किसी जमींदार को मार डालता है और इस आतंक के कारण क्षेत्र के डरे हुए भूमिपतियों से न्यूनतम मजदूरी ले लेता है। फिर पुलिस आती है, मिलिटरी आती है, सभी बच्चों-पुरुषों को मार डालती है, गाँव नष्ट कर देती है। मगर मजदूर संगठित होकर फिर वही करता है। जिसे नक्सलवाद नाम दिया गया है, वह इन्हीं हालात में पैदा हुआ है। आम आदमी का विश्वास लोकतांत्रिक संस्थाओं पर से डिग रहा है क्योंकि वे कारगर नहीं और शोषक वर्ग का साथ देती हैं। 1973 में आसार दिखने लगे थे कि इस व्यापक जन-असन्तोष और क्रोध का उपयोग 1971 के चुनाव में हारे हुए दक्षिणपंथी, प्रतिक्रियावादी राजनीतिक दल करेंगे। उन्होंने '74-75 में किया। 'सम्पूर्ण क्रान्ति' का आन्दोलन इन्हीं दलों ने जनता से कराया। हालाँकि वह जन-विरोधी आन्दोलन था। एशिया, अफ्रीका के पिछड़े हुए तथा विकासशील देशों में या तो कम्यूनिस्ट सरकारें हैं या फौजी तानाशाही है। संसदीय लोकतंत्र कहीं नहीं है। श्रीलंका और मिस्र में राष्ट्रपति की तानाशाही कायम हो गई। 1980 के चुनाव में जनता ने फिर से दो-तिहाई बहुमत से कांग्रेस (इन्दिरा) को सत्ता सौंप दी। अब यदि लोगों की अपेक्षाएँ पूरी नहीं हुईं तो उन पर यह प्रतिक्रिया होगी कि संसदीय लोकतंत्र की आखिरी परीक्षा हो गई, अब क्या हो? इन्दिरा गांधी कहती हैं : 'लोगों की इच्छाएँ पूरी नहीं हुईं तो वे लोकतंत्र को लात मार देंगे।' तब क्या ऐसी स्थिति आएगी कि वामपंथी क्रान्तिकारी आन्दोलन के कॉफी संगठित और ताकतवर न होने के कारण या तो इन्दिरा गांधी संवैधानिक तानाशाही ले आएँ या फौज का शासन हो जाए? ये प्रश्न विचारणीय हैं। इस स्थिति को तभी बचाया जा सकता है जब वामपंथी ताकतें बहुत तेजी से बढ़ें और विकल्प का रूप धारण करें।

ज्ञा. रं. : कबीरदास की असफलता के क्या कारण थे? वही कारण क्या आपकी असफलता के नहीं हो सकते?

ह. प. : कबीरदास कवि थे, आन्दोलनकर्ता नहीं। मैं भी लेखक हूँ, आन्दोलनकर्ता नहीं। लेखन की क्षमता और परिणामों की सीमाएँ होती हैं। कबीरदास पर निर्णय ऐसे नहीं दे सकते हैं कि वे सफल हुए कि असफल। देखना होगा कि कबीरदास का

क्या उद्देश्य था। कबीरदास विद्रोही थे। धार्मिक और दार्शनिक क्षेत्र में वे मूर्तिपूजा और कर्मकांड के विरोधी थे तथा सामाजिक क्षेत्र में वे जातिवाद के विरुद्ध थे। काव्य में उनका आन्दोलन लोकतांत्रिक आन्दोलन है। पर आन्दोलन बहुत फैला। जितने भी कवि हुए और वे नीची जातियों के हुए जिन्होंने समता और लोकतांत्रिक मूल्यों की स्थापना के लिए काव्य रचा। अब जहाँ तक मेरा प्रश्न है, मैंने कभी यह दावा नहीं किया कि मेरे लेखन मात्र से कोई परिवर्तन हो जानेवाला है। असंख्य लोग हैं—मजदूर हैं, किसान हैं, गरीब लोग हैं जो परिवर्तन के लिए लड़ रहे हैं। यही सफल होंगे, मैं इनके साथ कलम लेकर पैदल चलनेवाला हूँ।

ज्ञा. रं. : घोर अवसरवाद के झंझावात में विरुद्ध खड़े रहने का काम आगे बढ़ा है क्या? क्या आपको ऐसा नहीं लगता कि हास्य-व्यंग्य का साहित्य खतरों की तुलना में यशोपार्जन, धनोपार्जन से ही ज्यादा जुड़ा है?

ह. प. : साहित्य मात्र से अब यश और धन मिलते हैं, इन्हें कोई नकार नहीं सकता। केवल व्यंग्य लिखनेवाले से ही यश और धन के प्रति निर्मोही होने की ओर खतरा उठाने की अपेक्षाएँ नहीं होनी चाहिए। खतरे हर प्रकार के लेखन में हैं—कविता में, उपन्यास में। आजादी की लड़ाई के जमाने में यह जो गीत था—'विजयी विश्व तिरंगा प्यारा, झंडा ऊँचा रहे हमारा', यह काव्य तो नहीं है पर खतरनाक नारा था और इसे गाते हुए लाखों लोग जेल गए। खतरे का सवाल इस तरह पैदा होता है कि जो लिखा गया है, वह किन हितों के विरुद्ध है और उसकी कितनी व्यापक अपील है। 'इमरजेंसी' के वक्त तो यह लिखना कि शहर में 'तेल की कमी है' खतरे से खाली नहीं था, फौरन प्रेस में खुफिया और सेंसर के लोग आ जाते थे। यह सही है कि बहुत कुछ जो व्यंग्य और विनोद के नाम पर लिखा जा रहा है, तीव्र सामाजिक चेतना से हीन है। इसमें गुदगुदाने और हँसाने की प्रवृत्ति ही देखी जाती है। कुछ लेखक बहुत अच्छे हैं मगर ऊँची सरकारी नौकरी पर। वे तो मेरी तरह नौकरी खोने का खतरा नहीं ले सकते। कुछ लेखक निश्चित रूप से और जान-बूझकर शोषक वर्ग के समर्थन में लिखते हैं। ये भी व्यंग्य लिखते हैं, पर इनकी चोट जनवादी शक्तियों पर होती है। ये धन और सुरक्षा के लिए ऐसा करते हैं, लेकिन सामाजिक-राजनीतिक रूप से मूर्ख हैं। प्रगतिशील लेखन आन्दोलन का विरोध कुछ सम्पादक, लेखक जिम्मेदारी के कारण करते हैं तो कुछ मूर्खता के कारण। ये शासन के पीछे खड़े होकर दुम हिला रहे हैं और समझते हैं कि वह हम चला रहे हैं। कुछ ऐसे लेखक भी हैं जिनसे कुछ भी लिखवाया जा सकता है। परन्तु नई पीढ़ी के लेखकों में मैंने देखा है कि तीव्र सामाजिक चेतना आ रही है, वे लेखन को केवल मनोरंजन नहीं मानते। उनमें वर्ग-चेतना भी है। अभी मैंने कुछ नये व्यंग्य-लेखकों के संग्रहों की भूमिका देखी। मैं उसे पढ़कर चमत्कृत हो गया कि बीस साल से जो मैं चिल्ला रहा

हूँ, वह इन नये लेखकों ने स्वीकार किया है। यह सही है कि प्रकाशन एक वर्ग के हाथ में होने के कारण दबाव बहुत हैं, पर फिर भी बहुत अच्छा लेखन चाहे न रहा हो लेकिन चेतना बराबर बढ़ रही है।

ज्ञा. रं. : पश्चिम के उल्लेखनीय साहित्य में आज व्यंग्य की सर्वोत्तम अभिव्यक्ति नाटक की विधा में देखी जा सकती है। क्या आप इस दिशा में भी प्रयास करने जा रहे हैं या आप किसी विशेष विधा की गतिशीलता के साथ उसमें अनुशासन को नापसन्द करते हैं?

ह. प. : नाटक बहुत सशक्त माध्यम है। मैं भी महसूस करता हूँ कि नाटक के माध्यम से व्यंग्य अधिक कारगर हो सकता है। कुछ छुटपुट एकांकी के बिना कोई नाटक मैंने लिखा ही नहीं। इसका एक कारण तो यह है कि निबन्ध, कहानी, कॉलम आदि में मैं अपने को अभिव्यक्त कर लेता हूँ। असल में जितने जमकर और साधकर नाटक लिखा जाता है, उतना समय और सुविधा मुझे कभी नहीं मिली। नाटक लिखना जरूर चाहता हूँ और आगे लिखूँगा। हर विधा का अपना अनुशासन होता है और नाटक में अनुशासन के प्रति मेरा उपेक्षा भाव नहीं है बल्कि उस अनुशासन को निभाने में मैं अभी समर्थ नहीं हो पाया।

ज्ञा. रं. : सम्मान, पारितोषिक और अभिनन्दन के सम्बन्ध में आपकी धारणा क्या है? इस समय देश में कई स्तरों पर कई प्रकार से यह पुरस्कार जारी हैं। क्या आप ऐसे किसी संस्थान या राज्य संस्था से पुरस्कार लेना मंजूर करेंगे जो साहित्यकारों के बारे में गैर-साहित्यिक कारणों से निर्णय करती हो?

ह. प. : सम्मान और धन किसी को बुरा नहीं लगता। मुझे किसी अभिनन्दन-समारोह में माला पहनने और अभिनन्दन पत्र लेने में कोई रुचि नहीं है। मेरी रुचि उन पैसों के ऊपर रहे जो मिलता है। कोई मेरा सम्मान करना चाहे तो मैं उससे कहूँगा कि मुझे देने के लिए धन का इन्तजाम तुम कर लो और अभिनन्दन पत्र मैं खुद लिखकर छपा लूँगा। सच्चा सम्मान तो वह है जो पाठकों से मिलता है, या आम जनता से। पुरस्कार या तो राज्य-सत्ता देती है या पैसे वाले लोग। इनमें केवल साहित्यिक कारणों से निर्णय होता हो और ऐसा भी नहीं है कि साहित्यिक गुणों की कोई अवहेलना होती है। यह जरूर है कि पुरस्कार देनेवाले के अपने वर्ग-हित, मान्यताएँ और विश्वास निर्णय पर प्रभाव डालते हैं।

यशपाल के उपन्यास 'झूठा-सच' को साहित्य अकादेमी पुरस्कार न देना गैर-साहित्यिक कारणों से हुआ। मैंने एक बार उत्तर प्रदेश साहित्य-परिषद् का और एक बार म.प्र. कला परिषद् का पुरस्करार लिया। म.प्र. कला परिषद् ने एक बार मेरा सम्मान भी किया था। कला परिषद् शासकीय संस्था है। मैं कांग्रेस सरकारों

का विकट आलोचक रहा हूँ, पर मेरा सम्मान किया गया। प्रश्न यह है कि लेखक क्या पुरस्कार के लिए समझौता करता है? यदि नहीं तो पुरस्कार लेने में कोई हर्ज नहीं है। हमारे देश में अभी ऐसा नहीं हुआ है, जैसा 'नोबल प्राइज' के साथ हो गया है कि पुरस्कार के साथ विशेष प्रकार की पक्षधरता जुड़ गई है। फिर यह निर्णय करना भी सम्भव नहीं है कि अमुक संस्था गैर साहित्यिक कारणों से पुरस्कार देती है, इसलिए इस सम्बन्ध में कोई नियम नहीं बनाया जा सकता।

ज्ञा. रं. : आप स्वभाव से बेचैंन, मित्रवत्, भावुक, साहित्यिक, निर्मल, अन्तरंग और मानवीय हैं और आपकी वैचारिकता संघर्षपूर्ण है—यह स्थिति आधुनिक क्लासिक की रचना के सर्वथा उपयुक्त है, फिर इसका लाभ आपने अभी तक क्यों नहीं उठाया?

ह. प. : क्लासिक इरादा करके नहीं लिखा जाता बल्कि वह हो जाता है। क्लासिक के लिए अन्य बातों के अलावा सम्पूर्ण जीवन का चित्रण होना चाहिए। मैं खंड-खंड चित्रण करता हूँ। शायद मुझमें 'एपिक टैलेंट' नहीं है और मैं परम्परागत अर्थों में महाकाव्य या उपन्यास नहीं लिख सकता। 'फैंटेसी' मुझसे सधती है। मेरा बहुत कुछ सोचना फैंटेसी में होता है। मैं अब कोशिश कर रहा हूँ, कोई लम्बी 'फैंटेसी' लिखूँ, जैसी 'डान क्विक्जोट' है।

ज्ञा. रं. : जब आपने सन् '52-53 के आसपास 'फ्रीलांसिंग' शुरू किया तब लेखन का न अच्छा पारिश्रमिक था और न प्रकाशन की अच्छी सुविधाएँ और न कॉलम-लेखन की कोई ऐसी परम्परा, फिर आपने यह खतरा कैसे उठाया?

ह. प. : मैं हाईस्कूल में अध्यापक था। लिखने की तीव्र प्रेरणा मेरे भीतर थी। मेरा सबसे अच्छा समय और बहुत-सी शक्ति स्कूल में चली जाती थी। मैंने स्वतंत्र लेखन का फैसला किया, तब इसलिए कर लिया कि मैं अकेला था। मेरी बहन के परिवार का उत्तरदायित्व नौकरी छोड़ने के 6 माह बाद आया और मैं सचमुच घबड़ा गया। मेरे पास शिक्षणशास्त्र की डिग्री थी, मैं अध्यापक फिर से कभी भी हो सकता था। इसके अलावा, स्थानीय एक दैनिक पत्र में मेरा नियमित कॉलम चल रहा था। मैंने बहुत तीव्र गति से लिखा और प्रकाशन और पारिश्रमिक की स्थितियाँ बेहतर होती चली गईं। जैसी नौकरी थी, वैसे मेरे 'कॉलम' हो गए। कठिनाइयाँ बहुत आईं, पर मैं बिलकुल असुरक्षित कभी नहीं रहा।

[धरोहर]

व्यंग्य-रचना का प्रयोजन

सुरेश पांडेय की बातचीत

सुरेश पांडेय : परसाई जी, पहला प्रश्न मैं आपसे यह करना चाहूँगा कि समय, समाज और इतिहास को देखने की आपकी वह कौन-सी दृष्टि है जिसकी परिणति आपके व्यंग्य में हुई है?

हरिशंकर परसाई : देखिए पांडेय जी, ऐसा है कि केवल व्यंग्य-लेखक का ही नहीं, लेखक मात्र का सरोकार सामाजिक मनुष्य से है। मनुष्य से केवल सम्पर्क या समाज से केवल सम्पर्क या जन से केवल सम्पर्क कॉफी नहीं है, उसे समझना आवश्यक है, अन्यथा अर्थ गलत निकलते हैं। समाज के विकास की एक ऐतिहासिक प्रक्रिया होती है, उसे समझना चाहिए। अपने समय को, अपने समय की तमाम ज्ञान-विज्ञान की उपलब्धियों को समझना चाहिए और इनके फलस्वरूप आए सामाजिक परिवर्तन को समझना चाहिए। साथ ही इस प्रक्रिया में हमारे किन जीवन-मूल्यों की स्थापना हो रही है, इसे भी समझना चाहिए। यह सब कुछ समझना हर लेखक के लिए आवश्यक है। दृष्टि के सन्दर्भ में विशेष रूप से आपने मुझसे पूछा है। हमारी दृष्टि इस तरह की होती है कि हम अपने समाज को देखते हैं, उसमें मनुष्य की स्थिति को देखते हैं। हम उन अन्तर्विरोधों और विसंगतियों को पकड़ने की कोशिश करते हैं, जो हमारे समय में, समाज में हैं। भारतीय समाज दुनिया के अन्य समाजों से विशिष्ट है। इतने अन्तर्विरोध दुनिया की किसी भी पुरानी सभ्यता में नहीं है। जैसे सारी पुरानी सभ्यताओं में दास-प्रथा थी, लेकिन अछूत-प्रथा केवल भारत में है। यूरोप में जो अन्तर्विरोध हैं, वे मुख्य रूप से दो हैं : एक, कैथोलिक तथा प्रोस्टेंट और दूसरा, सर्वहारा तथा पूँजीपति वर्ग का, जबकि भारत में जातिगत, उपजातिगत, साम्प्रदायिक, धार्मिक, क्षेत्रगत, सांस्कृतिक, जीवन-पद्धतिमूलक इत्यादि दस-बारह प्रकार के अन्तर्विरोध हैं। व्यंग्य-लेखक इन अन्तर्विरोधों को, मूल विसंगतियों को देखता है, समझता है और फिर उनको पकड़कर उनका विश्लेषण करता

है। इसके विश्लेषण के लिए उसे ऐतिहासिक दृष्टि की आवश्यकता होती है कि ऐसा क्यों हुआ और इस सन्दर्भ में उसे अर्थशास्त्र का भी ज्ञान होना चाहिए। उसे समाजशास्त्र की भी जानकारी रखनी चाहिए। वरना उन अनुभवों का, जो लेखक के पास होते हैं, गलत अर्थ भी निकल सकता है। इस तरह अनुभवों से यह दृष्टि बनती है कि समाज को ऐतिहासिक परिप्रेक्ष्य में, समाजशास्त्रीय मूल्य के अनुसार, विकसित समाज की वर्तमान स्थिति को देखकर उसमें जो अन्तर्विरोध और विसंगतियाँ व्याप्त हैं, उनको व्यंग्य-लेखक देखता है, पकड़ता और अभिव्यक्त करता है।

सु. पां. : इसी से जुड़ी हुई एक बात और कि अपने व्यंग्य-लेखन की सामाजिक भूमिका को लेकर आप कितनी दूर तक आश्वस्त हैं? क्या इस लेखन के जरिये कोई सामाजिक परिवर्तन सम्भव है?

ह. प. : इस मुद्दे पर तो कॉफी चर्चा होती रही है। मूल प्रश्न तो यही है कि साहित्य का कोई सामाजिक प्रयोजन है भी या नहीं। कुछ लोगों का कहना है कि जब मैं लिखता हूँ, तब मेरे मन में यह बात नहीं होती है कि मैं समाज के लिए कुछ कर रहा हूँ, या उसे बदलना चाहता हूँ। मेरा खयाल यह है कि व्यंग्य-लेखन से सामाजिक परिवर्तन उस प्रकार नहीं होता, जिस प्रकार किसी संगठित क्रान्ति से होता है। किसी भी समाज में आज तक जो परिवर्तन हुए हैं, वे क्रान्ति से हुए हैं और वह क्रान्ति मूल रूप से राजनीतिक क्रान्ति रही है। तो हमारे लेखन से, मेरे व्यंग्य-लेखन से कोई सामाजिक परिवर्तन हो जाएगा एकदम से, इसकी अपेक्षा मैं नहीं करता। जो लेखक मानते या दावा करते हैं कि रचनात्मक लेखन से क्रान्ति होती है, मैं उन्हें बेवकूफ तो नहीं, भोले अहंकारी कहूँगा। मैं अपने लेखन की सीमाएँ जानता हूँ। ...तो फिर क्यों लिखता हूँ? इसका सामाजिक प्रयोजन क्या है? मेरा प्रयोजन यह है कि मैं परिवर्तन की चेतना पैदा करूँ। मैं समाज को आत्मसाक्षात्कार कराऊँ। मैं समाज को इतना समर्थ करूँ कि वह आत्मालोचन कर सके। मैं उन बुराइयों को, उन विकृतियों को उसके सामने रखूँ जिनसे वह ग्रस्त है। चूँकि मनुष्य सोचता है, तो वह सोचेगा कि हममें ये अन्तर्विरोध है, हममें ये खराबियाँ हैं, ये विसंगतियाँ हैं, और इनसे हमारा जीवन विकृत हो गया है, अतः हमें इन्हें दूर करना चाहिए। इस प्रकार से सोचने की चेतना की एक परम्परा इससे पड़ती है। तो हम केवल चेतना का निर्माण करते हैं परिवर्तन की, और वास्तविक परिवर्तन तो किसी क्रान्तिकारी आन्दोलन से ही होगा, होता है।

सु. पां. : व्यंग्य-साहित्य पर प्रायः यह आरोप लगाया जाता रहा है कि उसमें पाठक के भीतर मात्र क्रोध और घृणा के भाव ही उत्पन्न करने की क्षमता है और इस

साहित्य के द्वारा जिन्दगी के प्रति संवेदनात्मक समझ का संस्कार पैदा कर पाना शायद सम्भव नहीं है। इस सन्दर्भ में आप क्या कहना चाहेंगे?

ह. प. : देखिए, एक मूल बात तो यह है कि यदि हम इस समाज की विकृतियाँ, विसंगतियाँ, अन्तर्विरोध बतलाते हैं तो हमारा इससे सरोकार है। वह सरोकार इस तरह का है कि हम दुखी हैं, इन विकृतियों से, इन बुराइयों से। तो व्यंग्य-लेखक की संवेदना किसी अन्य लेखक की अपेक्षा कम नहीं होती, बल्कि ज्यादा ही होती है। हम आखिर क्यों रोते हैं इस समाज के ऊपर...? इसीलिए रोते हैं कि हम इससे बेहतर समाज चाहते हैं। जैसा यह समाज है, वह हमें पसन्द नहीं है। तो व्यंग्य-लेखक बहुत संवेदनशील होता है। मेरा खयाल है कि जो तथाकथित गम्भीर लेखक होते हैं, व्यंग्य-लेखक उनसे कहीं अधिक संवेदनशील होता है। इसीलिए उसको वह हर बात चोट कर जाती है, जो घातक है समाज के लिए। जो कुछ भी मनुष्य-विरोधी है, वह एकदम से व्यंग्य-लेखक को आघात पहुँचाती है और वह लिखता है। इससे ही यह मालूम हो जाता है कि संवेदना में हम किसी से पीछे नहीं हैं। अब जहाँ तक क्रोध और घृणा पैदा करने का सवाल है, देखिए, जब हम किसी बुरी चीज की बात करेंगे तो क्या हम चाहेंगे कि उसके प्रति प्रेम पैदा हो जाए। जब हम किसी विकृति का विश्लेषण करेंगे समाज की, तो हम चाहते हैं कि उसके प्रति घृणा पैदा हो। हम चाहते हैं कि ऐसी उन शक्तियों के प्रति क्रोध पैदा हो जिन्होंने यह हालत पैदा कर रखी है। जो मानव-विरोधी हैं, उन शक्तियों के प्रति क्रोध पैदा होना ही चाहिए। तभी तो मनुष्य उन शक्तियों से लड़ने के लिए सन्नद्ध होगा और तभी वह सामाजिक परिवर्तन कर सकेगा। इसलिए यह कहना कि घृणा और क्रोध उत्पन्न होते हैं व्यंग्य से, और ये वांछनीय हैं, गलत हैं। मेरा कहना यह है कि ये दोनों ही वांछनीय हैं और इन्हें पैदा करना हमारा उद्देश्य है। हम क्रोध चाहते हैं, हम घृणा भी चाहते हैं जिससे कि उन शक्तियों की पहचान हो सके जो समाज में विकृतियाँ पैदा किये हुए हैं, जो मानव-विरोधी हैं, जो अमानवीयता को समाज में फैला रही हैं, ताकि मनुष्य उनसे लड़ने को कटिबद्ध हो जाए। यह हम चाहते हैं, यही हमारी भूमिका है। लेकिन यदि अगर आप यह कहें कि ये व्यंग्य-लेखक विकृतियाँ दिखाते हैं, बुराई दिखाते हैं, घृणा पैदा करे हैं तो मैं डॉक्टर का उदाहरण देता हूँ। डॉक्टर के पास कैंसर का कोई मरीज आए और वह उससे कह दे कि तुम्हारी तबीयत तो अच्छी है तो क्या वह डॉक्टर भला आदमी हुआ? क्या वह संवेदनशील हुआ? क्या मानवीय हुआ? वह तो दुष्ट हुआ, क्रूर हुआ। डॉक्टर तो वह अच्छा है जो मरीज से कहे कि तुम्हें कैंसर है और मैं तुम्हारा इलाज करूँगा।...तो जो रोग बताता है, उस आदमी से यह कहना कि तुममें संवेदना नहीं है, क्योंकि तुम संवेदना को प्रकट नहीं कर रहे हो, गलत

बात है। डॉक्टर संवेदनहीन वह है जो मरीज से कह देता है कि तू अच्छा है। वह उसको मार डालना चाहता है। वह अमानवीय डॉक्टर है। यही स्थिति लगभग व्यंग्य-लेखकों की है। चूँकि ये बीमारियाँ बतलाते हैं इसलिए लोग यह समझ लेते हैं कि ये संवेदनहीन हैं, ये बुराई ही बुराई देखते हैं।

सु. पां. : परसाई जी, आरोप की बात चली है तो एक आरोप और भी है, और वह यह कि व्यंग्य-लेखकों का व्यक्तित्व प्राय: 'सिनिकल' होता है, जिसका स्पष्ट प्रभाव उनके लेखन पर भी देखा जाता है। इस पर आप क्या सोचते हैं?

ह. प. : हम 'सिनिक' उस आदमी को कहते हैं जो विश्वास खो चुका होता है। हर बात पर कहता है कि नहीं, ऐसा नहीं होगा। जैसे बहुत सारी कल्याणकारी घोषणाएँ हैं, जो विभिन्न एजेंसियों द्वारा देश में होती हैं लोक-कल्याण के लिए। जब घोषणा अखबार में पढ़ते हैं लोग तो कहते हैं, 'अरे ये तो कहते ही रहते हैं। होता कुछ भी नहीं।' ग्रामीण विकास की कोई नई घोषणा मान लीजिए कि हुई। मैं लोगों को कहते हुए सुनता हूँ, कि अरे हाँ, भाई घोषणाएँ होती ही रहती हैं। होता-जाता कुछ नहीं है। यह सिनिसिज्म है और ऐसा कहनेवाले लोग 'सिनिक' हैं। ऐसा मनुष्य मन में सोचता है कि ये घोषणाएँ झूठी होती हैं, इसलिए विश्वास करने लायक नहीं है। जहाँ तक व्यंग्य-लेखक का सवाल है, वह 'सिनिक' हो नहीं सकता। इसका कारण यह है कि यदि हममें यह आस्था नहीं है कि यह समाज सुधारेगा, इससे बेहतर मनुष्य बनेगा, तो हमें लिखने की कोई जरूरत नहीं है। हम कहेंगे कि आप जहन्नुम में जाइए, आप भाड़ में जाइए। हमारी आस्था है, हमारा विश्वास है इस मनुष्य-जीवन में। हम चाहते हैं कि मनुष्य जैसा है, उससे बेहतर बने। हम मानवता के प्रति समर्पित हैं। इसी कारण हम उसके लिए चिन्तित हैं, दुखी हैं। ...तो यह कहना कि हम लोग 'सिनिक' हैं, गलत है। जो आदमी बुराइयाँ दिखाता है, वह यह तो नहीं कहता है कि समाज में अच्छाइयाँ नहीं हैं या उसका विश्वास समाज में नहीं रहा है। हम सिर्फ कहते यह हैं कि बाकी ठीक है, बहुत अच्छा है, लेकिन इसमें ये खराबियाँ हैं, ये बुराइयाँ हैं और हम चाहते हैं कि ये दूर हो जाएँ तो मनुष्य इससे बेहतर मनुष्य हो जाए। तो जो आदमी बेहतर मनुष्य की कामना करता है बनने की, उस मनुष्य को, उस लेखक को आप 'सिनिक' कैसे कह सकते हैं? उसका तो विश्वास मनुष्यता में है, जीवन की बेहतरी में है। जीवन-मूल्यों में उसका विश्वास है। वह बेहतर जीवन-मूल्य चाहता है। मनुष्य की सृजन-क्षमता में उसका विश्वास है। हम जानते हैं कि मनुष्य में अपार शक्ति सृजन की है, उत्पादन की है। उसमें अपार शक्ति अपने को बेहतर करने की है। अपने इतिहास से हमने यह सीखा है कि लगातार मनुष्य अपने को बेहतर बनाता गया है, निखारता गया है, तो हम उस पर विश्वास कैसे खो देंगे?

सु. पां. : हम समझते हैं कि सार्थक इतिहास-बोध का यह जरूरी प्रतिफलन भी है कि हम मनुष्य की बेहतरी में आस्था रखें।

ह. प. : और इसलिए जो वर्तमान मनुष्य है, उसके प्रति हम विश्वास नहीं खोते हैं। हम सिर्फ यह चाहते हैं, जैसाकि मुक्तिबोध ने कहा है कि 'जैसी दुनिया है, उससे बेहतर चाहिए, सारा कचरा साफ करने को मेहतर चाहिए।' मेहतर को आप 'सिनिक' नहीं कह सकते हैं। वह यदि कचरा साफ करता है तो क्या 'सिनिक' है? वह तो आपके घर को, आपके आसपास को साफ कर रहा है। वह तो सफाई करके आपको बेहतर वातावरण दे रहा है। वैसी ही स्थिति हम लोगों की है।

सु. पां. : आपके लेखन पर प्रायः यह टिप्पणी की जाती रही है कि वह मूलतः एक पत्रकार का लेखन है, गम्भीर साहित्य सर्जक का नहीं।

ह. प. : देखिए, बात यह है कि मैं करीब तीस सालों से साप्ताहिकों में, दैनिकों में स्तम्भ लिखता हूँ। तो मैं एक लोकप्रिय 'कॉलमिस्ट' भी हूँ। कॉलम लिखना जर्नलिस्टिक काम कहलाता है। लेकिन ऐसा कहनेवाले लोग यह बात भूल जाते हैं कि मेरी बीस पुस्तकें हैं जिनमें कहानियाँ, निबन्ध, लघु उपन्यास इत्यादि हैं, जो स्तम्भों में लिखे हुए नहीं हैं, उनसे बाहर हैं। अब जर्नलिस्टिक राइटिंग का जहाँ तक सवाल है, मैं आपसे यह कहना चाहता हूँ कि जर्नलिस्टिक राइटिंग बुरा नहीं है। देखिए, हमारा उद्देश्य यदि लोक-शिक्षण है, समाज को जागृत करना है, उसमें चेतना पैदा करना है तो मेरा यह कहना है कि हर सृजनशील लेखक को कुछ-न-कुछ पत्रकारी लेखन करना ही चाहिए। यदि हम 'क्लासिक' लिखने के लिए बैठ जाएँ तो 'क्लासिक' जरूर लिखें। लेकिन, यदि वह क्लासिक आप छह साल में लिखेंगे तो उसके बाद वह कितने हाथों तक पहुँचेगा और उससे कितने लोगों की चेतना बनेगी? लेकिन अखबार रोज सुबह आदमी के हाथों में होता है। जनमत बनानेवाला हमारा यह साहित्य नहीं है जिसे हम 'ललित साहित्य' कहते हैं। जनमत बनानेवाला, लोक-शिक्षण करनेवाला यह दैनिक अखबार है, जो रोज सबेरे आदमी के हाथ में होता है, या हर सप्ताह रविवार को उसके हाथ में होता है। ...तो मैं ये कॉलम लिखता हूँ लेकिन, इस प्रसंग में एक बात मैं आपसे कहना चाहता हूँ कि, ये कॉलम जो हैं, 'कॉमिक्स' के नहीं हैं। मैं गम्भीरतापूर्वक अन्तरराष्ट्रीय राजनीति, अन्तरराष्ट्रीय अर्थनीति, इस देश की समस्याएँ—राजनीतिक, आर्थिक, सामाजिक, सांस्कृतिक, धार्मिक, साम्प्रदायिक—इन सारी समस्याओं को मैं इन कॉलमों में लेता हूँ। हालाँकि ये उठते किसी तात्कालिक घटना से हैं, लेकिन इस कारण से यह इस तरह की रिपोर्टिंग नहीं है, जैसे वहाँ बलात्कार हो गया, वहाँ किसी की हत्या कर दी गई या वहाँ कुछ लोग डूब गए।

सु. पां. : लोगों का सोचना कुछ इस तरह से है कि 'टॉपिकलिटी' जैसे ही समाप्त हो जाती है, इस रचना की प्रासंगिकता भी स्वतः समाप्त हो जाती है।

ह. प. : देखिए, मैं आपको समझाता हूँ। एक टॉपिक है जैसे कि मान लीजिए कि कहीं हरिजनों की सामूहिक हत्या हो गई—होती ही रहती है देश के अन्दर। तो यह टॉपिकल बात होगी—कभी यह बिहार में हुई तो कभी मध्य प्रदेश में हो गई। दूसरे-तीसरे दिन दूसरी खबरें आ जाएँगी और लोग इसको भूल जाएँगे। लेकिन जब मैं उस हरिजन हत्याकांड पर लिखूँगा तो वह सन्दर्भ एकदम से व्यापक हो जाएगा और उसके समय का जो 'स्पैन' है, वह भी बढ़ जाएगा। किस तरह बढ़ जाएगा? वह इस तरह कि मैं कारण दूँगा कि ऐसा क्यों हुआ। कोई जातिगत द्वेष है, या फिर आर्थिक कारण भी है। इसमें राजनीतिक कारण कौन-से हैं जिनसे इस प्रकार की हत्याएँ हुई हैं। इन हत्याओं के प्रति मनुष्य का मानस आज इतना संवेदनहीन क्यों होता जा रहा है, इन सारी चीजों को मैं उस कॉलम के अन्दर लूँगा। तो तात्कालिक घटना तो समाप्त हो चुकी है। लेकिन उसके आसपास मैं पूरी बनावट करूँगा। उसमें पूरे समाज का विश्लेषण होगा। कारण होंगे आर्थिक, राजनीतिक, सांस्कृतिक, व्यक्तिगत सब चीजें होंगी। इस कारण से मेरा कहना यह है कि जो घटना हो चुकी, दूसरे दिन वह घटना बासी हो जाती है। लेकिन जो मैं लिखता हूँ, उसे आज भी आप पढ़कर देखिए, तीस साल पहले का मेरा कॉलम, आज भी आपको ताजा लगेगा। ...क्या हुआ है कि बहुत-सी चीजें हैं, जो तीस सालों के बीच नहीं बदली हैं। वह शायद सौ दो सौ साल में भी नहीं बदले। तो वह घटना तो तीस साल पहले घट चुकी, जिस पर मैंने लिखा था, लेकिन स्थिति आज भी लगभग वैसी ही है। यदि वह वैसी की वैसी नहीं है तो इस दृष्टि से कि तीस साल पहले की बात इतिहास हो चुकी है। अब आज भी यह आपको प्रासंगिक लगेगी।

सु. पां. : आपके कहने का मतलब शायद यह है कि घटना का जो मानवीय सन्दर्भ है, आपकी दिलचस्पी उसमें है और इसी कारण इन रचनाओं की प्रासंगिकता बनी रहती है?

ह. प. : हाँ, ये रचनाएँ रिपोर्टिंग नहीं हैं। दूसरी बात यह है कि साप्ताहिक कॉलम लिखना मेरी जीविका भी है तीस साल से। मैं स्पष्ट हो कहता हूँ कि मैं कलम का मजदूर हूँ। जैसे आप लोग नौकरी करते हैं, पहली तारीख को तनख्वाह पाते हैं, उसी तरह मैं कॉलम लिखता हूँ, जिनसे मुझे नियमित पेमेंट हर महीने होता है। ...तो कॉलम लिखना मेरी जीविका तो है ही, लेकिन इस तरह के जो मेरे कॉलम हैं, उनके चार संग्रह छप चुके हैं अभी तक। तीन-चार संग्रह और तैयार होंगे। और ये बहुत

पढ़े जा रहे हैं, बहुत लोकप्रिय हैं ये। तो इन्हें मैं अपने स्तम्भ-लेखन को साहित्य के अन्तर्गत ही मानता हूँ और इसका साहित्यिक मूल्यांकन ही कराना चाहता हूँ और कुछ लोगों ने इसका साहित्यिक मूल्यांकन किया भी है। और आप यह देखेंगे कि ये चीजें साहित्य मान ली जाएँगी। बालमुकुंद गुप्त, बालकृष्ण भट्ट के जो निबन्ध हैं, पत्र हैं—'शिवशंभु का चिट्ठा', आदि-साहित्य में इनकी गिनती होती ही है। रूस में चेखव के जो कॉलम्स हैं, बाद में उनकी पुस्तक छपी 'अननोन चेखव'। इनमें उनके ये कॉलम हैं जो तात्कालिक घटनाओं को लेकर लिखे गए हैं। वे बहुत अच्छे हैं और वे साहित्य हैं।

सु. पां. : अमेरिका में भी अर्नेस्ट हेमिंग्वे के साहित्य का एक बहुत बड़ा हिस्सा जर्नलिस्टिक ही है। इंग्लैंड में ऑर्वेल और चेस्टरटन के साथ भी यही बात है।

ह. प. : ठीक कह रहे हैं आप।...देखिए कि चार्ल्स डिकेंस ने जो 'पिकविक पेपर्स' लिखे हैं, वे कॉलम के अन्तर्गत ही लिखे गए हैं। लेकिन इसे तो आप साहित्य मानते हैं, पत्रकारिता नहीं मानते। इस तरह की बहुत-सी चीजें हैं जो कॉलम्स हैं। उदाहरण के लिए डिकेंस के जो नॉवेल हैं, वे सब-के-सब शुरू में पत्र-पत्रिकाओं में सीरिअलाइज्ड हुए थे और जिनसे वह रोटी कमाता था। उसको इनके लिए एक निश्चित साइज मिली हुई थी कि उसको एक अध्याय में ही पूरा करना था। अमेरिका में इस तरह के बहुत-से कॉलमिस्ट हैं, जिनके कॉलम्स का बाद में संग्रह होता है और उन्हें साहित्य माना जाता है। और जो मूल बात मैं कहना चाहूँगा कि कुछ-न-कुछ पत्रकारी लेखन हर लेखक को करना ही चाहिए।

सु. पां. : आपके कहने का मतलब यह कि मूल बात फार्म की नहीं, बल्कि मानवीय सन्दर्भ के प्रति रचनाकार की प्रतिबद्धता की है।

ह. प. : प्रतिबद्धता की है, उसका विश्लेषण करने की है, उसके प्रति दृष्टि क्या है, इसकी है।

सु. पां. : परसाई जी, आपसे अन्तिम प्रश्न मैं यह करना चाहूँगा कि आज हम जनता के लेखक की बात बहुत जोर-शोर से कर रहे हैं। गोर्की ने भी अपने निबन्धों में बार-बार इसका जिक्र किया है। और हिन्दी में, खास कर इधर आकर, हमने इसकी जरूरत बहुत तेजी से महसूस की है। चूँकि प्रेमचन्द के बाद आप एक ऐसे लेखक रहे हैं जिसका जनता से, उसकी चेतना से, बिलकुल सीधा सम्बन्ध रहा है। गरज यह कि बीच में विश्वविद्यालय के प्राध्यापक या प्रोफेसर समीक्षक जैसी कोई चीज आपके व पाठक के बीच नहीं रही है। और मैं यह मानता हूँ कि प्रेमचन्द के बाद लेखन की जो जनधर्मी परम्परा बहुत दूर तक क्षीण हो चुकी थी, उसे आपने पुनः

प्रवर्तित किया है और इस नाते भी हम आपसे पूछना चाहेंगे कि जनता के लेखक को लेकर आपकी क्या अवधारणाएँ हैं?

ह. प. : जहाँ तक प्रेमचन्द का सवाल है, आपने मेरे सन्दर्भ में जो कहा है, उसने मुझे संकोच में डाल दिया है कि मैं उस कोटि का लेखक तो नहीं हूँ, लेकिन, आपका यह कहना ठीक है कि हमारा सीधा सम्पर्क अपने पाठकवर्ग से है। बीच में कोई बिचौलिया—'मिडिलमैन' आवश्यक नहीं है। कोई पाठक मुझे इसलिए नहीं पढ़ता कि किसी आलोचक ने मेरी 'सिफारिश' की है। जहाँ तक जनता के लेखक का सवाल है, इस पर बहुत लोगों ने लिखा है। 'पीपुल्स लिटरेचर' क्या है, इसको लेकर कॉफी विवाद भी हुए हैं। एक नाम आपने गोर्की का लिया ही है जिनका एक निबन्ध है : 'जनता का शत्रु लेखक।'...बात सीधी-सीधी यह है कि वर्ग समाज है, यहाँ पर लेखक को तय करना ही होगा कि वह किस वर्ग के साथ है—शोषण के साथ या शोषित के साथ। इसमें गोलमाल करने से काम नहीं चलेगा। उसको वर्ग-विभाजित समाज के संघर्ष में अपनी पक्षधरता को तय करना ही पड़ेगा, अन्यथा समाज को समझने में उससे गलती हो जाएगी। वह छल भी करेगा। बहुत-से लेखक ऐसे हैं, जो दोनों पर हँसते हैं, उदाहरण के लिए ऐसे लेखक हैं, जो पीट रहा है, उस पर भी हँसते हैं कि क्या ठाठ से पीट रहा है! और जो पिट रहा है, उस पर भी हँसते हैं कि क्या मजे से पिट रहा है। आपको यह तय करना ही पड़ेगा कि आप पीटनेवाले के साथ हैं या पिटनेवाले के। दूसरी बात यह है कि हम लेखक लोग जो हैं और जो सामान्य जनता है, उनकी हमारी लगभग सभी चीजें एक हैं। उदाहरण के लिए, रिक्शावाला जो हमारा है, उसकी राशन की दुकान और मेरी राशन की दुकान एक ही है। शक्कर की जिस कालाबाजारी को बर्दाश्त वह करता है, उसे मैं भी करता हूँ। जो कठिनाई उसे होती है, वही कठिनाई मुझे भी होती है जबकि मैं जानता हूँ कि यह कठिनाई दूसरे वर्ग को नहीं होती। इस प्रकार स्वाभाविक रूप से मैं उसके निकट आ जाता हूँ—उस सामान्य आदमी के, जिसे 'जनता' कहते हैं। ...तो अब इस स्थिति में जब मैं पहुँच जाता हूँ तो मैं संवेदित हो सकता हूँ। अब कारण यह है कि जो उसके अन्दर है, वही मेरे भी अन्दर है। जो उसकी कठिनाइयाँ हैं, वही मेरी कठिनाइयाँ हैं। इस कारण से उसकी कठिनाइयों के प्रति, उसके कष्टों के प्रति मैं संवेदित हो सकता हूँ तो मैं इस वर्ग को, उसकी समस्या को विश्लेषित करूँगा। जो दूसरा वर्ग है, जो उसका विरोधी वर्ग है, जिसके कारण यह कष्ट है। वह हम सबका विरोधी है। उदाहरण के लिए शक्कर की तकलीफ हम सब क्यों सहते हैं—क्योंकि जमाखोर हैं और मुनाफाखोर हैं। तो निश्चित रूप से हम सबों का संघर्ष, जो शक्कर की तकलीफ भोगते हैं, किससे है? जमाखोर, मुनाफाखोर से है न। तो हमारी नजर में जमाखोर भी होगा, मुनाफाखोर भी होगा, लेकिन मेरी

संवेदना जो है, वह किस वर्ग के साथ होगी? मैं इस वर्ग के बारे में लिखूँगा। इसकी कठिनाइयों के बारे में, इसके जीवन-संघर्ष के बारे में और इस वर्ग के बारे में मैं इस प्रकार से लिखूँगा, जैसा कि आपने पहले पूछा था कि क्रोध और घृणा पैदा होगी। तो मैं इस व्यवस्था के खोखलेपन को 'एक्सपोज' करूँगा कि वह सब कितनी खोखली है, कितनी अमानवीय है। यह साहित्य जो होगा, वह जनता के संघर्ष में साथ होगा। इसमें लेखक को, जो उच्चवर्गीय हो चुका है, किन्हीं कारणों से उसे 'डी-क्लास' होना होगा। बहुत-से लेखक हैं जो बनावटी रूप से उच्चवर्गीय हो गए हैं। वे आभिजात्य को मानने लगे हैं। आभिजात्य एक पीढ़ी में नहीं आता। आभिजात्य कई पीढ़ियों में आता है। जो नये-नये आभिजात्य हैं, उन्हें छुरी-काँटा भी पकड़ना नहीं आता। तो उनका जो है, झूठा है सारा का सारा, क्योंकि वे कहीं भी क्यू में अटैच नहीं होते। वह उच्च वर्ग जो उनको तिरस्कृत करता है, क्योंकि आपको उनके मैनर्स ही नहीं आते हैं। और इस वर्ग से आपका सम्बन्ध नहीं है। इसलिए ऐसे लेखक को यदि वास्तविक लेखन-कर्म करना है तो 'डी-क्लास' होना ही पड़ेगा। अपने वर्ग को छोड़ करके, इस वर्ग के साथ आना होगा। तब इस जनता का साहित्य हम लिखेंगे—इसके संघर्षों का, इसके वास्तविक जीवन का, उसकी अपनी बुराइयों का भी और उस दूसरे वर्ग का, जो पीड़ित करनेवाला वर्ग है। यह धारणा गलत है कि जनता का साहित्य गरीबों के ही बारे में होता है। नहीं, वह दूसरे शोषक, सुविधाभोगी वर्ग के बारे में भी होता है। अब दूसरा सवाल इसमें यह उठता है कि यह साहित्य जो है, इसका जनता की समझ में आना क्या आवश्यक है?

सु. पां. : यह इसका एक बहुत ही अहम् पक्ष है जिस पर कॉफी विवाद होता रहा है।

ह. प. : देखिए, प्रेमचन्द ने 'गोदान' लिखा। बहुत लोग कहते हैं कि किसानों में जागृति 'गोदान' पढ़ने से आई। मैं कहता हूँ कि यह गलत है। किसानों ने 'गोदान' नहीं पढ़ा। अपने उत्तर भारत के किसान कितने पढ़े हुए हैं? वास्तविक बात क्या हुई है कि जो शहरी मध्यवर्ग है, उसने पढ़ा है उसको। और शहरी मध्यवर्ग की इस उपन्यास से जानकारी किसान की हालत के बारे में हुई। और अब आप जानते हैं कि बौद्धिक नेतृत्व जो है, वह शहरी मध्यवर्ग ही देता है। इस कारण 'गोदान' का यह मूल्य है जिस किसान की हालत प्रेमचन्द ने वर्णित की है, वह किसान तो रोज भोग रहा है। वह गोदान पढ़कर क्या सीखेगा? उसी का भोगा हुआ तो लिखा हुआ है। तो अब जो लेखन होता है, मान लीजिए कि जब लोगों के बारे में मैं लिख रहा हूँ, जैसे रिक्शेवाले के बारे में लिख रहा हूँ, मछलीवाले के बारे में लिख रहा हूँ, खेत-मजदूर के बारे में लिख रहा हूँ। मान लीजिए कि जो अशिक्षित है, उसके बारे में लिख रहा हूँ कि शोषण कैसे करता है ठेकेदार उसका, 'मिनिमम वेजेज' किस प्रकार उससे चुराता है। तो वह मजदूर उसे पढ़ भी सकता हो, यह जरूरी नहीं। अगर

अब यह कहा जाए कि आपके जनता के लेखन का क्या मतलब, जबकि जनता उसे पढ़ नहीं सकती है तो मैं कहता हूँ कि ऐसा सोचना गलत है। यह आवश्यक नहीं है कि जो जनता का लेखक है, उसकी रचना जनता की समझ में आए ही। जनता के बारे में होना चाहिए, वह मूल बात यही है। जनता की समझ में आए या न आए, यह प्रश्न दूसरा है। यह कब होगा? यह तब होगा जब उस जनता का अपना सांस्कृतिक स्तर उठाया जाएगा।

सु. पां. : इसके लिए उस जनता की सामाजिक-आर्थिक स्थितियाँ अनुकूल होनी चाहिए।

ह. प. : उसे जानबूझकर सब तरह से शिक्षित करना होगा और तभी वह उसको पढ़ेगा और तब अपने बारे में लिखे साहित्य को पढ़कर समझ सकेगा। इसलिए यदि जनता उस साहित्य को नहीं पढ़ सकती, नहीं समझ सकती है, तो वह कहना गलत है कि वह जनता का साहित्य नहीं है।

मुक्तिबोध : मेरे सहचर मित्र

सुरेश पांडेय की बातचीत

सुरेश पांडेय : परसाई जी, मुक्तिबोध जी से आपकी मैत्री को लेकर मैं आपसे सबसे पहले यही जानना चाहूँगा कि उनसे आपका परिचय कब और किस तरह हुआ?

हरिशंकर परसाई : देखिए, मेरा उनसे पहला परिचय, मेरा खयाल है कि 1953 में हुआ। एक अजीब बात है कि जबलपुर में मैंने अध्यापकी की उसी स्कूल में, जिसमें वे शिक्षक रहे थे। डी.एन. जैन स्कूल में। परन्तु तब मैंने लिखना भी चालू नहीं किया था। यह '45-46 की बात है और उस समय उनसे मेरा परिचय होने का कारण भी कुछ नहीं था। बाद में मुझे मेरे मित्रों ने बताया कि वे यहीं रहते थे और उन्होंने यहाँ पर प्रगतिशील लेखक संघ की स्थापना भी की थी। लेकिन जब मैंने लिखना शुरू किया, मेरी दिलचस्पी इस ओर बढ़ी, तब तक वे यहाँ से छोड़कर नागपुर चले गए थे।

सु. पां. : जबलपुर में प्रगतिशील लेखक संघ की स्थापना उन्होंने कब की थी?

ह. प. : मेरा खयाल है, 1944 में। उन्होंने एक समारोह किया था, जिसमें राहुल सांकृत्यायन आए थे। इसके बाद वे नागपुर में प्रकाशन विभाग में नौकरी करने लगे थे। 1953 में मैं एम.ए. प्राइवेट इम्तिहान देने गया था तो वहाँ मैं अपने एक मित्र रामकृष्ण श्रीवास्तव के कमरे पर ठहरा। उसके एक साल पहले मुक्तिबोध भी एम.ए. में बैठे थे और प्रमोद वर्मा, जो हम लोगों के दूसरे मित्र हैं, भी बैठे थे। यानी ये तीन-चार मित्र एक साथ बैठे थे, उस कमरे में मुझे ठहराया गया तो मैंने देखा कि उसमें तमाम भाषाविज्ञान और छंद और अलंकार के सूत्र लिखे हुए हैं दीवार पर। तो मैंने पूछा कि ये क्यों लिखे हुए हैं। रामकृष्ण ने कहा कि पिछले साल हम लोग चारों एम.ए. में बैठे थे और मुक्तिबोध जी को भाषाविज्ञान, काव्यशास्त्र बहुत कष्ट देते थे। कहते थे कि 'यह सब तो कभी मुझसे बन ही नहीं

सकता। उनके लिए प्रमोद वर्मा ने सूत्र लिख दिये थे जो दीवारों पर अभी तक हैं। प्रमोद वर्मा को मुक्तिबोध आचार्य शंकुक कहते थे। उस वक्त मैं लगभग 3-4 सप्ताह नागपुर में रहा। तो मेरे ये जबलपुर के मित्र जो मुक्तिबोध की मंडली में बैठते थे, इन लोगों के साथ मैं उनसे मिला। लेकिन मेरी खास बात उनसे नहीं हुई। मुझे लिखते भी 4-5 साल हो चुके थे। और मुक्तिबोध की प्रकृति थी, जो मैंने बाद में अध्ययन से जानी, कि वे एकदम-से किसी को स्वीकार नहीं करते थे। वे अत्यन्त सावधान व्यक्ति इस मामले में थे। और इसके बहुत-से कारण थे। एक तो वे आदमी को जाँचते-परखते थे कि इसमें कुछ है कि नहीं और है तो क्या है। और विचारधारा के सम्बन्ध में बहुत सावधान थे। और दूसरी बात यह कि जिन्दगी में उन्हें बहुत धोखे भी खाने पड़े थे। नुक़सान हुआ था। इसलिए एकदम-से आदमी को वे स्वीकार नहीं करते थे। कभी ऐसा होता था कि एक कवि कोई कविता लिखकर ले आता था तो 6-6 महीने उसको टाल देते थे... तो उस दौरान 15-20 मिनट साधारण बातचीत हुई होगी। यह उनसे मेरी पहली मुलाकात थी। इसमें कोई निकटता स्थापित नहीं हुई। लेकिन अगले साल, एक साल बाद ही जब मैं गया नागपुर...।

सु. पां. : इस पहली मुलाकात में क्या वे एकदम 'स्नॉब'-से लगे? या फिर भीतर से भयभीत?

ह. प. : नहीं, मुझे 'स्नॉब' तो नहीं लगे वे, पर बात यह थी कि मैं उनके लिए नया आदमी था, इसलिए खुल नहीं रहे थे। साधारण लिखने-पढ़ने के बारे में उन्होंने बातचीत की और मुक्तिबोध में एक बात यह भी थी कि बड़े 'स्ट्रांग लाइक्स-डिसलाइक्स' के आदमी थे वे। अगर आप उनको पसन्द नहीं हैं तो वे यों ही आधा घंटा आपकी आँखों को देखते रहेंगे। बिना बोले। आप घबड़ा जाएँगे। बड़ी तीखी आँखों से वे देखेंगे और गुपचुप बिलकुल निर्विकार भाव से। इस प्रकार की प्रकृति उनकी थी। तो वह आदमी घबड़ाकर चल देता था। 1954 में मेरा आकाशवाणी, नागपुर पर प्रोग्राम था। वहाँ जब मैं गया तो वे 'नया खून' साप्ताहिक के सम्पादक हो गए थे। मैं सीधा बस से उतर 'नया खून' के ऑफिस चला गया। वहाँ वे मुझे मिल गए। यह मेरी दूसरी मुलाकात थी। तब वे कुछ खुले। मैं लगभग डेढ़ दिन रहा। उनसे खूब खुलकर बात हुई। उनसे आत्मीयता भी स्थापित हुई।

सु. पां. : इस दूसरी मुलाकात में अचानक वे खुले कैसे?

ह. प. : मैं जब उनके यहाँ पहुँच ही गया तो मैं जानबूझकर जबरदस्ती उनका मेहमान हो गया। वे मित्रों से बोलते थे, 'पार्टनर'। आजकल यह शब्द उपयोग नहीं करते। लेकिन हम लोगों के जमाने के लोग आपस में 'पार्टनर' थे। 'अरे पार्टनर,

आइए'—तो तब वे 'पार्टनर' से शुरू हुए तो खुलकर बातचीत हुई। कहने लगे, 'पार्टनर, चाय पी ली जाए।' पहले की औपचारिकता मिट गई।

सु. पां. : उन दिनों वे पूरे परिवार के साथ थे वहाँ?

ह. प. : हाँ, परिवार के साथ थे और ऑफिस से उनका मकान दूर नहीं था। फिर हम तमाम बातों पर चर्चा करते रहे। फिर मुझे लगा कि मैं उनको पट गया। उन दिनों हम मित्रों में एक खास शब्द प्रचलित था कि इस आदमी में 'खटका' है। यानी 'ही क्लिक्स'। हमारी मंडली में चलेगा। यानी इस आदमी के अन्दर खटका है ('देयर इज समथिंग इन द मैन') और इससे हमारा साथ अच्छा हो जाएगा। तो ऐसा उन्होंने देख-परख लिया होगा। और मेरी उनसे आत्मीयता हो गई। वास्तविक मेरी उनसे जो आत्मीयता हुई वह तब, जब जबलपुर से हम लोगों ने 'वसुधा' पत्रिका निकाली। 1958 में। तब फिर उनसे मेरी निकटता और भी अधिक हुई। और वे 'वसुधा' में नियमित लिखते भी थे। और बार-बार उनका जबलपुर आना भी होता था। मैं भी राजनांदगाँव जाया करता था। तब वे राजनांदगाँव में दिग्विजय सिंह कॉलेज में आ गए थे।

सु. पां. : राजनांदगाँव में आप उन्हीं के यहाँ ठहरते थे?

ह. प. : नहीं, वहाँ शरद कोठारी वकील, पत्रकार, राजनीतिक कार्यकर्ता हैं। मैं उन्हीं के यहाँ ठहरता था। उनसे मेरे पहले के सम्बन्ध हैं।

सु. पां. : वे तो मुक्तिबोध जी के भी कॉफी निकट रहे हैं?

ह. प. : हाँ, वे कॉफी निकट रहे हैं उनके। बल्कि मुक्तिबोध जी को वहाँ लाने में उनका विशेष योगदान रहा। उस कॉलेज में लाने में। वहाँ मुक्तिबोध सुख से और सन्तुष्ट रहे। नागपुर में उनके संघर्ष कॉफी थे। इस प्रकार उनसे मेरी घनिष्ठता बढ़ती गई और निश्चित रूप से मैं अत्यन्त निकट हो गया। 'वसुधा' निकालने का जो ढाई-तीन वर्ष का समय था, उसमें उनसे बड़ी निकटता हो गई और वैचारिक रूप से भी आदान-प्रदान हुआ। और सही बात यह है कि बहुत-कुछ उनसे मैंने सीखा। बहुत-सी चीजें उनके साथ बात करने से साफ होती थीं। मुक्तिबोध जिन्दगी में बहुत सीधे-सादे, निष्कपट, भोले-भाले आदमी माने जाते थे। बुद्धू किस्म के। कोई भी उनको धोखा दे सकता था। लेकिन विचार के मामले में वे बहुत काइयाँ आदमी थे। विचार के मामले में कोई उनसे छल नहीं कर सकता था। अत्यन्त चालाक आदमी थे वे। वे यों पकड़ लेते थे कि देखिए, चालाकी वैचारिक यह है। मानवीय रूप में वे अत्यन्त ही स्नेही थे। उनकी कविताओं को पढ़िए, गद्य को पढ़िए—उनमें मित्र-भाव प्रधान था। वे चाहते थे कि तमाम मित्र एक जगह कहीं

एकत्र हों, बैठें। उनकी कविता भी है, 'मेरे सहचर मित्र'। मित्र-भाव उनमें बहुत था। स्नेही थे। सरल हृदय थे, इसमें कोई शक नहीं। लेकिन कोई कविता किसी ने पढ़ी तो उस कविता को वे सुनते जाएँगे और फिर बताएँगे कि देखिए, आपकी यह जो पंक्ति है, इसका अर्थ क्या है, आप समझते हैं? जो आप समझ रहे हैं, वह इसका अर्थ नहीं है। इसका अर्थ दूसरा है। और जिस विचारधारा की यह कविता है, वह इस एक पंक्ति से नष्ट हो रही है। यह वे साफ बतला देते थे। इस मामले में वे बहुत सावधान थे। या वे कह देते थे कि आप जानबूझकर वैचारिक छल कर रहे हैं। मुक्तिबोध की चालाकी से मेरा मतलब यह है। दिनकर के काव्य 'उर्वशी' की समीक्षा में उन्होंने झूठा मनोविज्ञान पकड़ लिया है।

सु. पां. : 'कल्पना' में जिस पर लम्बा विवाद भी चला था। भगवत शरण उपाध्याय की समीक्षा को केन्द्र में रखकर।

ह. प. : हाँ, मुक्तिबोध का जो लेख है...।

सु. पां. : 'सो कॉल्ड डैमेजिंग रिव्यू...?'

ह. प. : हाँ, डैमेजिंग रिव्यू थी। लेकिन कितना 'क्लिअर' है, जो उन्होंने लिखा हुआ है! अवैज्ञानिक और झूठा मनोविज्ञान।

सु. पां. : और उसमें खास करके दिनकर के इतिहास-बोध पर जो उन्होंने आक्रमण किया था...

ह. प. : हाँ, तो वे पकड़ लिया करते थे बारीकी से। किसी भी प्रकार की वैचारिक चालाकी को पकड़ लेते थे और स्पष्ट कह देते थे।

सु. पां. : परसाई जी, एक दूसरा सवाल। डॉ. रामविलास शर्मा ने लिखा है कि मुक्तिबोध की कविता असुरक्षित जीवन की कविता है। उनके इस 'असुरक्षित जीवन' की पृष्ठभूमि क्या है?

ह. प. : वे अपने को असुरक्षित तो महसूस करते थे और उसका कारण उनके अपने जीवन के कटु अनुभव थे। उनका विवाह जो हुआ, परिवार की इच्छा के त्रिपरीत हुआ। तो वहाँ से कटे, बहुत छोटी नौकरियाँ मिलीं। और उनके राजनीतिक विचारों और कार्यों के कारण उनके पीछे लोग पड़े भी रहते थे। कोई पक्की नौकरी उन्हें कभी नहीं मिली। परिवार बड़ा, आमदनी कम। इसमें वे चलाया करते थे। इन्हीं कारणों से वे सशंकित रहते थे। कभी-कभी 'नर्वस' भी हो जाते थे। एकदम-से विश्वास भी नहीं करते थे। जिस पर करते थे, पूरा विश्वास करते थे। इस प्रकार का उनका चरित्र था।

सु. पां. : परसाई जी, मुक्तिबोध जी के घनिष्ठ मित्र के रूप में आपने उनकी जीवन-पद्धति को बहुत निकट से देखा है। इसमें वह खास बात क्या थी जो उन्हें अन्य समकालीन लेखकों से अलग करती थी?

ह. प. : देखिए, वे एक गृहस्थ थे और एक गृहस्थ की जो जिम्मेदारियाँ होती हैं, उन्हें वे निभाते थे। उन्होंने अपने-आपको 'ग्लोरिफाई' नहीं किया। उनमें विशेषता यह थी कि वे सामान्य आदमी की तरह रहते थे और अपने 'मैनर्स' से या दूसरी आदतों से या ओढ़ी हुई गम्भीरता से या 'स्नॉबरी' से वे अपने को कभी भी विशिष्ट नहीं बनाते थे। वे सामान्य आदमियों—रिक्शेवाले, ठेलेवाले के साथ बैठते थे। बीड़ी पीते थे और बात करते जाते थे। इस तरह की सामान्य जिन्दगी उनकी थी। और जो कुछ लोग अपने को महिमामंडित कर देते हैं, वह प्रवृत्ति उनमें नहीं थी। यह प्रवृत्ति भी उनमें नहीं थी कि अपने चेलों का गिरोह बनाया जाए और साहित्य में उसको लेकर चला जाए। मध्य प्रदेश के जो हम चार-पाँच लोग उनके साथ थे, उन्हीं से उनकी घनिष्ठता थी। उन्हीं से उनकी बातें भी होती थीं और उन्हीं में वे दिल की बातें भी खोल दिया करते थे।

सु. पां. : अपने जीवन में वे बहुत अव्यावहारिक थे, ऐसा उनके घनिष्ठ मित्रों का कहना है। आर्थिक परेशानियाँ दूर करने के सिलसिले में ये मित्र उन्हें तरह-तरह की सलाहें दिया करते थे, पर मुक्तिबोध मानते नहीं थे। उनके व्यक्तित्व के इस पक्ष को लेकर आपके अनुभव क्या कहते हैं?

ह. प. : देखिए, मित्र उन्हें अव्यावहारिक कहते थे लेकिन दरअसल क्या है कि परिवार चलाने की सारी जिम्मेदारी उन्होंने श्रीमती मुक्तिबोध को दे रखी थी। देखिए, कम पैसा घर में आएगा और परिवार बड़ा होगा तो उसमें जो खींचतान होगी, वह स्वाभाविक है। तो वह उस घर में होती थी। इसके बावजूद वे अपना पढ़ना-लिखना, चिन्तन किया करते थे। पूरी गति के साथ। उनकी पत्नी कहती हैं कि वे सारी रात छत पर घूमा करते थे, सोचते रहते थे और लिखते रहते थे। और दूसरी बात उनमें यह थी कि दूसरी तरह से पैसे कमाने की जो तरकीबें हैं, जो नाजायज नहीं जायज भी हैं, वे उन्हें अपनाते नहीं थे। उदाहरण के लिए, पत्रिकाएँ अच्छा 'पेमेंट' करती हैं, उनमें वे नहीं लिखते थे। मैंने स्वयं उनसे कई बार कहा—उन पत्रिकाओं के सम्पादकों ने मुझे लिखा है कि आप क्यों नहीं लिखते हैं? हम 'पेमेंट' तो करते ही हैं। नियमित लिखें तो हम नियमित 'पेमेंट' करेंगे और वे अच्छी पत्रिकाएँ हैं। मैंने उनसे कहा कि आप लिखते क्यों नहीं हैं इन पत्रिकाओं में?आप जो लिखेंगे, वे छापेंगे। उसमें कोई 'एडिट' नहीं करेंगे। विचार के मामले में आपको समझौता नहीं करना है। फिर उन पत्रिकाओं का सर्कुलेशन बहुत है। एक लाभ तो आपको यह भी है कि ये पत्रिकाएँ 'पेमेंट' भी करेंगी। मैं भी तो लिखता हूँ इन पत्रिकाओं में।

तो वे कहते थे—नहीं पार्टनर, इन पत्रिकाओं में नहीं लिखेंगे। 'वसुधा' में लिखेंगे। अपनी पत्रिका में।

सु. पां. : तो क्या इन पूँजीवादी प्रतिष्ठानों से निकलनेवाली पत्रिकाओं को लेकर उनके पूर्वग्रह बहुत स्ट्रांग थे?

ह. प. : हाँ, बड़े ही दृढ़ पूर्वग्रह थे। वे इस मामले में हठी थे।

सु. पां. : या यों कह लीजिए कि अपने विचारों के प्रति उनकी प्रतिबद्धता बहुत गहरी थी?

ह. प. : हाँ, प्रतिबद्धता तो उनकी थी ही। लेकिन मैंने उनको आश्वस्त किया था कि विचारों में आपको कोई समझौता नहीं करना पड़ेगा। जो आप लिखेंगे, वह वे छापेंगे। व्यावसायिक रूप से उनको आपके लेखन की आवश्यकता है। सीधी बात है यह। मैंने कहा—मैं भी जो लिखता हूँ, वह उनके वर्ग के विरुद्ध जाता है लेकिन छापते हैं, क्योंकि यह व्यवसाय का मामला है। उसका पेमेंट भी करते हैं मुझे। लेकिन इस मामले में वे कॉफी सख्त थे। कहते थे कि मैं लिखूँगा ही नहीं। बहरहाल, ऊपरी आमदनी उन्हें हो नहीं पाती थी। 'वसुधा' से तो हम उन्हें पोस्टेज ही नहीं दे पाते थे। सारा मामला चन्दे का होता था। लेकिन बहुत मन से 'वसुधा' के लिए लिखते थे वे। और 'वसुधा' की सबसे बड़ी उपलब्धि तो मैं यही मानता हूँ कि उनसे 'एक साहित्यिक की डायरी' लिखवा पाया। इतना महत्त्वपूर्ण काम उनसे करवा पाया। यह बहुत बड़ा काम है। मैं उनके पीछे पड़ के लिखवाया करता था। तो इस तरह का उनका स्वभाव था। इसीलिए लोग कहते हैं कि वे अव्यावहारिक थे। यहाँ-वहाँ से पैसे कैसे प्राप्त करना—इसमें वे रुचि नहीं लेते थे जबकि उनको पैसे की तंगी होती थी।

सु. पां. : आपने बातचीत के दौरान यह भी मुझे बताया था कि कुछ ऐसे लोग भी उनके मित्र थे जो सामाजिक-आर्थिक दृष्टि से अच्छी हैसियत में थे, सुविधाओं और अधिकारों से सम्पन्न थे। ये लोग मुक्तिबोध जी की मदद भी करना चाहते थे पर वे इसे स्वीकारने को तैयार नहीं थे?

ह. प. : हाँ, वे उनका उपयोग नहीं करना चाहते थे। इस मामले में वे बहुत ही स्पष्ट थे। कोई प्रतिष्ठित आदमी है, उनका उपकार करना चाहता है, करने की स्थिति में है, तब भी वे उपकार लेते नहीं थे।

सु. पां. : तो ऐसे प्रसंगों को वे किस तरह निपटाते थे?

ह. प. : वे कभी बहुत 'ब्लंट' हो जाते थे। यदि किसी बड़े आदमी ने इन्हें बुलाया या इन्हें लगा कि अब यह बुलाएगा और मेरे लिए कुछ करना चाहेगा, तो कह देते

थे कि मेरा कुछ भला यदि उन्हें करना है तो दूर से ही करें, पास से न करें। या यह कह देते थे कि मेरे-उनके बीच क्या समानता है कि मैं उनसे मिलूँ? मैं उनसे किस विषय पर बातचीत करूँगा? मेरे-उनके विचारों में कोई समानता नहीं है। और हम अलग-अलग किस्म के लोग हैं। तो हम मिलकर भी क्या करेंगे? इस तरह से टाल दिया करते थे।

सु. पां. : परसाई जी, कुछ लोगों का कहना है कि उनका पारिवारिक जीवन बहुत सुखी और शान्त नहीं था जिसके पीछे आर्थिक तनाव एक बहुत बड़ा कारण था। अभी हाल ही में मैंने भारत भूषण अग्रवाल का एक निबन्ध मुक्तिबोध जी पर पढ़ा था जिसमें उन्होंने लिखा है कि मुक्तिबोध अपनी पत्नी शान्ता जी को कहीं नौकरी दिलवाना चाहते थे ताकि आर्थिक परेशानियाँ कम हो सकें, लेकिन ऐसा हो नहीं पाया। इस कारण भी वे भीतर से खिन्न और अशान्त रहते थे।

ह. प. : देखिए, शान्ता जी कुछ पढ़ी नहीं थीं। शाजापुर के पास एक गाँव में एक राष्ट्रीय विद्यालय इन लोगों ने खोला था, जिसमें भारत भूषण भी पढ़ाते थे। नेमिचन्द्र जैन भी। इनकी पत्नियाँ भी पढ़ाती थीं। वहाँ शान्ता जी को पढ़ाने का प्रयत्न किया गया। इसके बावजूद वे बहुत पढ़ नहीं पाईं। पढ़ न पाने से कोई ऐसी नौकरी उनको मिलती जिसमें आमदनी कुछ अच्छी हो सके, इसका सवाल ही नहीं उठता। फिर गृहस्थी का पूरा काम उनको चलाना पड़ता था। इस कारण से भी उनको वक्त नहीं मिलता था। आखिर वे कमातीं तो कमातीं कैसे। पढ़ तो वे पाईं नहीं। प्रयत्न इन लोगों ने किये थे। तो वे महसूस करते थे कि पत्नी भी यदि कमाती होतीं तो आर्थिक कष्ट कम होता। लेकिन इससे 'ऑब्सेस' नहीं थे वे। और इस कारण से उनके परिवार में तनाव हो, ऐसी बात भी नहीं थी। उन्होंने इस बात को स्वीकार कर लिया था।

सु. पां. : तो पत्नी और बच्चों के साथ उनके सम्बन्ध पूरी तरह 'नॉर्मल' थे?

ह. प. : बिलकुल नॉर्मल थे, जैसे सामान्य परिवार में होते हैं। बड़े स्नेहिल पिता थे वे। और अपनी सामर्थ्य के अनुसार बच्चों के लिए सब कुछ करते थे। और बहुत विचित्र तरह का उनका मन था, जैसे कि यहाँ जबलपुर आए तो एक प्रकाशक से पुस्तक का कांट्रैक्ट करा दिया। मैंने प्रकाशक से कहा कि इन्हें कुछ एडवांस दे दीजिए। प्रकाशक ने कहा—बोलिए आप, कितना दे दूँ? मैंने कहा कि तीन-चार सौ दे दीजिए तो उसने चार सौ दे दिये। इन्हें कतई उम्मीद नहीं थी, न ये आशा करते थे, न माँग थी एडवांस की। उसने रसीद रखी कि सही कर दीजिए आप, तो जब वे बाहर निकले तो बड़े चमत्कृत थे। कहने लगे—पार्टनर, बड़ा अद्‌भुत आदमी है। ये चार सौ रुपये दे दिये। अजीब बात है। मैंने कहा—इस किस्म के मामले

में आप कच्चे हैं। यह तो आपका अधिकार था कि आप उससे एडवांस लें। इतने भोले थे कि प्रकाशक ने चार सौ रुपये दे दिये तो इतने चमत्कृत हैं। गद्गद हैं कि कैसे दे दिये उसने जबकि यह आम बात है। फिर बोले—अच्छा, तो पार्टनर, ऐसा करते हैं कि बच्चों के लिए कपड़े खरीद लेते हैं इससे। कल खरीदेंगे। दूसरे दिन मैंने कहा कि चलिए, कपड़े खरीद लेते हैं बच्चों के लिए, तो बोले—नहीं पार्टनर, इससे अब कपड़े नहीं खरीदेंगे। कर्ज पटा लेंगे हम अपना। बच्चों के लिए कपड़े बाद में खरीदेंगे। यानी रात भर उन्होंने यह सोचा कि इनमें से कौन-सी बात ठीक रहेगी। अच्छा यह है कि कर्ज पट जाए इससे। और उन्होंने कपड़े नहीं खरीदे।

सु. पां. : उन पर कर्ज बहुत था क्या?

ह. प. : हाँ, कर्ज था उनके ऊपर, क्योंकि तकलीफ में होते थे तो कर्ज लेते ही थे। यह रकम बड़ी नहीं होती थी।

सु. पां. : अच्छा, परसाई जी, एक और जरूरी जिज्ञासा का जिक्र करूँ। साहित्य-सृजन के द्वारा मुक्तिबोध जिस वैचारिक लड़ाई में पूरी उत्कृष्टता और समर्पण-भाव के साथ 'इन्वॉल्व्ड' थे, उसका कोई अन्य मोर्चा भी था?

ह. प. : देखिए, एक बात मैं स्पष्ट बोल देता हूँ कि उनका विश्वास मार्क्सवादी दर्शन में था। मार्क्सवाद पर उनका अध्ययन बहुत अधिक था और वे उससे बहुत अधिक प्रभावित थे। दृष्टि ही मार्क्सवादी थी उनकी—यह निश्चित बात है। दूसरी बात, कुछ लोग इसको छुपाते हैं जबकि छुपाना नहीं चाहिए। उज्जैन में ही जब उनकी नई जवानी थी, तब ही वे कम्यूनिस्ट पार्टी के मेम्बर हो गए थे और जब जबलपुर में थे, तब वहाँ भी वे कम्यूनिस्ट पार्टी के मेम्बर थे और सक्रिय थे। जब वे नागपुर गए तब उन्होंने वहाँ फिर से मेम्बरशिप नहीं ली। लेकिन यहाँ चूँकि उनका रिकॉर्ड था, अतः वहाँ उनको तंग जरूर किया जाता था। खास तौर से खुफिया विभाग के लोगों के द्वारा। लेकिन वे कम्यूनिस्ट पार्टी के नजदीक हमेशा रहे। राजनांदगाँव में भी पैम्फलेट लिखते थे, ट्रांसलेशन करके देते थे। ये सब करते थे। लेकिन मेम्बर वहाँ भी नहीं हुए। और उनकी कुछ प्रतिक्रियाएँ हुआ करती थीं। पहली बार यूरी गगारिन अन्तरिक्ष में गया तो उनके लिए वह त्योहार का दिन था। बोले—देखिए साब, यह समाजवादी विज्ञान का कमाल है। कितने साल हुए हैं क्रान्ति को और इस बीच में इतने पिछड़े हुए देश ने यह उन्नति कर ली है कि अन्तरिक्ष में पहला यात्री भेज दिया है। और इस बात से बहुत खुश होते थे।

सु. पां. : परसाई जी, मुक्तिबोध की रचनाओं में 'फैंटेसी' का जो बाहुल्य है, वह निश्चय ही उनके व्यक्तिगत और उनके अनुभव-जगत की एक अनूठी मौलिकता को रेखांकित करता है। डॉ. रामविलास शर्मा ने भी लिखा है कि 'फैंटेसी' उनके

लिए अभिव्यंजना का माध्यम मात्र नहीं है, बल्कि उनके मन की सहज वृत्ति है। क्या इस विशिष्ट फार्म का अनिवार्य सम्बन्ध उनके व्यक्तिगत जीवन से है?

ह. प. : वे कभी-कभी कहते थे कि पार्टनर, मेरा सोचना ही फैंटेसी में होता है। उनका एक निबन्ध है : 'कला के तीन क्षण'। इसमें भी उन्होंने कहा है—यथार्थ को ग्रहण करने के बाद एक फैंटेसी बनती है। तीसरे क्षण में फैंटेसी पिघलती है, तब फिर उसको शब्द और रूप मिलते हैं और तब रचना होती है। मेरा खयाल है कि वे जिन अनुभूतियों के कवि हैं, उनकी अभिव्यक्ति के लिए उनको फैंटेसी बहुत अनुकूल बैठती थी। जब वे कहते थे कि फैंटेसी में सोचता ही हूँ तो इसका मतलब यह है कि जो विचार उनको आता था या जो अनुभव होता था, अनुभूति होती थी, उसको वे तत्काल किसी फैंटेसी में बदल लेते थे। हर जीवन-अनुभव से जो निष्कर्ष निकालते थे, वे उनको तत्काल फैंटेसी का रूप दे दिया करते थे, ऐसा मुझे मालूम होता है। और फिर फैंटेसी के द्वारा ही उसका वे चित्रण भी करते थे। यह उनके साथ एक विशेष प्रकार की बात है। जैसा कि आपने पूछा है कि जीवन से इसका सम्बन्ध क्या हो सकता है, तो उनके जीवन की एक विशेषता तो यह थी कि उनके पिता पुलिस के एक अफसर थे और वे देशी रियासत के थे। देशी रियासतों में अत्याचार होता था, यह तो सही बात है। और राजसत्ता का जनता से सम्पर्क पुलिस के माध्यम से ही होता था और पुलिस अत्याचारी होती थी। और इनके पिता पुलिस के अफसर थे। घर में रहते हुए इसका प्रभाव भी उन पर पड़ा होगा, किशोरावस्था में जब वे सोचने लायक हो गए होंगे। और फिर वे यहाँ से वहाँ, वहाँ से यहाँ आते-जाते रहे, छोटी-मोटी नौकरियाँ करते रहे। कहीं बंगलौर में नौकरी की, बनारस में की, फिर जबलपुर में, नागपुर में की। तो कुछ कारण यह भी हो सकता है। मुझे ऐसा लगता है कि वे जितनी शान्तिपूर्वक अपनी बात कहना चाहते थे, उतनी शक्तिपूर्वक जो चालू परिपाटी उस समय प्रचलित थी, उसके अन्दर उस बात को नहीं कह सकते थे। जैसे कि 'ब्रह्मराक्षस' एक कविता है उनकी और इसी नाम की एक कहानी भी है। यह ब्रह्मराक्षस क्या है : एक परम ज्ञानी लेकिन परम अहंकारी व्यक्तिवादी। उसके ज्ञान का समाज को कोई लाभ नहीं। तो कविता में तो यह है कि वह एक पुरानी बावड़ी में बैठा हुआ है जो खँडहर हो गई है। बैठा है और अपनी ही प्रतिध्वनि सुनता है और प्रसन्न होता है। और अपने शरीर का मैल बावड़ी के पानी से धोता है। लेकिन वह धुलता नहीं है। सूरज की किरण कहीं से आती है तो वह समझता है कि सूर्य मेरे चरणों में अपना मस्तक रख रहा है। और चाँद की किरण आती है तो समझता है कि चाँद मेरे प्रति श्रद्धा समर्पित कर रहा है। ऐसा एक व्यक्तित्व उसके अन्दर परमज्ञानी बैठा हुआ है बावड़ी में। तो इस प्रकार का जो बुद्धिवादी होता था, उससे वे चिढ़ते थे और ऐसी ही बुद्धिमत्ता के खिलाफ उन्होंने यह फैंटेसी बुनी है।

सु. पां. : खँडहर, कई तरह के अजूबे कीट-पक्षी वगैरह बार-बार आते हैं उनकी रचनाओं में।

ह. प. : अन्तिम छह वर्ष राजनांदगाँव में पुराने महल में रहे थे। पीछे एक तालाब था। विभिन्न पक्षियों को उनके घर में मैंने घूमते देखा है। अबाबील, चमगादड़, उल्लू। सब वहाँ आते थे। इनसे वे घृणा नहीं करते थे। उल्लू की वे तारीफ करते थे। मेरा खयाल है, एक टूटती हुई व्यवस्था को अभिव्यक्त करने के लिए ये प्रतीक उन्हें आवश्यक लगे। वर्तमान व्यवस्था से असन्तुष्टि तो सभी को है। लगता था कि यह संरचना जो बनी थी, खँडहर हो गई है। जीवन के जो मंगल मूल्य हैं, उनका नाश हो गया है। इस प्रकार की कल्पना में कोई खँडहर ही उभरता है। इसमें उल्लू, घुग्घू, बिच्छू, साँप ही आते हैं। इसमें उनकी उस पूरी मानसिकता का संकेत है जिसमें वे पूरी सभ्यता को ढहते हुए देख रहे थे। गलत जीवन-मूल्यों की स्थापना हो रही थी जिनके प्रतीक उन्होंने इन जीवों को मान लिया था।

सु. पां. : परसाई जी, मुक्तिबोध की उन रचनाओं में, जिनमें कथातत्त्व है, उनके कई प्रमुख चरित्र बहुत डरे हुए, शंकालु और असुरक्षा-बोध से आक्रान्त नजर आते हैं। क्या इनके माध्यम से वे स्वयं को ही अभिव्यक्त कर रहे थे?

ह. प. : उनके जो पात्र हैं, जिन्हें मैं जानता हूँ, वे जीवित हैं। उनका उपन्यास राजनांदगाँव पर ही है। यहाँ के कॉलेज में टीचर, चेयरमैन, मित्र हैं। वे वास्तविक हैं। दूसरी बात जो आपने कही कि उनके पात्र इस प्रकार के होते हैं, तो स्वयं मुक्तिबोध अपने-आपको असुरक्षित महसूस करते रहे। एक खास आशंका व अविश्वास की भावना रहती थी। यह जीवन-संघर्षों के कारण हुआ था। जैसे, उन्होंने दाहिने जेब में चाबी रखी है, यह उन्हें ध्यान है। जब घर आए तो जेब में हाथ डाला। दाहिने जेब में चाबी नहीं मिली तो घबरा जाते थे। यह सही घटना है। वह बाएँ में थी। इस छोटी-सी बात से वे आशंकित हो उठते थे कि यह कैसे हो गया। इसके कारण उनके जीवनानुभवों में, आघातों में मिलेंगे। इतिहास-पुस्तक वाला कांड भयंकर था। नारे शहर की दीवारों में लिखे पाए गए। उनके खिलाफ जुलूस निकल चुका था। किताबों की होली जल चुकी थी। धमकी दी गई थी कि आपको मारेंगे। इन सबका असर उनकी मानसिकता पर पड़ा था।

सु. पां. : क्या 'अँधेरे में' कविता इसी मानसिकता में लिखी गई?

ह. प. : हाँ। यह जो पुस्तक का केस हाईकोर्ट में चल रहा था, तो अक्सर वे जबलपुर आते थे और मैं वहाँ जाता था। हम लोग भोपाल जाते थे सरकार से मिलने के लिए। तो उन्होंने उन सबको पहचान लिया था।

सु. पां. : परसाई जी, कुछ लोगों का कहना है कि इस पुस्तक वाले कांड के पीछे जो षड्यंत्र था, उसमें कई लोग ऐसे भी थे जिन्हें मुक्तिबोध जी अपना हितैषी और मित्र मानते थे। इस कारण भी उनका आघात बहुत गहरा था।

ह. प. : इसकी मुझे जानकारी नहीं कि जिन्हें वे मित्र मानते थे, वे इस षड्यंत्र में शामिल थे। इतना मैं जानता हूँ कि एक राजनीतिक संगठन और यहाँ के प्रकाशकों ने मिलकर राजनीति और व्यवसाय के सहयोग से म.प्र. में इस प्रकार का आन्दोलन चलाया था। जो बातें उन्होंने लिखी थीं उस पुस्तक में, वे कोई मौलिक बातें नहीं थीं। कई पुस्तकों का अध्ययन करके उन्होंने यह पुस्तक लिखी थी। इसमें जो बातें उन्होंने लिखी थीं, वे शासकीय प्रकाशनों की पुस्तकों में भी लिखी हैं। पर इन फासिस्ट संगठन वालों ने इसे गलत दृष्टि से देखा। तो वे महीने बड़े तकलीफदेह उनके लिए गुजरे थे। उन्होंने इस संकट को व्यापक रूप में देखा। स्कूल के अध्यापक हैं जो दिन में दुकान में बैठते हैं, यही समाज के तमाम बड़े सम्भ्रान्त लोग रात में किया करते हैं...ये लोग अन्धकार में क्या करते हैं, जो छुरा, बन्दूक, बम लिये हुए हैं? यह सब उस कविता 'अँधेरे में' के पीछे है।

सु. पां. : बीमारी के दिनों में मुक्तिबोध की मनःस्थिति कैसी थी?

ह. प. : मैं दिल्ली में था, वहाँ खबर मिली। श्रीकान्त वर्मा से (यहाँ जबलपुर भी लिखा होगा उन्होंने) कि उन्हें लकवा लग गया है। मैं तुरन्त भोपाल आया। मुख्यमंत्री से बात की। उन्हें चिकित्सा के लिए भर्ती कराने के सम्बन्ध में बात की। फिर राजनांदगाँव आया और उन्हें लेकर भोपाल आ गया। उस स्टेज में भी मुझे आया देख वे खुश हुए। दरअसल बीमारी को वे बिलकुल भुलाए थे, जब वहाँ भर्ती थे। इस बीमारी के दौरान अपने बारे में सोचना उन्होंने छोड़ दिया था। अपने मित्रों के हाथ में अपने-आपको पूरी तरह सौंप दिया था। जब मैंने कहा कि आपको भोपाल चलना है तो उन्होंने इस बारे में कोई प्रश्न नहीं किया। यह भी नहीं कहा कि रायपुर मेडिकल कॉलेज क्यों न चलें। भोपाल चले आए। यहाँ हम लोग जो कहते थे, वे मान लेते थे। स्वयं कोई निर्णय लेना उन्होंने बन्द कर दिया था। वे गुमसुम और सोचते रहते थे। वे क्या सोचते थे, यह तो मालूम नहीं होता था। जुबान भी उनकी उस समय लड़खड़ाने लगी थी। हाँ, सिगरेट भर माँगते थे। इसकी उन्हें आदत थी। बाकी कोई कुछ भी करता रहे, वे कुछ नहीं कहते थे। जिसे जो मन आए, करे।

सु. पां. : बीमारी से वे बाहर आ जाएँगे, कोई ऐसी आशावादी बात उनके दिमाग में थी उन दिनों?

ह. प. : राजनांदगाँव में ऐसी आशावादिता दिखती थी उनमें। पर वे यह भी जानते थे कि लकवा ऐसी बीमारी है जो ठीक भले हो जाए पर अंग तो कमजोर हो ही

जाते हैं इसमें। भोपाल में बस सोचते ही रहते थे। हुआ यह कि एक बार उन्होंने कुछ कहा तो उनका मुँह टेढ़ा हो गया। रात करीब बारह बजे की बात थी। हमने डॉक्टर को घर से बुलाया। डॉक्टर आए। इलाज से वे ठीक भी हो गए लेकिन, तब उनमें आन्तरिक संघर्ष बहुत था। वे तटस्थताग्रस्त भले ही हो गए थे। वे डॉक्टरों से बहस भी करते थे। डॉक्टर कहते थे कि मुक्तिबोध का दिमाग बहुत चक्करदार है। मेडिकल परीक्षण सम्बन्धी विश्वसनीयता पर वे बात करने लगते थे। लेकिन वे सोचते ही रहते थे। सोचना बन्द नहीं था। वे भोपाल में रहते हुए यह मान चुके थे कि यह बीमारी अन्ततः ठीक होगी नहीं। जब उनका डाइग्नोसिस हुआ था तो मैंने देखा और मुझे भी ऐसा ही लगा था।

सु. पां. : परसाई जी, 'साक्षात्कार' में श्रीमती शान्ता मुक्तिबोध का एक इंटरव्यू छपा था, जिसमें उन्होंने बताया था कि मुक्तिबोध जी घर में एक औसत आस्तिक की तरह पूजा-पाठ करते थे। आपका क्या अनुभव रहा है?

ह. प. : देखिए, मैं कभी उनके घर पर नहीं ठहरा, जिससे मैं उनकी दिनचर्या देख सकूँ। लेकिन अपनी बातचीत में वे कभी आस्तिक नहीं लगते थे। वे कभी इस बात की चर्चा भी नहीं करते थे। वे निरीश्वरवादी ही थे, ऐसा हमारा विश्वास था और आज भी है। लेकिन इसे सहजता से लेना चाहिए। चेतना के संस्कार जल्दी तो छूटते नहीं हैं। वे अन्ततः आस्तिक-नास्तिक के न रहकर कर्मकांड के रूप में ही रह जाते हैं। मेरे एक कट्टर मार्क्सवादी मित्र हैं। वे जब मेरे साथ सड़क पर निकलते थे तो सड़क के किनारे एक शिवमंदिर के सामने पहुँचते ही अनायास उनके मुँह से 'जयशंकर' निकल पड़ता था। यद्यपि यह उनका विश्वास नहीं था। यह दरअसल एक 'रिफ्लेक्स' था कि मन्दिर देखते ही 'जयशंकर' निकल पड़ता था। तो मुक्तिबोध के प्रसंग में यदि यह बात श्रीमती शान्ता कहती हैं तो इससे उनका निरीश्वरवादी होना कटता नहीं। कर्मकांड परम्परागत था, अतः जल्दी नहीं छूट सका। वे करते रहे हों, पर बातचीत, व्यवहार एवं लेखन में ऐसी कोई बात तो नहीं दीखती। और इस बात को कट्टरता से नहीं लेना चाहिए। सत्तर प्रतिशत लोग इस तरह के विरोधाभास के शिकार होते हैं। वे कहते हैं—भाई, परिवार का दबाव है, उसकी भावनाएँ हैं, इसलिए ऐसा करते हैं ताकि ठेस न पहुँचे। यद्यपि इस कर्मकांड में विश्वास नहीं है। फिर भी करते हैं। तो हो सकता है कि यह सब परम्परागत परिवार के 'रिफ्लेक्स' के कारण वे करते रहे हों!

[साक्षात्कार]

आजादी के बाद की राजनीति और साहित्यकार

डॉ. श्यामसुन्दर मिश्र की बातचीत

डॉ. श्यामसुन्दर मिश्र : परसाई जी, स्वतंत्रता आन्दोलन के दौरान राजनीतिक और सामाजिक परिस्थितियों और उस समय के मूल केन्द्रीय राजनीतिक आन्दोलन के सम्बन्ध में आपके क्या विचार हैं?

हरिशंकर परसाई : मिश्र जी, स्वाधीनता आन्दोलन की मुख्यधारा कांग्रेस की थी जिसका नेतृत्व 1920 से पूर्णतया महात्मा गांधी के हाथ में रहा है। गांधी जी ने स्वाधीनता संग्राम को कार्य-पद्धति (मैथडोलॉजी) दी, जो गोखले और तिलक की पद्धतियों से भिन्न थी। तिलक उग्रवादी थे। यहाँ तक मैंने एक अंग्रेज लेखक की पुस्तक गुरिल्ला युद्ध के नेताओं और चिन्तकों के बारे में पढ़ी, जिसमें माओत्से-तुंग, फिडेल कास्त्रो, चे-ग्वेरा पर तो लिखा ही है, एक अध्याय बाल गंगाधर तिलक के बारे में भी है। लेखक ने उनके लेखन के उदाहरणों से यह सिद्ध किया है कि वे गुरिल्ला युद्ध में विश्वास रखते थे और उसकी तैयारी भी करते थे। गोखले समझौतावादी थे, और अंग्रेज सरकार द्वारा स्थापित समितियों, काउंसिलों आदि में प्रवेश कर कार्य करना चाहते थे। गांधी जी ने इस देश के मनुष्य की मानसिकता और क्षमता ठीक समझी थी और तदनुसार रणनीति तय की थी। वे जानते थे कि सशस्त्र संघर्ष करने लायक लोग नहीं हैं। वे यह भी जानते थे कि सशस्त्र संघर्ष शुरू किया तो ब्रिटिश सरकार को बेहिसाब हिंसा करने का तर्क मिल जाएगा और वह अपनी संसद तथा विश्व जनमत को यह विश्वास दिला सकेगी कि हिंसा का सामना करने के लिए हमें हिंसा करनी पड़ी। इसलिए गांधी जी ने अहिंसक आन्दोलन चलाया, जिसमें कानून तोड़ना, असहयोग, सत्याग्रह, धरना इत्यादि थे। पूर्ण अहिंसक आन्दोलन के सामने अंग्रेज सरकार की हिंसा करने की क्षमता कम हो गई।

गांधी जी ने इसमें आध्यात्मिक और धार्मिक तत्त्व भी मिलाए। लोक-कल्याण, जो कि अव्याख्यायित ही रहा, उसे भी मिलाया। हरिजन-उद्धार, नारी-मुक्ति आदि

भी इसमें शामिल किये। यह पूरा आन्दोलन एक विशेष प्रकार की भावुकता से ओतप्रोत था और सामान्य लोग इसमें मातृभूमि की भक्ति की भावना से शामिल होते थे। जो नारे लगते थे, वे इस तरह के होते थे—गुलामी के घी से आजादी की घास अच्छी। 'इंकलाब जिन्दाबाद : उजड़े घर होंगे आबाद!' इस नारे में आजादी की खुशहाली की भावना भी है।

डॉ. श्या. मि. : परसाई जी, यह आन्दोलन लम्बा और व्यापक था। गांधी जी के सिवाय इस दौरान पं. नेहरू जैसे नेता भी कार्यशील थे। क्या विचारधारा वाला तत्त्व इनमें से किसी के पास मौजूद था?

ह. प. : मिश्र जी, पं. नेहरू विचारों से रेडिकल थे। उनका विश्वास समाजवाद में भी था, और 1930 की लाहौर कांग्रेस में उन्होंने समाजवाद को आजादी का लक्ष्य भी घोषित किया था। गांधी जी के बाद सबसे आकर्षक जननेता वही थे। पं. नेहरू के विचार विभिन्न विचारधाराओं से बने थे। एक तो ब्रिटिश फेबियन समाजवादियों के प्रति उनका गहरा आकर्षण था। बर्नार्ड शॉ, एच.जी. वेल्स इत्यादि से वे प्रभावित थे। उन पर हेराल्ड लॉस्की के विचारों का भी प्रभाव था। वे 1917 की सोवियत समाजवादी क्रान्ति से भी अत्यधिक प्रभावित थे और लेनिन के प्रति उनके मन में आदरभाव था। वे मार्क्सवाद के अध्येता थे, और मार्क्स के विचारों का उन पर गहरा असर था। उनकी इतिहास-दृष्टि मार्क्सवादी थी, और वे ऐतिहासिक द्वंद्वात्मकता में विश्वास करते थे। उन्हें ऐतिहासिक शक्तियों की समझ भी गहरी थी। वे समाज का विश्लेषण भी वर्ग-दृष्टि से करते थे, परन्तु वे वर्ग-संघर्ष को अनिवार्य नहीं मानते थे। उन्होंने 1951 में यहाँ तक कहा था कि मार्क्स का दर्शन औद्योगिक क्रान्ति के आरम्भिक वर्षों का है, और अब विपुल औद्योगिकीकरण के इस युग में उतना प्रासंगिक नहीं रहा है।

नेहरू पर गांधी जी के व्यापक, मानवतावाद, नैतिक मूल्य, साधन और साध्य की पवित्रता इत्यादि का असर भी था। वे वर्ग-समाजी लोकतंत्र से भावुकता की हद तक प्रभावित थे। इसका सम्बन्ध आगे उनके प्रधानमंत्री बनने के बाद उनकी योजनाओं से सीधा जुड़ता है। कांग्रेस में जयप्रकाश के नेतृत्व में लोकतांत्रिक समाजवादियों का भी एक गुट था और 1939 के पहले तक कम्यूनिस्ट भी कांग्रेस के माध्यम से ही अपनी राजनीतिक गतिविधियाँ चलाते थे। कांग्रेस में सरदार पटेल, डॉ. राजेन्द्र प्रसाद, गोविन्द वल्लभ पंत, राजगोपालाचारी के नेतृत्व में बहुत बड़ा तबका दक्षिणपंथी प्रतिक्रियावादी राजनीतिज्ञों का था। ये स्वाधीनता के बाद पूँजीवादी विकास की कल्पना करते थे, और जिसे कल्याणकारी राज्य कहते हैं, उस तक उनका ध्येय जाता था। वास्तव में संगठन पर नेहरू का कब्जा नहीं था, इन दक्षिण पंथियों का था।

डॉ. श्या. मि. : परसाई जी, पं. नेहरू ने 1945 में कम्यूनिस्टों और 1946 में समाजवादियों के कांग्रेस से अलग होने के बाद स्वतंत्र भारत के आर्थिक, राजनीतिक विकास के लिए कौन-सा रास्ता अख्तियार किया? इसके सिवाय क्या उन दिनों की परिस्थितियों में और कोई बेहतर विकल्प नहीं था?

ह. प. : मिश्र जी, 1947 के बाद सबसे बड़ी समस्या नेहरू के सामने तो भारत के विभाजन के परिणामस्वरूप उत्पन्न हुई। उन्हें हिंसा की कटुता को मिटाना, विस्थापितों को बसाना और कश्मीर बचाना था। यह वह समय था, जब कम्यूनिस्ट नेहरू को 'रनिंग डॉग ऑफ इम्पीरियलिज्म' कहते थे और नेहरू कम्यूनिस्टों को 'इरैलेवेंट' कहते थे। तेलंगाना के सशस्त्र आन्दोलन से नेहरू और कम्यूनिस्टों के बीच की दूरी बढ़ी। स्टालिन भी नेहरू के साम्राज्यवाद-विरोधी संघर्ष की अवहेलना ही करते रहे। समाजवादियों को जल्दबाजी थी। वे आम चुनाव में ही सत्ता पर कब्जा करने की उम्मीद लिये बैठे थे, किन्तु उनका पत्ता साफ हो गया। नेहरू चाहते थे कि समाजवादी कांग्रेस में लौट आएँ तो उनकी ताकत बढ़े और वे समाजवादी कार्यक्रम लागू कर सकें।

उन्हें विश्वास था कि जब समाजवादी कार्यक्रम लागू किये जाएँगे तो साम्यवादी उनका समर्थन करेंगे। जयप्रकाश ने 1953 में बारह कार्यक्रमों की लिस्ट नेहरू को दी थी कि ये लागू करो तो हम कांग्रेस में लौटने को तैयार हैं। इन कार्यक्रमों में सार्वजनिक उद्योग खोलना, बैंकों का राष्ट्रीयकरण आदि थे। नेहरू ने इन्हें मान लिया, परन्तु कहा कि इन पर धीरे-धीरे अमल होगा। तुरन्त अमल करने से अर्थव्यवस्था टूट जाएगी। परन्तु समाजवादी डॉ. लोहिया के हठ के कारण मुकर गए।

यह तो तय है कि नेहरू वर्ग-संघर्ष को टालना चाहते थे, पर मार्क्सवाद में कॉफी हद तक उनका विश्वास था, इसलिए उन्होंने योजना आयोग का गठन किया और सार्वजनिक उद्योग क्षेत्र का प्रारम्भ किया। उन्होंने 'मोनोपली' को कंट्रोल करने के लिए कानून बनाया। 1956 में 'इंडस्ट्रियल पॉलिसी एक्ट' भी बनाया। उनकी कल्पना थी कि सार्वजनिक क्षेत्र धीरे-धीरे बढ़ता जाएगा। संसद के द्वारा निजी पूँजी का क्षेत्र घटता जाएगा और तब ऐसा समय आएगा, जब सार्वजनिक क्षेत्र निजी क्षेत्र को नगण्य कर देगा। इसे मिश्रित अर्थव्यवस्था का नाम दिया गया। यह जरूर है कि इस्पात के बुनियादी उद्योग सार्वजनिक क्षेत्र में खुले, भारी मशीनों और दवाइयों के कारखाने भी सार्वजनिक क्षेत्र में बने, पर क्योंकि कांग्रेस का संगठन लगभग दक्षिणपंथी था, और उसके पास समाजवाद से प्रतिबद्ध कैडर भी नहीं था, इसलिए विकास का मार्ग पूँजीवादी रहा। 1954 में नागपुर-कांग्रेस में नेहरू ने सहकारी कृषि का प्रस्ताव पास कराना चाहा, पर मोरारजी, चरणसिंह वगैरह ने यह कहकर उसे पास नहीं होने दिया कि यह तो साम्यवाद का रास्ता है। सीधा 'समाजवाद' शब्द का प्रयोग करने में भी कांग्रेस को कई वर्ष लगे। 1956 की अवाडी कांग्रेस पहली

बार समाजवाद शब्द का उद्‌देश्य के रूप में प्रयोग किया गया। अब समाजवाद लोक-चेतना में इतना बैठ गया कि सामन्तवादी-पूँजीवादी दल भारतीय जनता पार्टी ने भी समाजवाद को अपना लिया है।

डॉ. श्या. मि. : वास्तव में परसाई जी, पं. नेहरू की मृत्यु के पश्चात् भारतीय राजनीति में उन मुद्‌दों पर भी विवाद प्रारम्भ हुआ, जो पहली दो पंचवर्षीय योजनाओं के मूलाधार थे। इस भटकाव के लिए कांग्रेस के भीतर कौन-से तत्त्व उत्तरदायी थे? क्या परवर्ती दिशाहीनता के बीज स्वयं कांग्रेस के अन्तर्विरोधी चरित्र कें भीतर विद्यमान नहीं थे?

ह. प. : मिश्र जी, हुआ यह है कि पं. नेहरू की तो विचारधारा थी, परन्तु इन्दिरा की यदि विचारधारा कोई है, तो उसे कहा जाता है 'प्रेगमेटिज्म' यानी उपयोगितावाद। इन्दिरा जी व्यावहारिक उपयोगितावादी हैं। उनकी निश्चित विचारधारा नहीं है, परन्तु यह जरूर है कि उन्होंने नेहरू की नीतियों को आगे बढ़ाना चाहा। उन्होंने बैंकों का राष्ट्रीयकरण किया, भूतपूर्व राजाओं के विशेषाधिकार समाप्त किये, सार्वजनिक क्षेत्र का अधिक विस्तार करना चाहा, विदेश नीति में वे सोवियत रूस के अधिक निकट गईं और गुट-निरपेक्ष आन्दोलन को अधिक शक्तिशाली किया।

पं. नेहरू अपने व्यक्तित्व और बौद्धिक क्षमता के कारण कांग्रेस के भीतर विभिन्न विचारधारा वाले गुटों, विशेष कर चतुर दक्षिणपंथियों को इकट्‌ठा और सन्तुलित कर रखने में सफल होते थे, परन्तु इन्दिरा गांधी को 1969 में कांग्रेस को तोड़ना पड़ा। कांग्रेस के दक्षिणपंथी 'संगठन कांग्रेस' के नाम से कार्य करने लगे। लगता यह था कि यह विभाजन विचारधारा के आधार पर है और अब इन्दिरा जी वामपंथी कार्यक्रमों की ओर तेजी से बढ़ेंगी।

डॉ. श्या. मि. : विभाजन के बाद शेष बची कांग्रेस की संरचना भी पूरी तरह वामपंथी नहीं थी। मुझे लगता है कि इन्दिरा जी चव्हाण और जगजीवन राम जैसे नेताओं को भी पूर्ण तरह विश्वस्त नहीं मानती थीं। अन्यथा, वे क्या हैं कि 1971 के बाद भी आपातकाल के पहले इन्दिरा जी के नेतृत्व में वामपंथी कार्यक्रम तैयार ही नहीं किये गए? मोटे रूप में 20 सूत्रीय कार्यक्रम मात्र सुधारवादी भंगिमा का प्रदर्शन था?

ह. प. : वास्तव में 1971 में बहुत बड़े बहुमत से जीतने के बाद भी इन्दिरा जी को अपनी सत्ता के लिए खतरा लगने लगा था। यह खतरा पार्टी के भीतर से था और बाहर से भी। 1971 में रूस से जो बीस साला सहयोग और मैत्री की सन्धि की गई, उससे देश के दक्षिणपंथी, दोनों को यह खतरा महसूस हुआ कि इन्दिरा जी लगभग सोवियत शिविर में चली गई हैं, जबकि बात ऐसी नहीं थी। वैसे यह सही है, इन्दिरा जी की विदेश नीति स्पष्ट रूप से साम्राज्यवाद विरोधी थी। उन्होंने वियतनाम

के बारे में सख्त अमेरिकी विरोधी रुख अपनाया। वे दुनिया में कहीं भी अमेरिकी हस्तक्षेप का विरोध करती थीं। वे अमेरिकी और यूरोपीय बहुराष्ट्रीय कम्पनियों के शोषण का भी विरोध करती थीं। इस कारण कांग्रेस के भीतर भी उनका विरोध पैदा हो गया था, और बाहर संगठन कांग्रेस, जनसंघ, चरणसिंह का क्रान्ति दल, बचे हुए प्रजा समाजवादी, स्वतंत्र पार्टी के लोग जो पूरी तरह पूँजीवादी मार्ग अपनाना चाहते थे, उनके विरुद्ध संगठित हो गए। विदेश नीति इस विरोध का खास मुद्दा थी। ये सब घोर रूस-विरोधी लोग थे। बाद में इनके जो सर्वोच्च नेता बने, वे जयप्रकाश नारायण यहाँ तक कहते थे कि इन्दिरा जी ने देश को रूस के हाथों बेच दिया। वे इन्दिरा गांधी को कम्यूनिस्ट कहते थे।

मिस्र के राष्ट्रपति अनवर सादात की तारीफ करते थे, जिसने स्वयं को अमेरिका के हाथ बेच दिया था। इस स्थिति में इन्दिरा गांधी की सबसे चिन्ता पार्टी और सत्ता पर कब्जा बनाए रखने की थी। उन्होंने पार्टी की लोकतांत्रिक प्रक्रिया समाप्त कर सारे अधिकार अपने हाथ में ले लिये। यहाँ तक कि लोग उन्हें 'डिक्टेटर' कहने लगे थे। कांग्रेस में सत्ता नीचे से ऊपर नहीं आती थी, ऊपर से नीचे जाती थी।

डॉ. श्या. मि. : परसाई जी, क्या आप समझते हैं कि इस तरह उस आन्दोलन की भूमिका बनी रही थी, जिसे सम्पूर्ण क्रान्ति कहा गया? क्या आपातकाल के पहले प्रदर्शित संगठित विरोध पूरी तरह से अराजक दक्षिणपंथियों का दिशाहीन नाटक नहीं था?

ह. प. : मिश्र जी, मैं इस बात को फिर कहना चाहता हूँ कि जयप्रकाश के नेतृत्व में सम्पूर्ण क्रान्ति का जो आन्दोलन शुरू हुआ, वह मुख्यतः इन्दिरा गांधी की विदेश नीति के कारण था, वह यह कि समाजवादी देशों से सहयोग की थी। इस आन्दोलन की प्रेरणा अन्तरराष्ट्रीय अमेरिकी साम्राज्यवाद और पूँजीवाद से मिली थी, यहाँ तक कि इतना अधिक पैसा जो इस आन्दोलन में खर्च किया गया, विदेशी था। आपातकाल के दौरान भूमिगत विरोधी नेताओं की गतिविधियों का संचालन, खर्च और कूटनीतिक विदेशी संस्थानों से होता था, और अमेरिकी तथा ब्रिटिश हवाई जहाजों के माध्यम से अन्तरराष्ट्रीय समाचार एजेंसियों को समाचार भेजे जाते थे। जिस परिवार का व्यक्ति इमरजेंसी में जेल में था, उसे प्रतिमाह पैसा मिलता था। यह पैसा कहाँ से आता था? यह विदेशी धन था और इस आन्दोलन में सी.आई.ए. और बहुद्देशीय कम्पनियों की भूमिका बहुत स्पष्ट थी।

सन् 1971 के चुनाव में दक्षिणपंथी दलों की इतनी बुरी पराजय हुई थी कि वे यह समझने लगे थे कि मतपेटी के द्वारा इन्दिरा गांधी को सत्ता से नहीं हटाया जा सकता। वे पाँच साल बाद आगामी चुनाव का रास्ता नहीं देखना चाहते थे, क्योंकि चुनाव से उन्हें कोई उम्मीद नहीं थी। वे बीच में ही एक व्यापक अराजक आन्दोलन

कर देना चाहते थे। जयप्रकाश नारायण ने सेना और पुलिस से भी विद्रोह करने का आवाहन किया था। इसका साफ उद्देश्य, हिंसा, अराजकता, तोड़-फोड़, षड्यंत्र, विदेशी सहायता से इन्दिरा गांधी को सत्ता से गिराना था। यह क्रान्ति नहीं थी, वास्तव में दक्षिणपंथियों की व्यापक अराजकता थी, जिसमें समाजवादी भी शामिल थे, क्योंकि वे सोवियत रूस से निकटता के घोर विरोधी हैं। इस आन्दोलन पर नियंत्रण राष्ट्रीय स्वयंसेवक संघ का था, जो एक फासिस्ट संगठन है। इस तरह दक्षिणपंथी फासिस्टों का यह हमला चुनी हुई वर्ग समाजी लोकतांत्रिक सरकार पर था।

डॉ. श्या. मि. : परसाई जी, आपातकाल की घोषणा के सिवाय क्या इन दक्षिणपंथी फासिस्टी ताकतों से राजनीतिक आधार पर नहीं निपटा जा सकता था? यदि आपातकाल ही एकमात्र विकल्प था, तो यह क्यों न माना जाए कि इन्दिरा गांधी नियंत्रित कांग्रेस का कोई मूलभूत जनाधार नहीं रह गया?

ह. प. : मिश्र जी, जहाँ तक राजनीतिक स्तर पर लड़ने का सवाल है, चुनाव में इन्दिरा गांधी इन दलों को हरा चुकी थीं, परन्तु कांग्रेस संगठन निकम्मा हो गया। पूरे संगठन में 'एडहाकवाद' चल रहा था। कांग्रेस की नियमित सदस्यता न तब थी और न अब तक है। ब्लॉक-स्तर से लेकर केन्द्र तक सारे संगठन में इन्दिरा जी के नामजद लोग थे। फिर इस पार्टी के पास अनुशासित और प्रशिक्षित कैडर न तब था और न अब है। कांग्रेस मैन का मूल उद्देश्य सत्ता प्राप्त करना या सत्ता से लाभ उठाना तब था और अब भी है। यह संगठन न होकर एक व्यक्ति इन्दिरा गांधी हो गई है, इसलिए कांग्रेस संगठन के लिए सत्ता के बाहर मैदान में इन ताकतों से लड़ना सम्भव नहीं था। मत मिलने के बावजूद कांग्रेस का वास्तविक जनाधार नहीं था। यही मजबूरी थी, जिसके कारण इन्दिरा गांधी ने 'इमरजेंसी' लगाई।

डॉ. श्या. मि. : परसाई जी, आपातकाल की समाप्ति के उपरान्त जनता पार्टी शासन के दौरान भी लगभग वही दिशाहीन मतिभ्रम बरकरार रहा, जो सम्पूर्ण क्रान्ति के साथ जुड़ी उत्तरदायित्व की भावना सर्वथा समाप्त होती जा रही है?

ह. प. : मिश्र जी, वास्तव में जनता पार्टी का कोई वैचारिक आधार नहीं था। 1995 के आसपास डॉ. लोहिया ने 'गैर-कांग्रेसवाद' का नारा दिया था, जिसके फलस्वरूप 1967 में कुछ संविद सरकारें बनीं, जो अल्पजीवी रहीं। गैर-कांग्रेसवाद कोई 'आइडियोलॉजी' नहीं है, एक नकारात्मक रुख है। सम्पूर्ण क्रान्ति आन्दोलन और उससे बनी जनता पार्टी इसी गैर-कांग्रेसवाद का विस्तार थी। इस पार्टी में विभिन्न, परस्पर विरोधी विचारों के लोग थे, और सब सत्ता-लोलुप थे। बूढ़े नेताओं—जैसे चरणसिंह, जगजीवन राम को प्रधानमंत्री बनने की जल्दी थी। जनसंघ अपनी सदस्य-संख्या और कैडर के बल पर जल्दी जनता पार्टी पर कब्जा कर लेना चाहता था।

1979 में भोपाल में बाला साहब देवरस ने अपने संगठन के बीच कहा था कि ढाई साल में भारत सरकार पर हमारा अधिकार हो जाएगा। यह वक्तव्य रिकॉर्ड कर लिया गया था और पत्रों में छपा भी था। जनता पार्टी में झगड़े का मुख्य मुद्दा राष्ट्रीय स्वयंसेवक संघ था। फिर चरणसिंह की महत्त्वाकांक्षा तथा इन्दिरा गांधी की कूटनीति के कारण जनता पार्टी टूटी। चरणसिंह प्रधानमंत्री तो हो गए किन्तु इन्दिरा कांग्रेस ने समर्थन वापस ले लिया, तो उन्हें इस्तीफा देना पड़ा। उसके बाद 1980 के चुनावों की घोषणा हो गई।

डॉ. श्या. मि. : परसाई जी, वर्तमान राजनीतिक परिदृश्य के भीतर मौजूद दिशाहीनता अब पुन: किस ओर इंगित कर रही है? आन्ध्र और कर्नाटक के चुनाव परिणाम तथा आसाम और पंजाब की घटनाएँ क्या यह प्रमाणित नहीं करतीं कि जन-असन्तोष के बीच पुन: वही ताकतें सक्रिय हो रही हैं, जो विकास की लोकतांत्रिक प्रक्रिया में रोड़ा बनना चाहती हैं और इन्दिरा कांग्रेस द्वारा पूँजीवादी विकास के दौरान, उत्पन्न अन्तर्विरोधों को पुन: अराजक एवं दक्षिणपंथी नतीजों की ओर ले जाना चाहती हैं?

ह. प. : मिश्र जी, इस बीच 1980 के बाद एक साल में यह धारणा पूरी तरह टूट गई कि सत्ता केवल इन्दिरा गांधी के मार्फत प्राप्त होती है। यह अहसास कांग्रेसमैन को भी हुआ और दूसरे दलों को भी। इन्दिरा गांधी का राजनीतिक एकाधिकार खत्म हो गया। पार्टी पर भी उनका अंकुश ढीला हो गया। राजनीतिक बेईमानी कांग्रेस में बहुत अधिक आ गई। भजनलाल इसके उदाहरण हैं, जो पूरी जनता पार्टी लेकर कांग्रेस में आ गए और मुख्यमंत्री बने रहे। विधायकों की खरीद अब आम और खुली बात हो गई है। यानी राजनीतिक अनैतिकता के प्रति कोई घृणा नहीं रह गई है। आन्ध्र और कर्नाटक में कांग्रेस (इन्दिरा) की हार का कारण जनता का विश्वास उठ जाना है। यह विश्वास इसलिए उठा कि आन्ध्र में तो कोई स्थिर सरकार नहीं रही। कर्नाटक में भ्रष्ट सरकार रही। जिन 20 सूत्रीय कार्यक्रमों का ढिंढोरा पीटा जाता है, वे लागू नहीं हुए, क्योंकि कांग्रेस की सरकारें और पार्टी-मशीनरी खुद उनके विरुद्ध है। ये सभी तत्त्व सामन्तवाद-पूँजीवाद समर्थक हैं। समाजवादी कार्यक्रम लागू नहीं किये गए, जनता को राहत नहीं मिली। भ्रष्टाचार बेहद बढ़ा तो स्वाभाविक है कि सत्ता-पार्टी का जनाधार लुप्त हो गया। इसके साथ ही क्षेत्रीय आकांक्षाएँ प्रबल हुईं। लोगों ने यह सोचा कि क्षेत्रीय पार्टी अधिक जवाबदार होगी तो अपने क्षेत्र के लिए ईमानदारी से काम करेगी। आन्ध्र में रामाराव की सफलता का यह रहस्य है। वे फिल्म एक्टर होने के कारण नहीं जाने जाते हैं।

अब दो बातें सामने हैं। एक तो यह कि क्षेत्रीय दल को सत्ता में लाओ, जिससे क्षेत्र का विकास हो। यह आन्ध्र में हुआ, तमिलनाडु में पहले से है। दूसरी बात यह हुई कि कुछ क्षेत्रों के लोगों ने सोचा कि इस वक्त दबाव, धमकी और आतंक से

सरकार को दबाकर विशेष लाभ प्राप्त कर लो। पंजाब का अकाली आन्दोलन इसी प्रवृत्ति का परिणाम है। असम की समस्या दूसरी है। असमियों की महत्त्वाकांक्षा और अधिकार-भावना जागी है, यह सही है, पर वहाँ प्रदेश के विकास के लिए केन्द्र अधिक कार्य करे, यह माँग न उठकर, यह माँग उठी कि विदेशियों को बाहर निकालो। यह विदेशी कौन हैं? ये बांग्लादेश के मुसलमान हैं जिन्हें असमी बड़े भूमिपति, चाय बागान के मालिक, जंगल के ठेकेदार, उद्योगपति सस्ते मजदूरों के रूप में खुद लाए। ये तीस-चालीस साल से असम में हैं। अब यह मानवीय समस्या हो गई है। उन लाखों लोगों को कहाँ फेंक दिया जाए?

वहाँ विदेशी शक्ति और विदेशी पैसा काम कर रहा है, यह सही है। विपक्षी दल, विशेष कर भारतीय जनता पार्टी समझौता नहीं होने दे रही। अब यह स्पष्ट हो गया है कि इस आन्दोलन पर राष्ट्रीय स्वयंसेवक संघ का कब्जा हो गया है और ये असली मुसलमानों के भी विरुद्ध हैं। पिछले महीनों के सामूहिक नरसंहार के बाद छात्र यूनियन के मुसलमान नेताओं की समझ में यह आया कि यह तो हिन्दू साम्प्रदायिक फासिस्टी आन्दोलन है। इसे समझकर वे अलग हो गए हैं और आन्दोलन में फूट पड़ गई है। शायद अब ये आन्दोलनकारी आम जनता से अलग पड़ जाएँ, तब असम में शान्ति हो।

पंजाब में अकाली दल का जनाधार बहुत कमजोर है। वह बड़े भूमिपतियों और ठेकेदारों द्वारा समर्थित दल है। इस वर्ग के अपने स्वार्थ हैं। एक तो वे चंडीगढ़ चाहते हैं; दूसरे, नदियों के पानी का अधिक हिस्सा चाहते हैं, और राजस्थान और हरियाणा का कुछ भाग भी चाहते हैं। यही नहीं, तथाकथित खालिस्तान के नक्शे में तो उत्तर प्रदेश का भी कुछ हिस्सा है। यह आन्दोलन उग्रवादियों के हाथ में चला गया है। लोंगोवाल और बादल अतिवादी नहीं हैं और उग्रपंथी हैं, पर उनकी मुश्किल यह है कि उन्मादी, हिंसक, हथियारबन्द सिक्ख युवकों का नेतृत्व संत जरनैलसिंह भिंडरावाला के हाथ में है, जो हठी और तर्कहीन है। समझौते के रास्ते में सबसे बड़ी बाधा यही उग्रवादी तत्त्व हैं। पंजाब में अभी साम्प्रदायिकता फैली नहीं है। पर यदि फैल गई तो उसका असर पूरे देश में होगा। यह शक सही हो सकता है कि इस अकाली आन्दोलन को विदेशी शक्तियाँ, विशेष कर अमेरिका का समर्थन हो!

अब वही शक्तियाँ जो 1977 में इकट्ठी हुई थीं, फिर एक होने की कोशिश में हैं, पर पुराने अनुभवों के कारण ये दल एक-दूसरे से चौकन्ने हैं और परस्पर विश्वास नहीं करते। भारतीय जनता पार्टी ने राष्ट्रीय लोकतांत्रिक मोर्चे का नारा दिया है। इस मोर्चे से साम्यवादी दलों और मुस्लिम लीग को दूर रखा गया है। भारतीय जनता पार्टी का डबल रोल है। जहाँ उसकी स्थिति अच्छी है, जैसे मध्य प्रदेश और राजस्थान में, वहाँ वह अकेले लड़कर सरकार बनाना चाहेगी। दूसरी जगह तालमेल बिठा सीटें प्राप्त करेगी। अकेले राष्ट्रीय विकल्प बनने का सपना उसने त्याग दिया है।

इधर चन्द्रशेखर भी जनता पार्टी के छाते के नीचे संयुक्त मोर्चा बनाना चाहते हैं। उन्होंने भारतीय जनता पार्टी से भी कहा है कि आर.एस.एस. को छोड़कर मिल जाओ। यह हो नहीं सकता, क्योंकि भारतीय जनता पार्टी संघ का राजनीतिक मोर्चा है। इस समय धुँधलका छाया हुआ है। चन्द्रशेखर समाजवाद और क्रान्ति की बात करते हैं, किन्तु गठजोड़ करना चाहते हैं—भारतीय जनता पार्टी से, जिसका उद्देश्य इससे ठीक उलटा है। लगता ऐसा है कि एक सिद्धान्तहीन संयुक्त मोर्चा फिर बनेगा, जिसकी न विचारधारा होगी, और न कोई कार्यक्रम होगा। इसका उद्देश्य केवल सत्ता-प्राप्ति होगी। 1974 की सम्पूर्ण क्रान्ति जैसे आन्दोलन की सम्भावना अब नहीं दिखती।

डॉ. श्या. मि. : परसाई जी, तथाकथित लोकतांत्रिक दलों की एकता का नारा क्या यह प्रमाणित नहीं करता कि इनके बीच आवश्यक विचारधारात्मक भूमिका का कोई महत्त्व नहीं है और यह पुन: उस सम्भ्रममूलक भटकाव को और अधिक घनीभूत करने की दक्षिणपंथी चेष्टा है, जिसका उपयोग अन्तत: कांग्रेस (ई) के भीतर की अवसरवादी सत्ताधिकारी शक्तियों को और अधिक दिशाहीन सत्ता-राजनीति का मौका देगा?

ह. प. : मिश्र जी, जहाँ तक सिद्धान्त और विचारधारा का सवाल है, यह केवल तीन भारतीय पार्टियों के पास है। कम्यूनिस्ट पार्टी ऑफ इंडिया, सी.पी.एम. और भारतीय जनता पार्टी। कम्यूनिस्ट पार्टियों की विचारधारा सर्वविदित है। भारतीय जनता पार्टी अपने गांधीवादी और समाजवादी मुखौटे के बावजूद हिन्दू फासिस्ट संगठन राष्ट्रीय स्वयंसेवक संघ का राजनीतिक मोर्चा है, जिसका उद्देश्य फासिस्ट हिन्दू राष्ट्र की स्थापना है। मैं भारतीय जनता पार्टी को लोकतांत्रिक दल मानता ही नहीं। बाकी बचे लोकदल, जनता पार्टी कांग्रेस (जे)—ये दल और तत्त्व अतिसामन्ती पूँजीवादी हितों की रक्षा करते हैं।

इनमें जो भूतपूर्व समाजवादी हैं, वे परिस्थिति की मजबूरी और अपने विचारों की उलझन और हताशा के कारण जाने-अनजाने समाजवाद-विरोधी ताकतों का साथ दे रहे हैं। एक विशेष बात ध्यान में रखने की यह है कि देश पर अमेरिकी दबाव बहुत बढ़ रहा है—विशेष कर सातवें गुटनिरपेक्ष शिखर सम्मेलन के बाद से। प्रधानमंत्री ने स्पष्ट कहा कि अमेरिका हमें कर्ज नहीं मिलने दे रहा है।

यह बात सही है कि सी.आई.ए. इस देश में साम्प्रदायिक, क्षेत्रीय संघर्ष आदि पैदा कर रही है, और अराजकता की स्थिति लाना चाहती है। देश की विघटनकारी दक्षिणपंथी ताकतें, जाने-अनजाने इसमें अपने राजनीतिक हितों के कारण सहायता पहुँचा रही है। यह सहायता परस्पर है, इस बात के पक्के सबूत हैं, जिनमें सबसे ताजा भारत में भूतपूर्व अमेरिकी राजदूत प्रो. गैलब्रेथ की स्वीकारोक्ति है कि मैंने कुछ

दलों और व्यक्तियों को सी.आई.ए. के कहने से पैसा बाँटा। अमेरिका इन्दिरा सरकार की विदेश नीति में परिवर्तन कराने में जब समर्थ नहीं है, इसलिए निश्चित चाहेगा कि ये दक्षिणपंथी ताकतें सत्ता में आ जाएँ। जब जनता पार्टी नाम से इनकी सरकार थी, तब इन्होंने गुप्त रूप से मोशेदयान को बुलाया ही था। उसने कभी वियतनाम में अमेरिकी सैनिक हस्तक्षेप की निन्दा नहीं की। उसने चिली, फिलिस्तीनियों और कम्पूचिया के बारे में कुछ नहीं कहा। यहाँ तक कि अमेरिका पाकिस्तान को इतने हथियार दे रहा है, इसकी भी आलोचना ये नहीं करते।

इनमें डॉ. सुब्रह्मण्यम स्वामी-जैसे राजनीतिज्ञ हैं, जो यहाँ तक कह चुके हैं कि भारत पाकिस्तान को एक पहाड़ी फौजी डिवीजन तैयार कर दे, जिससे वह अफगानिस्तान से निपट सके। स्पष्ट है, यदि ये दल सत्ता में आए और इनका बस चला, तो ये भारत की गुट-निरपेक्ष नीति को त्यागकर इस देश को इस क्षेत्र में अमेरिका की सैनिक व्यूह-रचना का हिस्सा बना देंगे।

क्षेत्रीय दल मुख्य रूप से अपने क्षेत्र की समस्याओं में उलझे हैं, और केन्द्र से अधिक-से-अधिक लाभ लेना चाहते हैं। इस समय भारतीय जनता पार्टी इस कोशिश में है कि उसके नेतृत्व में तथाकथित लोकतांत्रिक मोर्चा बने और वह उस पर हावी हो जाए। इसी प्रकार की इच्छा जनता पार्टी की भी है।

यदि इन्दिरा गांधी की सत्ता दिलाने की ताकत कम हुई तो सम्भव है कि बड़ी संख्या में कांग्रेस (ई) के लोग इन दक्षिणपंथियों के साथ चले आएँ। लगभग आधे कांग्रेसियों को इन्दिरा गांधी की नीतियों में विश्वास नहीं है। वे सत्ता-प्राप्ति के लिए कांग्रेस (ई) में पड़े हुए हैं। दूसरी जगह सत्ता-प्राप्ति पक्की हो तो वे वहाँ चले जाएँगे। इनकी कोई प्रतिबद्धता नहीं है।

डॉ. श्या. मि. : परसाई जी, इस स्थिति में वामपंथी जनवादी एकता की सम्भावनाओं का कौन-सा रूप सम्भावित है? क्या कम्यूनिस्ट और दूसरे लोकतांत्रिक जनवादी के बीच राजनीतिक एकता का आधार दिखलाई देता है?

ह. प. : मिश्र जी, वास्तव में वामपंथी लोकतांत्रिक मोर्चे की शुरुआत 1967 के तत्काल बाद हो जानी चाहिए थी, जब कांग्रेस की 'मोनोपली' पहली बार टूटी थी। इसके लिए सबसे जरूरी यह है कि दोनों कम्यूनिस्ट पार्टियों में मुख्य मुद्दों पर समझौता और सहयोग तथा उद्देश्य निश्चित किए जाएँ। यह तो स्पष्ट है कि कम्यूनिस्ट पार्टियाँ कोई वर्ग-संघर्ष कराने की स्थिति में नहीं हैं। उन्हें संसदीय रास्ते से ही जाना होगा, और साथ ही श्रमिकों, किसानों, छात्रों आदि को शिक्षित और संगठित करते जाना होगा। वामपंथी लोकतांत्रिक मोर्चे की सरकार ने अच्युत मेनन के नेतृत्व में जो काम किया, उसकी सब प्रशंसा करते हैं। केरल का यह प्रयोग एक नमूना हो सकता है।

अभी बहुगुणा, शरद पवार और गुजरात के अदानी की पार्टियाँ मिलकर एक हो गई हैं। इनका विश्वास लोकतांत्रिक समाजवाद में है। चन्द्रजीत यादव की जनवादी पार्टी भी है। इन पार्टियों से कम्यूनिस्ट पार्टियों का समझौता हो सकता है। इसी तरह का समझौता क्षेत्रीय पार्टियों से हो सकता है। यदि चन्द्रशेखर के नेतृत्व वाली जनता पार्टी का एक हिस्सा समझ से काम ले तो वह भी इस लोकतांत्रिक वामपंथी मोर्चे में शामिल हो सकता है। इस तरह एक ताकतवर वामपंथी लोकतांत्रिक मोर्चा एक विकल्प के रूप में आ सकता है, परन्तु इसमें कठिनाइयाँ बहुत हैं। सबसे बड़ी कठिनाई मार्क्सवादी कम्यूनिस्ट पार्टी के रुख की है। दूसरी कठिनाई चन्द्रशेखर तथा पुराने समाजवादियों के कम्यूनिस्ट विरोधी नजरिये की है।

डॉ. श्या. मि. : परसाई जी, इस सम्पूर्ण विश्लेषण से स्पष्ट है कि भारतीय राजनीति का यह अस्थिर दौर है। इसके बीच साहित्यकारों की क्या भूमिका हो सकती है? आखिर रचनात्मक प्रतिबद्धता का कोई सुनिश्चित स्वरूप तो होना ही चाहिए? यह प्रतिबद्धता क्या होगी?

ह. प. : मिश्र जी, कोई लेखक अराजनीतिक नहीं हो सकता, लेकिन लेखक का माध्यम राजनीतिज्ञ से अलग होता है। लेखक का माध्यम जोड़-तोड़ का नहीं है। संवेदना और ज्ञान का होता है, और वह सीधे अपने समाज को सम्बोधित करता है। लेखन का उद्देश्य हर लेखक का होता है। वह चाहे सस्ता मनोरंजन करके पैसा कमाना ही क्यों न हो। जो लेख, लेखक के कर्म को आदर्शीकृत करते हैं, और रूमानी बनाते हैं, वे भ्रमजाल रचते हैं। लेखक का कर्म ठोस और वास्तविक है। लेखक, जैसा माना जाता है, भोला प्राणी नहीं है। सन् '51-52 में अज्ञेय और धर्मवीर भारती के नेतृत्व में जो 'परिमल' संस्था बनी और इनकी दूसरी गतिविधियाँ चलीं, वे राजनीति-प्रेरित थीं। ये लोग जवाहरलाल नेहरू की समाजवादी देशों से मित्रता की विदेश नीति तथा पहली और दूसरी योजना में सार्वजनिक उद्योग क्षेत्र के विस्तार के विरोधी थे। इनमें अधिकतर की आस्था डॉ. लोहिया के प्रति थी।

इन्हें पूँजीवादी प्रेस का समर्थन भी था, और अभी तक है। ये लोग साम्यवाद-विरोधी राजनीति करते रहे हैं, और प्रगतिशील लेखन पर इन्होंने लगातार हमले किये हैं, जो अभी भी जारी हैं। ये लोग कोई फूल-पत्ती, बादल और बच्चे की मासूम रचना करनेवाले लोग नहीं हैं। ये गहरी दक्षिणपंथी राजनीति के साहित्यिक और बौद्धिक आधुनिकतावादी पैरोकार हैं। इनकी आधुनिकता केवल पश्चिमी और बौद्धिक आधुनिकतावादी यूरोप और अमेरिका की आधुनिकता है। ये समाजवादी देशों को आधुनिक क्यों नहीं मानते, जो मानसिकता, विज्ञान और तकनीक में पीछे नहीं, आगे हैं।

लेकिन इसके साथ ही '52-53 से ही प्रगतिशील लेखकों का एक बड़ा तबका भी उठा। इनकी प्रतिबद्धता स्पष्ट है। ये साम्राज्यवाद, पूँजीवाद-विरोधी हैं। शोषित

वर्ग के प्रति इनकी सहानुभूति है, और शोषण की मौजूदा व्यवस्था को बदलना इनका लक्ष्य है। ये दो खेमे बिलकुल साफ हैं। प्रतिबद्धता से कोई बचाव नहीं है मार्क्सवादी चिन्तन से प्रेरित प्रगतिशील लेखकों की सामाजिक, आर्थिक, राजनीतिक समझ दूसरे लोगों से बहुत बेहतर और बहुत सही है। शोषित वर्ग के प्रति इनकी गहरी संवेदना है। जीवन-यथार्थ के ये बहुत नजदीक हैं, और उसे समझते भी हैं।

इनका जीवन-संघर्ष का चित्रण वास्तविक और प्रभावी है। निश्चिन्त रूप से इनकी रचनाओं का राजनीतिक उद्देश्य है, क्योंकि कोई भी व्यापक क्रान्ति गैर-राजनीतिक नहीं होती। हम सब लोग अपने अनुभव से जानते हैं कि प्रगतिशील लेखकों का यथार्थवादी लेखन ही पाठकों में अधिक लोकप्रिय और स्वीकृत हुआ है। इसका कारण है कि सामान्य मनुष्य इस साहित्य में अपने जीवन-संघर्षों का विश्वसनीय प्रतिबिम्ब देखता है। उसकी समस्त आशा, आकांक्षा, निराशा, क्रोध और परिवर्तन की इच्छा इस साहित्य में चित्रित होती है।

डॉ. श्या. मि. : परसाई जी, वर्तमान स्थिति में लेखक का दायित्व क्या है? इसे आप और अधिक स्पष्ट करें। वर्तमान परिदृश्य जन-चेतना के विशिष्ट आग्रह से परिपूर्ण है?

ह. प. : देखिए मिश्र जी, एक बात तो यह समझ लेनी चाहिए कि आम पाठक का बौद्धिक स्तर इन दिनों बहुत बढ़ा है। उसकी समझ बढ़ी है। हो सकता है, वह समझ में लेखक से आगे बढ़ गया हो। इस बात को ध्यान में रखकर हमें लेखन करना चाहिए। दूसरी बात यह है कि वह भ्रम अब टूट जाना चाहिए कि साहित्य का प्रभाव छोटे-से मध्यवर्ग पर ही पड़ता है। मैंने देखा है कि छोटे-छोटे कस्बों के अशिक्षित लोगों में भी चेतना है, और वे साहित्य को गम्भीरता से लेते हैं तथा समझते हैं। आपका भी अनुभव है कि मध्य प्रदेश में हमने जो पोस्टर, कविताएँ चिपकाने का अभियान चलाया है, उससे कितना अधिक लोक-शिक्षण हो रहा है। इन कविताओं के शब्द लोगों को मंत्रों की तरह याद हो गए हैं। लेखक का सबसे बड़ा कर्तव्य इस समय लोक-शिक्षण ही है। इस काम को न विश्वविद्यालय करते हैं, न कॉलेज और न राजनीतिक दल। निश्चित ही यह शिक्षण सीधा उपदेश न होकर साहित्यिक होगा। दक्षिणपंथी ताकतें इस समय पुनरुत्थानवाद को उभारने में लगी हैं।

अपने कल्पित स्वर्णिम अतीत की स्मृति से आधुनिक बोध और जीवन-पद्धति को वे रोकना चाहती हैं। दूसरे, यही ताकतें मनुष्य को भाग्यवादी बनाने की कोशिश में हैं। जितने धार्मिक प्रवचन, अनुष्ठान, भजन, कीर्तन, यज्ञ इस समय हो रहे हैं, उतने पहले कभी नहीं हुए। ऐसा एक योजना से हो रहा है। जैसा मार्क्स ने कहा है—धर्म भ्रमात्मक सुख देता है, जबकि मनुष्य को वास्तविक सुख चाहिए जो सामाजिक परिवर्तन से प्राप्त होता है। शोषक वर्ग आम आदमी को भ्रमात्मक सुख

में उलझाकर उसे वास्तविक सुख के लिए संघर्ष करने से रोकता है। लेखक को इस पुनरुत्थानवाद और भाग्यवाद से संघर्ष करना चाहिए और इस सम्बन्ध में जनता को शिक्षित करना चाहिए।

दूसरे, दक्षिणपंथियों का बड़ा हथियार साम्प्रदायिकता है। हिन्दू और मुसलमान, दोनों के साम्प्रदायिक नेता पूँजीवाद-सामन्तवाद समर्थक हैं, और अमेरिका के पक्षकार हैं। चाहे जमायते इस्लामी का नेता हो, चाहे राष्ट्रीय स्वयंसेवक संघ का—दोनों समाजवाद और लोकतंत्र-विरोधी हैं। इसलिए अपनी रचना से विभिन्न सम्प्रदाय के लोगों को इस षड्यंत्र से परिचित कराना चाहिए कि धर्म या वर्ण या सम्प्रदाय के आधार पर नहीं, वर्ग के आधार पर संघर्ष करने से उनका कल्याण होगा। इसलिए एक हो जाएँ, लड़ें नहीं। बड़ी संख्या में प्रतिबद्ध लेखक विश्वविद्यालयों और कॉलेजों में पढ़ाते हैं। उन्हें छात्रों को सही शिक्षा देनी चाहिए। उनका राजनीतिक शिक्षण करना चाहिए और उनकी समझ को प्रगतिशील बनाना चाहिए। हमारे लेखक इस काम में अभी तक विशेष रुचि लेते दिखाई नहीं देते। उन्हें अब गम्भीरता से इस काम को लेना चाहिए।

लेखकों को श्रमिकों, किसानों, खेत-मजदूरों से भी सम्पर्क कायम करना चाहिए। उनके बीच जाना चाहिए। इससे लेखक को उनका जीवन-यथार्थ समझ में आएगा और इनका सही शिक्षण होगा। अब वह समय भी आ गया है कि राजनीतिक दलों के नेताओं और श्रमिक नेताओं से लेखक सीधी और साफ-साफ बात करें। वे गलतियाँ करते हैं, लेकिन उन्हें बतानेवाला कोई नहीं है। जैसे मजदूरों से केवल आर्थिक लड़ाई लड़वाते हैं, उनका राजनीतिक शिक्षण नहीं करते और न उन्हें यह अहसास दिलाते हैं कि वही सच्ची क्रान्तिकारी शक्ति है। लेखकों को यह बात स्पष्ट करनी चाहिए, जिससे ये नेता अपने को सुधारें। वर्ग-एकजुटता के नाते प्रबुद्ध लेखक का यह अधिकार है।

[यात्रा]

गलत है सर्वहारा की तानाशाही का नारा

मनोहर नायक की बातचीत

मनोहर नायक : आपने कहीं लिखा है कि व्यंग्य-लेखन आप कॉफी गम्भीरता से करते रहे। व्यंग्य को ही आपने माध्यम क्यों बनाया है? व्यंग्य क्या करता है? व्यंग्य है क्या?

हरिशंकर परसाई : साहित्य जीवन की आलोचना होता है। उसका उद्‌देश्य जीवन को बेहतर बनाना होता है। सामाजिक अनुभवों को अखबार की टिप्पणी में भी लिखा जा सकता है और साहित्य की अन्य विधाओं में भी। वही बात, यानी जीवन की आलोचना मैंने व्यंग्य में लिखी, जिसके दो कारण हैं। एक तो यह कि मैं स्थितियों को व्यंग्य के माध्यम से विश्लेषित करने की प्रवृत्ति रखता हूँ। दूसरा कारण यह है कि व्यंग्य से चेतना कुल मिलाकर जाग उठती है।

म. ना. : कुछ लोग मानते हैं कि व्यंग्य एक हद बाद या तो 'सिनिकल' होता जाता है या कटु। आप क्या सोचते हैं?

ह. प. : बहुत लोग व्यंग्य-लेखक को 'सिनिक' कहते हैं। नकारात्मक कहते हैं। बर्नार्ड शॉ को भी 'सिनिक' कहा जाता है। वास्तव में यह बात है नहीं। व्यंग्य-लेखक अधिक गम्भीर और संवेदनशील होता है और उसकी इच्छा होती है कि वह प्रयत्न करे कि लोग समझें कि क्या बुराइयाँ हैं और उन्हें हटाएँ। व्यंग्य-लेखक आशावादी होता है। वह अगर संवेदनशील न होता या निराशावादी होता तो उसे क्या जरूरत थी—मनुष्य जाति की दुर्गति पर रोने की?

म. ना. : व्यंग्य-विनोद के नाम पर आज जो लिखा जा रहा है, उसके बारे में आपकी क्या राय है? क्या आपको ऐसा नहीं लगता कि आजकल 'शुद्ध हास्य' पर ही ज्यादा जोर है?

ह. प. : देखिए, जो पीढ़ी बड़ी उम्र पा जाती है, उसकी प्रवृत्ति होती है कि हमारे बाद वाले अच्छे नहीं हैं। हमारा जमाना अच्छा था, अब जमाना खऱाब आ गया है।

मैं इस प्रवृत्ति का नहीं हूँ। मैं तरुण लेखकों की रचनाओं को पढ़ता हूँ। मैं देखता हूँ कि कुछ लेखक जिन्दगी के उन कोनों को तलाश रहे हैं जो हमसे छूट गए थे। कुछ विषय हमारे संस्कारवश हमारे लिए वर्जित थे। इन वर्जनाओं का बन्धन नई पीढ़ी ने त्याग दिया है। वह नये अनुभवों को लिख रही है।

अब रही बात यह कि व्यंग्य है या नहीं और है तो उसमें कितनी शक्ति है? अच्छा व्यंग्य लिखा जा रहा है कुछ लेखकों द्वारा—यह मैं मानता हूँ। साथ ही आपकी बात भी मानता हूँ कि अधिक प्रवृत्ति आज हास्य और उपहास की है। इसका कारण है कि इन लेखकों में हालात को देखकर भीतर कोई तकलीफ नहीं होती। हर बात पर हँसा नहीं जाता। किसी पर क्रोध आता है, किसी पर रोया जाता है। मैं देख रहा हूँ कि उपहास की प्रवृत्ति ज्यादा है।

म. ना. : यह माना जाता है कि हिन्दुस्तानियों में हास्य-बोध की कमी है। वह अपने पर हँस नहीं सकता। आप क्या सोचते हैं?

ह. प. : हँसने की सबसे अधिक कमी तो अंग्रेजों में मानी जाती है। अंग्रेज मनहूस माने जाते हैं। अमेरिकी अट्टहास करते हैं। रूसी लोगों को मैंने देखा है कि वे हमारी तरह गपशप के शौकीन होते हैं। भारतीयों में विनोद-वृत्ति या हँसने की आदत कम नहीं है। मैं तो देखता हूँ कि विपत्ति में भी हमारे यहाँ का आदमी हँसने के बिन्दु निकाल लेता है। बहुत लोगों को मैंने देखा है जो अकारण हँसते हैं। वास्तव में पश्चिम के लोगों ने भारतीयों को उदास और दार्शनिक कहा, पर दार्शनिक दूसरों से अधिक हँसता है। सही है कि जिन्दगी कठोर है पर हास्य और विनोद इस कठोरता को कम करते हैं। मैं नहीं मानता कि भारतीयों में हँसने की क्षमता नहीं होती।

म. ना. : अपनी रचनाओं के विविध विषय, स्थितियाँ और उनके पात्र आप कहाँ से चुनते हैं?

ह. प. : मैं अपने लेखन के लिए विषय और स्थितियाँ अनुभव से चुनता हूँ। वास्तव में लेखन की बुनियाद अनुभव ही है। मैं समाज के हर वर्ग से, हर प्रकार के मनुष्य से सम्पर्क रखता रहा हूँ। उनसे बातें करता रहा हूँ। अनुभवों में से आदमी रोज गुजरता है। पर केवल अनुभव लिख देना विवरण होता है। घटना और अनुभव में फर्क है। अनुभव का विश्लेषण करना होता है, उसका अर्थ खोजना होता है। फिर उस अनुभव को रचनात्मक स्तर तक ले जाकर उसे शैली और शब्द देने होते हैं। उसमें प्रयोजन भी होता है। मेरा लेखन इस तरह अनुभव पर ही आधारित होता है। अनुभव के साथ फिर कल्पना जोड़नी पड़ती है, जिसका सम्बन्ध भी अनुभवों से ही होता है और जो पूर्वानुभवों से आती है।

म. ना. : सोवियत संघ का ढहना हमारे समय की एक बड़ी घटना है। कुछ लोग इसे पश्चिमी विचारधारा की जीत बता रहे हैं। क्या यह एक विचारधारा का भी ढहना है? इस पूरे घटनाक्रम को आप किस नजरिये से देखते हैं?

ह. प. : पूरे घटनाक्रम के बारे में विवरणात्मक तो बहुत कुछ लिखा जा रहा है और छप रहा है। मैं लेखक हूँ और विचारधारा को लेखक की तरह लेता हूँ, राजनीति करने की तरह नहीं। मार्क्सवाद के पहले भी समाजवाद था। मार्क्स ने उसे वैज्ञानिक आधार दिया। लेखक की हैसियत से मैंने मार्क्सवाद से समाज की व्याख्या, इतिहास की दृष्टि और सामाजिक परिवर्तन की विधि सीखने की कोशिश की। इसलिए रूस और पूर्वी यूरोप में समाजवादी सत्ता हटने पर मैं उस तरह अनुभव नहीं करता जिस तरह यूरोप और अमेरिका के लोग करते हैं।

मैं नहीं मानता कि विचारधारा के रूप में मार्क्सवाद सन्दर्भहीन हो गया है। जब से मनुष्य-समाज गठित हुआ है, सामाजिक न्याय की चाह और उसके लिए संघर्ष शुरू हुआ, और जब तक मनुष्य जाति है तब तक वह रहेगा। गांधी जी की विचारधारा भी सामाजिक न्याय के लिए थी। रूस में वहाँ के नेताओं और चिन्तकों की भूलों से समाजवाद असफल हुआ। एक तो यह हुआ कि वास्तविकता लगातार बदलती रही है और शास्त्रों में लिखे सत्य को ही सत्य मानते रहे हैं। एक शास्त्र में लिखा सत्य होता है और एक अनुभवजन्य प्रज्ञा से प्राप्त सत्य होता है। शास्त्र के सत्य का अनुभव के सत्य पर परीक्षण करना चाहिए। मेरा अनुमान है विचारधारा को कट्टरपंथियों और जड़चिन्तकों ने समयानुकूल नहीं होने दिया। मार्क्सवाद में सर्वहारा की तानाशाही को मैं गलत मानता हूँ। रूस में तानाशाही रह गई थी, सर्वहारा कहीं नहीं था। पार्टी और राज्य की अफसरशाही भी असफलता के लिए जिम्मेदार है। मेरा खयाल है कि गोर्बाचोव ने समाजवादियों को नये चिन्तन के लिए प्रेरित किया ही है। मैं मानता हूँ कि समाजवाद से जो भावना और आदर्श ध्वनित होते हैं, वे तो रहेंगे ही।

म. ना. : देश के बड़े वामपंथी दल अपनी मान्यताओं को नये सिरे से परिभाषित कर रहे हैं। उनके अन्दर बहस छिड़ी हुई है। आप पहले कहीं कह चुके हैं कि मार्क्सवाद को लेकर चलनेवाले झगड़ों से मैं परेशान हूँ? देश की मौजूदा वामपंथी राजनीति के बारे में आप क्या सोचते हैं?

ह. प. : भारत के वामपंथियों को पहले यह समझना चाहिए कि हम भारतवासियों के बीच काम कर रहे हैं। हमारा एक विशिष्ट इतिहास, संस्कृति, परम्परा और प्रकृति है। भारत यूरोप नहीं है। गलती यह हुई है कि भारत में यूरोप से सीखी हुई पद्धति से काम किया गया है। यह अच्छा है कि भारतीय वामपंथ फिर से विचार कर रहा है और गलतियाँ सुधारने की चेष्टा में है। हमें वास्तव में एक उदार लोकतांत्रिक और मानवीय समाजवाद चाहिए। आम मनुष्य बिना कहे या कहलाए समाजवादी होता

है। हर आदमी चाहता है, मुझे काम मिले, मेरे काम का उचित मूल्य दिया जाए। मनुष्य, मनुष्य में बराबरी हो। धन कुछ लोगों के कब्जे में न आ जाए। जन्म की घटना के कारण ही किसी की नियति न बने। मनुष्य की गरिमा बनी रहे। यह सब लोग चाहते हैं। समाजवाद की भी यही भावना है।

म. ना. : देश में कट्टरपंथी और अलगाववादी ताकतों के मंसूबे बढ़े-चढ़े हैं। वे एकजुट हैं, जबकि उनका विरोध बिखरा हुआ और बेअसर है। आपके हिसाब से यह स्थिति कैसे बनी?

ह. प. : यह स्थिति कई कारणों से बनी। व्यापक रूप से देखा जाए तो हमारे देश में लोकशिक्षण नहीं हुआ। जनता को सामाजिक-राजनीतिक शिक्षण नहीं दिया गया। औपचारिक शिक्षा जो विश्वविद्यालय की है, उसने तो और अशिक्षित किया। इस शिक्षा से तार्किकता नहीं आती। तार्किकता के अभाव में और सामाजिक-राजनीतिक समझ न होने से लोग लोकप्रिय नारों के साथ हो जाते हैं और ये नारे प्रतिगामी, विध्वंसकारी और संकीर्ण व्यवस्था के लिए हो सकते हैं।

दूसरी बात यह है कि हमारे गणतंत्र में गण-भावना विकसित नहीं हुई। राज्यों और केन्द्र में गण-भावना का विकास होकर जो सम्बन्ध बनने थे, वे नहीं बने। राज्यों में आपस में भी यह भावना नहीं आई कि हम एक ही महासंघ के सदस्य हैं इसलिए एक दूसरे के हित को देखकर तालमेल करें। राज्य एक दूसरे से शत्रु देश की तरह लड़ने लगे। फिर नस्लवाद, सम्प्रदायवाद और क्षेत्रवाद बढ़े। इनको लगातार टाला गया।

यह विचित्र बात है कि हमारे देश में सामाजिक आन्दोलन है ही नहीं। सब राजनीतिक आन्दोलन हैं। सामाजिक आन्दोलन होते तो समाज में सुधार होता और हालात यहाँ तक न पहुँचती। शिक्षा में मूलभूत परिवर्तन करना चाहिए। राजनीतिक स्तर पर लोकतंत्र, प्रगति और धर्मनिरपेक्षता में विश्वास करनेवाली शक्तियों को कम-से-कम इस आधार पर एक हो जाना चाहिए। पर यही आपस में लड़ रहे हैं। कोई ऐसा नेतृत्व नहीं प्रकट हो रहा है, जो इस तरह का एक मोर्चा साम्प्रदायिक, अलगाववादी, प्रतिगामी ताकतों के खिलाफ बना सके। राजनेताओं को व्यक्तिगत महत्त्वाकांक्षा कुछ हद तक छोड़कर देश के व्यापक हित में एकजुट हो जाना चाहिए।

म. ना. : अपने लेखन के जरिये आप लगातार पाखंड, फरेब, भ्रष्टाचार और कट्टरता से लड़ते रहे। लेखन से जो करना चाहा था, क्या वह आप कर पाए? क्या लेखन से परिवर्तन की लड़ाई आपको आगे बढ़ी दिखती है?

ह. प. : सिर्फ लेखन से न सुधार होता है, न सामाजिक परिवर्तन होता है। लेख सुधार की और सामाजिक परिवर्तन की चेतना का निर्माण करता है। परिवर्तन व्यापक

आन्दोलन से होता है और सही शिक्षा से होता है। मेरे लेखन ने चेतना बनाई होगी। कम ही बनाई हो, पर आन्दोलन के अभाव में परिवर्तन तो हुआ नहीं बल्कि आज हालात पहले से बदतर हैं। पर यह लेखन की असफलता नहीं है, और न मैं इससे असन्तुष्ट हूँ। मैं सोचता हूँ कि और अधिक और शक्तिशाली लिखा जाना चाहिए। हम अपना काम करते चले आ रहे हैं, इसका हमें सन्तोष है।

म. ना. : लोग कहते हैं, जबलपुर से आपको मोह है। विनोबा की यह 'संस्कारधानी' और जवाहरलाल की 'गुंडाधानी' आपकी नजर में क्या है? जिस जबलपुर में आप रुक गए थे और अब जिसमें रह रहे हैं, उसमें आपको क्या फर्क दिखता है?

ह. प. : मैं जबलपुर के बारे में ऐसा तो कुछ नहीं कहूँगा जिससे इस नगर के गौरव को क्षति पहुँचे। यह सही है कि जबलपुर में अपराध अधिक होते हैं और यह भी सही है कि यहाँ की साहित्यिक, कला और सांस्कृतिक परम्परा बहुत पुष्ट है। मैं 1941 में यहाँ आया था। तब यह शहर एक बड़ा कस्बा था और आत्मीयता लोगों में बहुत थी। अब यह महानगर हो रहा है, पर प्रवृत्ति अब भी कस्बाई है। तथाकथित आधुनिकतावाद और औद्योगिकीय सभ्यता अमानवीयकरण होता है। वह यहाँ भी हुआ। पर यह शहर अच्छा है। मैं देख रहा हूँ कि यहाँ साहित्यिक, सांस्कृतिक गतिविधियाँ बढ़ रही हैं। देश भर में जो अनुशासनहीनता आई है, जीवन-मूल्यों का पतन हुआ है, उससे तो कोई शहर और गाँव बच नहीं सकता।

[जनसत्ता]

व्यंग्य एक भावना है

मनोहर नायक की बातचीत

म. ना. : आपने हिन्दी गद्य का एक बिलकुल नया शैलीकरण किया है। इसी के साथ आपके लेखन से हिन्दी व्यंग्य-विधा में एक गुणात्मक परिवर्तन हुआ है। लेकिन कहीं आपने कहा था कि व्यंग्य एक 'अछूत विधा' है। ऐसा किस तरह?

ह. प. : मेरा तात्पर्य यह था कि साहित्य के विचारक व्यंग्य को एक घटिया प्रकार की चीज मानते हैं और इसे आज फूहड़ ठिठोली या विदूषकत्व समझते हैं। तब साहित्य में व्यंग्य को कोई प्रतिष्ठा नहीं थी। पर अब ऐसा नहीं है। गद्य ही क्यों, अभिव्यक्ति का हर रूप सीधे जीवन की आवश्यकता से उत्पन्न होता है। हमारे युग में जैसा जीवन है, उसी की माँग है कि एक सीधा, तीखा-अलंकार और आवरणहीन सशक्त गद्य का विकास हो। मेरे साथ के सभी लेखकों ने अभिव्यक्ति के लिए नये प्रकार की भाषा, मुहावरे और शैली का विकास किया। व्यंग्य में उसकी अपनी प्रकृति के कारण यह नई शैली अधिक दृष्टि खींचती है।

म. ना. : क्या हास्य-व्यंग्य अलग से कोई विधा नहीं मानी जानी चाहिए?

ह. प. : यह प्रश्न लेखक के लिए नहीं, साहित्यशास्त्रियों के लिए है। शास्त्री ही पहले साहित्य की विधाएँ तय करते हैं और वे ही विश्वविद्यालयों में पढ़ाई जाती हैं। मेरा मत है कि व्यंग्य-विधा इसलिए नहीं हो सकता कि उसका अपना कोई खास ढाँचा नहीं है। व्यंग्य वास्तव में एक भावना है, जो सभी विधाओं में आ जाती है।

म. ना. : आप जीवन भर सामाजिक, राजनीतिक, व्यक्तिगत अन्याय, शोषण, अश्लीलता और धार्मिक भेड़ियाधसान के विरुद्ध लिखते रहे। एक दूसरे स्तर पर, आपने शासक वर्ग और शासक मूल्यों के प्रति मामूली आदमी के तिरस्कार को

अभिव्यक्ति दी है। आप लेखन का क्या उद्देश्य मानते हैं, और आपके लेखन ने समाज में क्या काम किया?

ह. प. : मेरे लेखन में तिरस्कार नहीं, बल्कि आलोचना और जीवन समीक्षा है। अगर मैंने विभिन्न क्षेत्रों में व्याप्त विसंगतियों पर व्यंग्य किया है तो मैंने यही बतलाने की चेष्टा की है कि कहाँ-कहाँ क्या गलत है और उसे बदलना चाहिए। तिरस्कार में मनुष्यता को नकारने, मनुष्य में आशा खो देने का भाव होता है। यह मेरे लेखन में नहीं है। यहीं से यह प्रश्न उठता है कि लेखन का उद्देश्य क्या है? सारे लेखन का उद्देश्य मनुष्य है—वही केन्द्र है। जैसा जीवन हमारा है, उससे बेहतर जीवन हो, यही मेरी इच्छा है—इसे उद्देश्य भी मान सकते हैं। इसलिए मनुष्य जीवन के प्रति एक अटूट प्रतिबद्धता मेरे लेखन में है।

मैं यदि आलोचना करता हूँ तो इसलिए कि मेरा विश्वास है कि जीवन और अच्छा होना चाहिए। अब जहाँ तक समाज पर इसके प्रभाव का सवाल है, वह बहुत प्रत्यक्ष नहीं होता। कुछ लोग तो इसे पढ़कर हँस देते हैं और मजा लेते हैं। कुछ वे भी हैं जो आत्म साक्षात्कार और आत्म समीक्षा करते हैं। मेरी दृष्टि में ऐसे लेखन से मानसिक जड़ता जाती है, चेतना का निर्माण होता है और सोच बदलने के लिए एक दृष्टि भी मिलती है। सम्भव है कि इसके बाद मनुष्य कुछ संकल्प भी करता हो!

म. ना. : आपने भी पढ़ा होगा कि एक बार वृद्ध टॉल्स्टॉय ने युवा गोर्की को बुलाकर रोते हुए कहा था—'मैंने इतना सब लिखा—किस काम का रहा! उससे कुछ भी तो नहीं बदला। एक भी आदमी नहीं।' क्या आपको भी ऐसी अनुभूति होती है?

ह. प. : यह सही है कि टॉल्स्टॉय को अन्त-अन्त में विफलता की भावना ने घेर लिया था। पर जैसा परिवर्तन वे चाहते थे, वह साहित्य से नहीं, बल्कि क्रान्तिकारी जनान्दोलनों से होता। टॉल्स्टॉय ने रूस के किसानों की दशा का जो चित्रण किया है और साथ ही शासन व्यवस्था, न्यायपालिका, चर्च, उच्चवर्गीय शोषण आदि का जैसा पर्दाफाश किया, उससे रूस में क्रान्तिकारी चेतना के निर्माण में कॉफी योग मिला। यह अलग बात है कि कैथोलिक धर्म, हृदय परिवर्तन आदि जो उनके तरीके थे, वे केवल व्यक्ति तक सीमित रहने के कारण तथा अव्यावहारिक होने के कारण बड़े पैमाने पर परिवर्तन नहीं कर सके।

टॉल्स्टॉय जैसी ही नैतिकता, आदर्शवाद, हृदय परिवर्तन गांधी जी भी मानते थे, परन्तु वे जनान्दोलन लेकर चलते थे। लेकिन टॉल्स्टॉय रूसी समाज को जानते खूब थे। क्या होगा, इसकी भी कल्पना उन्हें थी। अपनी अन्तिम चिट्ठी में जार को उन्होंने लिखा था कि यदि आप सुधार नहीं करते तो रूस में खूनी क्रान्ति हो जाएगी।

और इस पत्र के दो साल बाद ही वह हुई। तब टॉल्स्टॉय की मृत्यु हो चुकी थी। मेरा मतलब है कि साहित्यकार क्रान्तिकारी चेतना का तो निर्माण करता है, परन्तु क्रान्ति जन-आन्दोलनों से ही आती है। साहित्य उसमें सहभागी होता है।

म. ना. : कार्टूनकार अबू अब्राहम ने कहीं लिखा था कि हास्य एक इक्वलाइजिंग फैक्टर है—यानी हास्य व्यंग्य के जरिये व्यक्ति अपने से ऊँचे लोगों की बराबरी पर आता है। आप क्या सोचते हैं?

ह. प. : अबू अब्राहम का मतलब यह है कि हास्य और व्यंग्य करनेवाला अपने को छोटा समझता है और बड़े को थोड़ा काटकर अपने को उसकी बराबरी का कर लेता है। मैं इसे नहीं मानता। व्यंग्य-लेखक आखिर किस-किस के बगल में खड़े होकर अपनी ऊँचाई का मिलान करेगा। व्यंग्य में व्यंग्य की उत्पत्तिहीनता की भावना नहीं होती। यदि किन्हीं बड़ों को लेखक या कार्टूनकार अपने हमले का शिकार बनाता है तो इसका मतलब है कि उन बड़ों की पोल उसके सामने खुली है। उनकी कमजोरियाँ, उनका नंगापन वह देखता है। तो जो खुद ओछे, कमजोर और नंगे हैं, उनकी बराबरी करने का सवाल नहीं होता। व्यंग्य वास्तव में उन बुराइयों को मिटाने का एक सकारात्मक प्रयास है जिनके रहते छोटा आदमी बड़ा ढोंगी बन जाता है।

म. ना. : कुछ लेखक कहते हैं कि साहित्य पर राजनीति हावी है। क्या साहित्यिक कर्म को राजनीति से आप अलग मानते हैं? क्या आप मानते हैं कि लेखक को अराजनीतिक होना चाहिए?

ह. प. : मैं जानता हूँ कि बहुत लेखक कहते हैं, पर ध्यान दिया जाए कि ये लेखक हैं कौन? ऐसा कहने में उनकी अपनी राजनीति है। दूसरे को राजनीति से दूर रहने को कहकर वे खुद एक राजनीति करते हैं। राजनीति से असंलग्न रहने का नारा वही लेखक देते हैं जो समाजवाद-विरोधी हैं, यथास्थितिवादी हैं या पुरातनवादी हैं। उनका मतलब है कि लेखक वामपंथी राजनीति के साथ न हो, लेकिन दक्षिणपंथी में अवश्य हो जाए। वास्तव में मनुष्य का जीवन और लेखक व्यक्तित्व समग्र है, उसे बाँटा नहीं जा सकता। ऐसा कैसे हो सकता है कि कोई लेखक विशेष राजनीति में विश्वास करता हो या सक्रिय हो, लेकिन लिखे कुछ और। स्वतंत्रता के आन्दोलन में कितने ही लेखक-कवि शामिल थे। यह आन्दोलन तो राजनीतिक था, पर उनके मन में यह कभी दुविधा पैदा नहीं हुई कि अपने साहित्यकार को राजनीति से अलग रखा जाए। वे जेल गए तो स्वाधीनता की कविताएँ भी लिखीं। सही बात यह है कि राजनीति साहित्य पर हावी नहीं है। राजनीति से बचना नहीं चाहिए। मनुष्य के भाग्य को पलटनेवाले आन्दोलन राजनीतिक ही होते हैं। ऐसा कैसे हो सकता है कि पूरी

जाति अपने शुद्ध भविष्य के लिए राजनीतिक क्रान्तिकारी आन्दोलन में लगी हो और लेखक अपने रामनामी दुपट्टे को बचाए हुए किनारे खड़ा रहे? यह गैर-जिम्मेदारी की बात है। मैंने कहा कि यह नारा ही दक्षिणपंथी प्रतिक्रियावादियों का है यानी राजनीति-प्रेरित लेखकों का है।

म. ना. : इसी से जुड़ा सवाल है साहित्य और सत्ता का सम्बन्ध। रघुवीर सहाय का कहना है कि हर रचना सत्ता के विरुद्ध होती है। आप क्या सोचते हैं?

ह. प. : मैं समझता हूँ कि रघुवीर सहाय का तात्पर्य है कि हर रचना यथास्थिति के विरोध में होती है। सत्ता चाहे राजनीतिक, आर्थिक, धार्मिक या सामाजिक हो, यथास्थिति हो जाती है, क्योंकि इसी में उसकी सुरक्षा है। लेखक इस यथास्थिति को तोड़ना चाहता है, जिससे मनुष्य समाज आगे बढ़े और उसकी जिन्दगी बेहतर हो। यहीं लेखक और सत्ता का टकराव होता है।

म. ना. : आपने आपातकाल का समर्थन किया था। क्या आपको यह नहीं लगता कि लोकतंत्र की आड़ में एक बहुत बारीक फासिज्म चलाया गया था—बहुत हद तक फ्रैंको के स्पेन की याद दिलानेवाला?

ह. प. : हाँ, यह सही है कि मैंने आपातकाल का समर्थन किया था। सन् 1974-75 के जो हालात थे, उनके विश्लेषण से जो निष्कर्ष मैंने निकाले थे, वे ये थे कि श्री जयप्रकाश नारायण के नेतृत्व में चलनेवाला आन्दोलन नकारात्मक है, अराजकता पैदा करनेवाला है और उन शक्तियों को बढ़ावा देनेवाला है जिनका विश्वास लोकतंत्र या सामाजिक क्रान्ति में नहीं है। ऐसी स्थिति में इन शक्तियों का मुकाबला करने की जरूरत थी। इमरजेंसी के बिना यह होता तो अच्छा था, लेकिन इमरजेंसी का समर्थन करते हुए उसके अत्याचारों और अतिरेकों का मैंने समर्थन नहीं किया। मैंने इन्दिरा गांधी और संजय का जय-जयकार भी नहीं किया। मेरी कलम से संजय का नाम भी तब लिया नहीं गया। उसके पहले और बाद में संजय गांधी की मैंने कटु आलोचना ही की। मुझे यह बहुत भद्दा लगता था कि इन्दिरा गांधी जैसी समझदार और संस्कार सम्पन्न स्त्री अपने बेटे को ऐसे भोंडे और कुरुचिपूर्ण तरीके से उठा रही है। इन्दिरा गांधी ने अपनी सरकार को मजबूत बनाया था। उन्होंने शक्तियाँ अपने हाथ में कर ली थीं। उन्होंने अपना दुरुपयोग भी होने दिया। पर इसका दोष पार्टी पर है जिसकी प्रधान वे थीं। जिस पार्टी में आन्तरिक लोकतांत्रिक प्रक्रिया ही खत्म हो जाए, उसमें कोई भी नेता यह महत्त्वाकांक्षा रख सकता है कि सारी सत्ता हड़प ले। पर भारत स्पेन नहीं है और न इन्दिरा गांधी फ्रैंको थीं। उनकी कांग्रेस भी फासिस्ट पार्टी नहीं थी। फ्रैंको ने सेना के द्वारा लोकतंत्र को नष्ट किया, इन्दिरा गांधी ने सेना का उपयोग नहीं किया। दूसरे, चन्द्रशेखर खुद स्वीकार करते हैं कि

इन्दिरा ने संविधान-विरोधी कोई काम नहीं किया। जहाँ अड़चन हुई, वहाँ संविधान को संवैधानिक तरीके से ही बदल दिया।

1974-75 के आन्दोलन में जो शक्तियाँ शामिल थीं, उनके राजनीतिक चरित्र के बारे में जो मेरी समझ थी, वह उनके सत्ता में आने के बाद सही सिद्ध हो रही है। अभी तक इतिहास पर प्रतिबन्ध नहीं था। परन्तु अब इतिहास की पुस्तक प्रतिबन्धित हो गई है। इसका कारण है कि जनता सरकार में एक साम्प्रदायिक, फासिस्ट दल का प्रभुत्व है, जो इतिहास अपनी दृष्टि से लिखाना चाहता है। इसी तरह विश्वविद्यालयों में हस्तक्षेप हो रहा है। यों कहा जाता है कि पत्रों को स्वतंत्रता है लेकिन वे स्वतंत्र हैं नहीं। उद्योगपतियों के पत्र ऐसा कुछ छापेंगे नहीं जिससे उद्योग को नुकसान हो। छोटे पत्र डरते हैं कि सरकारी विज्ञापन बन्द कर दिये जाएँगे। रेडियो तो पहले भी था और अब भी सरकारी है। ये सब चीजें बड़ी बारीकी से हो रही हैं। असहमति को दबाया जा रहा है।

म. ना. : अन्य बड़े साहित्यकारों की तरह आप राजधानियों या महानगरों में क्यों नहीं रहे, जहाँ आपको ज्यादा सुविधा, प्रतिष्ठा मिलती? आप हमेशा जबलपुर में ही रहे, क्यों?

ह. प. : जबलपुर में 1941 से हूँ। लिखना यहीं शुरू किया। अच्छा लिखने के लिए लेखक गाँव में जाकर बस जाते हैं और कैरियर बनाने के लिए महानगर में। मैंने साहित्य में साहित्येतर कोई कैरियर बनाने की नहीं सोची। तीस साल पहले जबलपुर एक बड़ा कस्बा ही था और कस्बाई जिन्दगी के अपने आकर्षण होते हैं। जबलपुर मुझे अपने मित्रों, शुभचिन्तकों और साथियों के कारण भी अनुकूल रहा। दिल्ली में महीनों रहा हूँ। पर वहाँ दौड़-धूप होती है, सोचना और लिखना नहीं होता। फिर वहाँ भीड़ में हर आदमी अजनबी होता है। जिन्हें ऐसा जीवन अनुकूल बैठ गया है और वे लिख लेते हैं, यह उनकी क्षमता की बात है। यह मुझसे नहीं होता। इसलिए अपना जबलपुर ही भला है।

म. ना. : इन दिनों आप क्या लिख रहे हैं? अनेक पाठकों को लगता है कि आप इन दिनों कोई बड़ा उपन्यास लिख रहे हैं?

ह. प. : हाँ, मैं एक लम्बी फैंटेसी लिख रहा हूँ। पारम्परिक उपन्यास तो मुझसे बनता नहीं। वह मेरी विधा नहीं। कथात्मक रूप से फैंटेसी अलबत्ता बोल लेता हूँ, जिसे उपन्यास कहा जाए तो, या तो वह नासमझी है या उपन्यास की नई परिभाषा करना है। इस पर काम बहुत धीरे-धीरे चल रहा है, क्योंकि मैं कॉफी कॉलम लिखता हूँ।

[दैनिक अमृत प्रभात : अक्टूबर, 1988]

चौखटों से बाहर परसाई

सुधीर सक्सेना, रमेश अनुपम की बातचीत

प्रश्न : जिस दौर में दिल्ली को साहित्य व संस्कृति का केन्द्र मानकर हिन्दी प्रदेशों के अनेक रचनाकार वहाँ शरण ले रहे थे, आपने जबलपुर जैसे अपेक्षाकृत एक गुमनाम शहर को अपना कर्मक्षेत्र क्यों चुना?

उत्तर : मैं मूलत: होशंगाबाद जिले का निवासी हूँ। खंडवा में नौकरी मिलने पर मैं खंडवा चला गया था। अध्यापक की ट्रेनिंग के सिलसिले में मुझे जबलपुर आना पड़ा। यहीं मुझे मॉडल स्कूल में अध्यापक की नौकरी मिल गई। और मैं यहीं एक तरह से बस गया। 1947 से मैंने लिखना प्रारम्भ किया। उस समय जबलपुर से समाजवादियों का एक साप्ताहिक 'प्रहरी' निकला करता था। भवानीप्रसाद तिवारी, रामेश्वर प्रसाद गुरु जैसे राजनीतिक साहित्यकार उसमें सम्पादक थे। इनके साथ मेरी मित्रता हो गई। इस तरह मेरी एक मित्र-मंडली बन गई। हम सब लोग प्रगतिशील विचारों से जुड़े हुए लोग थे। तब तक मुझे यह शहर भी पसन्द आ गया था। उस समय जबलपुर की आबादी लगभग सवा लाख की रही होगी। छोटा-सा शहर था यह। मैं अध्यापकी करता था, इसलिए सवाल ही नहीं उठता था कि मैं जबलपुर छोड़कर दिल्ली में जाकर बसूँ। अध्यापकी की नौकरी में रहते हुए मेरा स्थानान्तरण दिल्ली भी नहीं हो सकता था। दिल्ली में रहकर फ्रीलांसिंग करने की बात मैं उस वक्त सोच भी नहीं सकता था। हालाँकि बाद में जबलपुर में रहकर मैंने यही किया। दूसरी बात यह थी कि मैं दिल्ली अक्सर जाता ही रहता था। मैं दिल्ली में तीन-चार महीने तक रहा भी किन्तु पता नहीं क्यों, मुझे दिल्ली कभी पसन्द नहीं आई। फिर मेरे बहनोई की मृत्यु के बाद मेरी छोटी बहन अपने बच्चों के साथ जबलपुर आ गई थी और मेरे पास रहने लगी थी। उसे छोड़कर भी मैं कहीं जाने की सोच नहीं सकता था। इस तरह मैं जबलपुर में ही बस गया।

प्रश्न : नौकरी छोड़कर जबलपुर में फ्रीलांसिंग करने का निर्णय आपने कैसे लिया? यह तो एक तरह से उस समय जोखिम भरा काम था।

उत्तर : उस समय नौकरी छोड़कर फ्रीलांसिंग करने का निर्णय सचमुच जोखिम भरा काम था। मैंने 1957 में अध्यापक की नौकरी छोड़ दी थी और यह निर्णय कर लिया था कि अब फ्रीलांस रहकर लिखने का काम करूँगा। हालाँकि उस समय लिखकर जिन्दा रहना बहुत मुश्किल काम था। तब पारिश्रमिक भी बहुत कम मिलता था। फिर भी तब तक लिखकर थोड़ी-बहुत आमदनी हो जाया करती थी। नौकरी छोड़कर फ्रीलांसिंग करने के पीछे शायद सबसे बड़ा कारण यह था कि तब मेरे भीतर लिखने की बहुत ऊर्जा थी। मैं बहुत लिखता था। पत्र-पत्रिकाओं में कॉलम लिखना तो मैंने नौकरी में रहते हुए ही प्रारम्भ कर दिया था। 'प्रहरी' में उस समय मैं 'नर्मदा के तट से' नामक कॉलम लिखा करता था। जबलपुर के ही एक अन्य दैनिक 'नई दुनिया' में भी मैंने कॉलम लिखना प्रारम्भ कर दिया था, जिससे मुझे पचहत्तर रुपये महीने की आमदनी हो जाती थी। इस तरह लिखकर मुझे थोड़ी-बहुत आमदनी होने लगी थी। फिर मैं यह भी सोचता था कि मैं ट्रेंड टीचर तो हूँ ही अगर फ्रीलांस रास नहीं आया तो अध्यापक की नौकरी तो कहीं भी मिल ही सकती है, लेकिन आपका कहना बिलकुल सही है कि जबलपुर जैसे शहर में फ्रीलांसिंग करने का निर्णय सचमुच एक तरह से उस समय रिस्क ही था।

प्रश्न : फ्रीलांसिंग करते हुए कभी ऐसा अवसर नहीं आया जिसमें आपको लगा हो कि फ्रीलांसिंग का निर्णय गलत हो गया?

उत्तर : एक बार ऐसा जरूर लगा कि नौकरी होती तो शायद यह समस्या नहीं आती। लेकिन यह भी सच है कि नौकरी छोड़े बिना मैं इतना नहीं लिख सकता था, जितना मैंने नौकरी छोड़ने के बाद लिखा है। फिर ज्यादा लिखने के पीछे कारण यह भी था कि नौकरी तो मैंने छोड़ ही दी थी, ज्यादा लिखकर ही मैं पैसे कमा सकता था। लिखने से मुझे बहुत सन्तोष मिलता था। जिससे मुझे अक्सर यह लगता था कि नौकरी छोड़कर फ्रीलांस लिखने का निर्णय एक तरह से उचित ही है।

प्रश्न : लिखने की शुरुआत कैसे?

उत्तर : अपने को अभिव्यक्त करने की इच्छा मेरे भीतर जबरदस्त थी। मेरे खयाल से यही बाद में जाकर लेखन में तब्दील हो गई। मेरे लिखने की शुरुआत के सम्बन्ध में एक घटना की महत्त्वपूर्ण भूमिका है। दीवाली की रात थी। मैं जबलपुर के फुहारा चौक से गुजर रहा था। वहाँ एक दुकान में लक्ष्मी-पूजा हो रही थी। दुकान के सामने एक नई कार खड़ी थी। उस कार को वहाँ पर खड़े कुछ बच्चे उत्सुकतावश देख रहे थे। तभी उनमें से किसी बच्चे ने कार पर हाथ फेर दिया, जिसे देखकर ड्राइवर

ने उस बच्चे को चाँटा मार दिया था। मार खाने के बाद वह बच्चा फूट-फूटकर रोने लगा। इस दृश्य को देखने के बाद मुझे कॉफी आघात पहुँचा। मैंने सोचा कि उस बच्चे ने केवल उत्सुकतावश उस पर हाथ फेरा था, और यह कोई ऐसी बात नहीं थी, जिससे कार को कोई नुकसान पहुँचा हो। फिर भी ड्राइवर ने उस बच्चे को चाँटा मार दिया था। मुझे इस एक छोटी-सी घटना ने भीतर तक झकझोरकर रख दिया था। मैंने घर आकर इस घटना में थोड़ी-सी कल्पना का समावेश कर ज्यों-का-त्यों लिख डाला और इसे 'प्रहरी' में छपने के लिए भेज दिया। उस समय 'प्रहरी' के दफ्तर तक जाकर रचना देने का साहस मुझमें नहीं था। इसलिए मैंने 'उदार' के छद्म नाम से डाक से भेज दिया था, जो 'प्रहरी' में इसी नाम से छप भी गई। यह मेरी पहली रचना थी। इसके बाद लगातार मेरी तीन और रचनाएँ इसी नाम से 'प्रहरी' में प्रकाशित हुईं। 'प्रहरी' में इन रचनाओं के प्रकाशन के बाद मेरी खोज होने लगी थी। तब तक किसी को यह मालूम नहीं था कि मैं ही 'उदार' के नाम से 'प्रहरी' में रचनाएँ भेज रहा हूँ। लेकिन मेरे एक अध्यापक मित्र गौतम को शायद किसी तरह यह मालूम हो गया कि मैं ही 'उदार' के नाम से 'प्रहरी' में रचनाएँ भेज रहा हूँ। अन्ततः उन्होंने मुझे 'प्रहरी' के दफ्तर में रामेश्वर प्रसाद गुरु के सामने खड़ा कर दिया। इसके बाद तो मैं नियमित रूप से 'प्रहरी' के दफ्तर में जाने लगा था और अपने नाम से ही रचनाएँ लिखने लगा था। चूँकि 'प्रहरी' समाजवादियों का पत्र था। इसलिए उसमें कांग्रेसी सरकार की खुलकर आलोचना होती थी। मैं भी अपनी रचनाओं में कांग्रेसी सरकार की आलोचना बहुत करता था।

प्रश्न : सरकारी नौकरी में रहते हुए सरकार के खिलाफ लिखना तो मुश्किल काम था! क्या आपको इससे परेशानी नहीं हुई?

उत्तर : परेशानी तो होती ही थी। सरकार को मेरी रचनाओं से तकलीफ होने लगी थी। यही कारण है कि मेरा तबादला जबलपुर से हरसूद कर दिया गया। हुआ यह कि मॉडल स्कूल में अध्यापक की नौकरी करते हुए मैं तब तक ग्रेजुएट हो गया था। ग्रेजुएट होने के बाद मैंने अपर डिवीजन टीचर के लिए आवेदन कर दिया था। सरकार को मुझे जबलपुर से भगाना था ही। मेरे प्रमोशन की आड़ में सरकार को यह अच्छा मौका भी मिल गया था। इसलिए तत्काल मेरा तबादला हरसूद कर दिया गया। मेरे तबादले के आदेश के बाद 'प्रहरी' मित्र-मंडली की बैठक हुई और उस बैठक में यह तय किया गया कि मुझे हरसूद नहीं जाना चाहिए बल्कि सरकारी नौकरी से त्यागपत्र दे देना चाहिए। मित्रों ने यह भी तय किया कि अध्यापक की नौकरी तो जबलपुर के किसी प्राइवेट स्कूल में भी मुझे मिल सकती है और अगर वह भी नहीं मिली तो मैं पत्रकारिता तो कर ही सकता हूँ। अन्ततः मैंने 'प्रहरी' मित्र-मंडली के निर्णय को मानकर तार द्वारा अपने त्यागपत्र की सूचना

अधिकारियों को भेज दी। उस समय जबलपुर में न्यू एजुकेशन सोसाइटी नामक एक संस्था शुरू हुई थी जिसके द्वारा नवीन विद्या भवन नामक एक प्राइवेट स्कूल प्रारम्भ किया गया था। सरकारी नौकरी से त्यागपत्र देने के बाद यहीं अध्यापक के रूप में मेरी नियुक्ति हो गई। तब तक मैं अध्यापकों का अच्छा-खासा नेता हो गया था। कुछ ऐसा संयोग हुआ कि मैंने पहली हड़ताल नवीन विद्या भवन में ही करवा दी। जैसा कि होना था, इस हड़ताल के बाद वहाँ से भी मेरी छुट्टी हो गई। बाद में मैं कुछ दिनों तक जैन स्कूल में अध्यापकी करता रहा, साथ में जैन कॉलेज में भी पार्ट टाइम अध्यापन करता था। 1957 तक मैं इस नतीजे पर पहुँच चुका था कि मुझे नौकरी छोड़कर फ्रीलांसिंग करनी चाहिए। इसलिए मैंने वहाँ से भी त्यागपत्र दे दिया था।

प्रश्न : आपने आपातकाल का समर्थन किया था और बाद में जनता पार्टी की नीतियों का विरोध भी किया था, जबकि बहुत-से लेखक आपातकाल के समय तो चुप थे, परन्तु बाद में सबसे ज्यादा मुखर हो गए थे। इस समय आप इन तमाम मुद्दों पर क्या कहना चाहेंगे?

उत्तर : आपातकाल के समय मैंने जो वक्तव्य दिया था, उसका मैं इस समय थोड़ा ख़ुलासा करना चाहूँगा। आपातकाल के समय मध्य प्रदेश साहित्य परिषद् द्वारा एक गोष्ठी का आयोजन भोपाल में किया गया था। उस समय बहुत-से साहित्यकारों ने उस गोष्ठी में कहा था कि 10 सूत्रीय कार्यक्रम एक बहुत बड़ी क्रान्ति है। उस समय मैंने कहा था कि यह कोई क्रान्ति नहीं है। क्रान्तियाँ इस तरह से नहीं होती हैं। अधिक-से-अधिक यह 'रेडिकल रिफार्म' है। आपातकाल के पूर्व देश की स्थितियों को आप याद कीजिए। जयप्रकाश नारायण का आन्दोलन अपनी चरम सीमा पर था। जयप्रकाश के आन्दोलन में नाना साहब देशमुख जैसे लोग आन्दोलन के प्रमुख संचालक थे। उस आन्दोलन में आर.एस.एस. सक्रिय रूप से हिस्सा ले रहा था। सोशल डेमोक्रेट्स भी थे, पर उनकी स्थिति आर.एस.एस. के आगे कॉफी कमजोर थी। यह स्थिति ठीक उसी प्रकार की थी, जिस प्रकार जर्मनी में सोशल डेमोक्रेट्स ने नात्शी पार्टी के साथ हाथ मिला लिया था। इस कारण मैंने आपातकाल का समर्थन किया था। आरम्भिक छह महीनों में इसका असर अच्छा हुआ था लेकिन इसके बाद सरकारी मशीनरी का दमन बढ़ता गया।

1977 में जब जनता पार्टी की सरकार बनी तब मैंने उस समय अपने 'करंट' के कॉलम में लिखा था कि यह सरकार ढाई साल से अधिक नहीं चलेगी और आप जानते हैं कि जनता पार्टी की सरकार पौने तीन साल के बाद गिर गई। अगर 1977 में इन्दिरा गांधी चुनाव जीत जातीं तो हमारे बहुत-से रचनाकार जो आपातकाल के समय चुप थे, और जनता पार्टी के समय अपने क्रान्तिकारी होने का सबूत दे

रहे थे, यह कहते कि हमने आपातकाल का समर्थन किया था। मैं अब भी मानता हूँ कि अच्छा होता कि सामान्य कानून से इन्दिरा जी उन स्थितियों से निपटतीं। आपातकाल कोई अच्छी बात नहीं थी। पर यदि यह सम्भव नहीं था तो आपातकाल भी गलत नहीं था।

प्रश्न : आजादी के बाद की मोहभंग की पीड़ा सबसे अधिक आपकी रचनाओं में है। इस मोहभंग के कारण क्या थे?

उत्तर : मेरा मोहभंग आजादी के चार-पाँच वर्षों बाद ही होना शुरू हो गया था। मैं प्रारम्भ से ही साम्राज्यवादियों की संगत में रहा था। पर मैं जानता था कि ये सोशल डेमोक्रेट्स अन्धबीच के लोग हैं। आजादी के बाद मैंने पूरे देश में एक प्रकार की गिरावट का अनुभव किया। कांग्रेसी सरकार संसदीय लोकतंत्र की स्थापना की बात, पब्लिक सेक्टर की नींव डालने की बात तो बहुत करती थी, लेकिन आचरण में ऐसी नहीं थी। मैं देख रहा था कि जो कांग्रेसी आजादी से पहले त्याग और बलिदान की बात किया करते थे, आजादी के बाद जैसे उनका पूरा चरित्र ही बदल गया था। साल-दर-साल गरीबी बढ़ती जा रही थी, और इसी के समानान्तर देश में नव-धनाढ्य वर्ग भी पैदा होता जा रहा था, जिसकी अपनी कोई संस्कृति नहीं थी, अपनी कोई बुनियाद नहीं थी। जवाहरलाल नेहरू राजनीति के जानकार थे, फिलॉसफर भी थे किन्तु अर्थशास्त्री वह नहीं थे। दूसरी बात यह थी कि जो सिस्टम उन्होंने अख्तियार किया था, उस सिस्टम में समाजवाद नहीं आ सकता था। तभी मैंने एक कहानी लिखी : 'लंका-विजय के बाद रामराज्य'। इस कहानी में सारे बन्दर लंका-विजय के बाद राम से अपना-अपना हिस्सा माँगते हैं। यह कहानी उस समय के कांग्रेसी नेताओं पर थी, जो आजादी के बाद भी नेहरू से अपना-अपना हिस्सा माँग रहे थे। उस समय नेहरू ने यह घोषणा की थी कि मुनाफाखोरों को बिजली के खम्भों पर लटका दिया जाएगा। उस समय मैंने अपने एक निबन्ध में लिखा कि गनीमत है कि मुनाफाखोरों ने श्री नेहरू को बिजली के खम्भे पर नहीं लटका दिया। इस तरह मेरा मोहभंग तो हो चुका था।

अरुण शौरी जैसे पत्रकारों के बारे में आप क्या सोचते हैं? क्या आपको ऐसा नहीं लगता कि बोफोर्स और फेयरफैक्स जैसे कांड की आड़ में वे वी.पी. सिंह जैसे नेता की छवि बनाने में लगे हैं?

ह. प. : अरुण सौरी का सम्बन्ध दरअसल राष्ट्रीय स्वयंसेवक संघ से है। उन्होंने एक पुस्तक लिखी है : 'रिलीजन इन पॉलिटिक्स', जिसमें उन्होंने धर्मप्रधान राज्य की वकालत की है। अरुण शौरी प्रतिक्रियावादी और प्रोअमेरिकन हैं। अमेरिका की रुचि इस बात में है कि जो वर्तमान सरकार है और जिसका प्रधानमंत्री इतना

अनुभवी नहीं है, उस सरकार को सी.आई.ए. की मदद से कमजोर कर दिया जाए। देश में अस्थिरता और विघटन पैदा किया जाए।

जहाँ तक बोफोर्स कांड का सवाल है, भारत के एडवोकेट जनरल ने संयुक्त संसदीय समिति के सामने बयान दिया है कि हथियारों की खरीद में एजेंट नियुक्त करना और कमीशन देना कानूनन जायज है। पर बोफोर्स कांड में शायद गड़बड़ी यह हो गई है कि कमीशन कुछ ज्यादा दे दिया गया है और वह विदेशी खाते में जमा हो गया है। इसी बात को लेकर अरुण शौरी जैसे लोग प्रधानमंत्री की छवि धूमिल करना चाहते हैं। यह सब काम सी.आई.ए. के इशारे पर हो रहा है।

[समय चेतना]

लेखक का ईश्वर तो अनुभव है!

डॉ. रामशंकर मिश्र की बातचीत

डॉ. रामशंकर मिश्र : आप हिन्दी में व्यंग्य-लेखन के प्रारम्भिक दौर से ही एक सचेत रचनाकार हैं। हिन्दी की अन्य समृद्ध विधाओं की अपेक्षा आपने अविकसित-प्राय व्यंग्य को ही अपनी अभिव्यक्ति का माध्यम क्यों बनाया?

हरिशंकर परसाई : लेखक के सामने प्रश्न जीवन की समझ, जीवन के चित्रण और जीवन की समीक्षा का होता है। मुख्यतः साहित्य, जीवन की आलोचना ही है। यह आलोचना उपन्यास में हो सकती है, कहानी में हो सकती है, निबन्ध में हो सकती है और अखबार की टिप्पणी में भी। व्यंग्य तब भी अटपटा लगता था और अब भी लगता है। पर मैं पूरे जोर के साथ यह कहता हूँ कि जीवन के सम्बन्ध में जितने गम्भीर और चिन्तनशील मुक्तिबोध थे, उतना ही मैं भी था। जबकि हम दोनों का लेखन भिन्न प्रकार का है। व्यंग्य उतना ही गम्भीर है, जितना कोई दूसरे प्रकार का लेखन। किन्तु हर रचनाकार को यह देखना होता है कि मैं जो लिखना चाहता हूँ, वह किस विधा में सबसे अच्छी तरह अभिव्यक्त हो सकता है। किन्तु यह मानना चाहिए कि भिन्न-भिन्न लेखकों में भिन्न-भिन्न प्रकार की प्रतिभा होती है और उसके अनुसार शैली तय होती है। मैंने प्रेमचन्द और मुक्तिबोध की तरह ही गम्भीर भाव से व्यंग्य लिखा। इस कारण कि समाज में व्याप्त विसंगतियों, पाखंड, भ्रष्टाचार, दोमुँहापन, छल-कपट, सार्वजनिक दुराचरण व्यंग्य के द्वारा अधिक सार्थक और प्रभावी ढंग से अभिव्यक्त होते हैं। लिखते समय मेरे ध्यान में अपना पाठक हमेशा रहा है।

डॉ. रा. मि. : हिन्दी में व्यंग्य-लेखन एक साहसपूर्ण प्रयोग और चुनौती-भरा लेखन है। रचनाशीलता के दौर में आपने किन चुनौतियों का साक्षात्कार किया और अपने रचनाधर्म का निर्वाह किन विपरीत परिस्थितियों में करते रहे?

ह. प. : सामान्य हल्का-फुल्का लेखन लेखक को और पाठक को खुश करता है। इसमें कोई खतरा नहीं है, जब तक कि किसी व्यक्ति को चोट न पहुँचाई गई

हो। मेरे लेखन के विषय इतने व्यापक रहे हैं और अभिव्यक्ति में इतनी तीक्ष्णता रही है कि मुझसे बहुत-से लोग नाराज रहे हैं। व्यक्तिगत रूप से मैंने किसी को दुखी नहीं किया। राजनीतिक और सामाजिक कारणों से सामाजिक प्रवृत्तियों पर मैंने प्रहार किये। इसके नतीजे भी भोगे और एक बार साम्प्रदायिक तत्त्वों ने मुझे पीट दिया। सताते लोग शुरू से रहे हैं और अब भी सताते हैं। शोषक वर्ग पर मैंने प्रहार किया, वे नाराज हैं। और उनसे जहाँ बना, मुझसे बदला निकाला। एक तरह से हमलावरों के बीच मेरी जिन्दगी मुजरिम है। हमले से मेरा मतलब केवल शारीरिक हमला नहीं है। अपने प्राप्य से वंचित किया गया कई बार, यह भी एक हमला है। परन्तु एक तो मेरे अटूट विश्वास मुझे समझौता नहीं करने देते हैं; दूसरे, विशाल पाठक वर्ग मेरे साथ है, जो मुझे सही मानता है और मेरी बात पर निर्भर करता है। तीसरी बात है ऐसी निष्ठा, जिसने मुझे विवश किया है और जिसने मुझे यहाँ-वहाँ नहीं होने दिया। सुविधा-भोग की इच्छा मैं आरम्भ से ही छोड़ चुका था।

डॉ. रा. मि. : पाँचवें दशक से लेकर आठवें दशक तक आपकी व्यंग्य कृतियों में व्यक्ति, समाज और सांस्कृतिक जीवन की विसंगतियों पर आघात उपलब्ध है, राजनीतिक परिदृश्य की विसंगतियाँ कम परिलक्षित हैं। किन्तु अस्सी के दशक की अस्थिर राजनीतिक परिस्थितियों ने आपके व्यंग्य को क्या नई आधार-भूमि दी?

ह. प. : 1970 से कॉफी राजनीतिक परिवर्तन हमारे देश में हुए। 1971 में बांग्लादेश बना। उसके बाद 1974 में बड़ी रेल हड़ताल। इसी समय जयप्रकाश नारायण का जागरण और राष्ट्रीय स्वयंसेवक संघ, जनसंघ से मिलकर सम्पूर्ण क्रान्ति का नारा देना। 1975 में आपातकाल लगना। 1977 में आपातकाल का उठना और चुनाव होना तथा इन्दिरा गांधी का बुरी तरह हारना—पूरा परिदृश्य बहुत उलझा हुआ था। जयप्रकाश के सम्पूर्ण क्रान्ति आन्दोलन में बड़े विरोधाभास थे। जिस वर्ग के खिलाफ क्रान्ति की जाती है, वह इस क्रान्ति का समर्थक और सहायक था। वास्तव में वह पूरा दक्षिणपंथी गिरोह का 1971 में भारत और सोवियत संघ की 20 साला सन्धि का विरोध ही था। यह आन्दोलन साम्यवाद-विरोधी था और भारत-रूस सम्बन्धों को काटना चाहता था। एक तरह से यह आन्दोलन अमेरिका समर्थक था।

मैंने द्रुत गति से बदलनेवाले इस राजनीतिक परिदृश्य पर टिप्पणियाँ कीं। सम्पूर्ण क्रान्ति वालों के विरोधाभास बताए। उनका खोखलापन जाहिर किया। जयप्रकाश की समझ की उलझन भी बतलाई। इसलिए उस अवधि में राजनीतिक लेखन बहुत अधिक हुआ जो जनता पार्टी सरकार के जमाने तक चला।

डॉ. रा. मि. : हर रचनाकार स्वानुभवों को अपनी रचनाओं में उतारता है, व्यंग्य-लेखन के सन्दर्भ में आपका क्या मत है?

ह. प. : लेखक का वास्तविक ईश्वर अनुभव ही होता है। अनुभव ही लेखन का आधार है। अनुभवहीन रचना झूठी व खोखली होती है। समाज में जो हो रहा है, उसे लेखक को देखना और समझना पड़ता है, उसके बीच में घुसना पड़ता है और चिन्तन से वास्तविकता का अन्वेषण करना होता है। अन्वेषण इसलिए कि जो दिखता है सहज ही, वही यथार्थ नहीं होता बल्कि यथार्थ नीचे कहीं छिपा होता है। फिर लेखक इन यथार्थ अनुभवों के प्रति संवेदित होता है, इस यथार्थ को इतिहास से जोड़ता है जिसके बिना उसका अर्थ समझ में नहीं आता। इस सबके बाद अनुभव रचनात्मक चेतना ग्रहण करता है। तब लेखक उसे रूप, शब्द, शैली देता है। कल्पनाएँ जरूरी हैं, पर उनका आधार वास्तविक अनुभव होना चाहिए। फैंटेसी का आधार भी वास्तविक अनुभव होना चाहिए। किसी कृति की विश्वसनीयता की यह शर्त है कि उसमें जीवन के वास्तविक अनुभव हैं या नहीं।

मैं हमेशा अनुभव पर निर्भर रहा हूँ। उसी में से विचार प्रकट होते हैं। उसी के साथ स्मृतियाँ जुड़ती हैं और एक यथार्थ चित्र प्रस्तुत होता है। जैसे यह दूसरे प्रकार के साहित्य के बारे में सही है, उसी प्रकार व्यंग्य साहित्य के बारे में भी सही है। व्यंग्य का वास्तविक आधार जीवन-यथार्थ होता है। अनुभवों से ही व्यंग्य-लेखक विसंगतियाँ पकड़ता है। तो व्यंग्य उतना ही यथार्थ होता है, जितना दूसरा लेखन।

डॉ. रा. मि. : सामाजिक परिवर्तन में एक साहित्यकार की क्या भूमिका होना चाहिए? क्या सामाजिक अथवा राजनीतिक उथल-पुथल की अवधि में लेखक को ज्याँ पॉल सार्त्र की तरह कलम छोड़कर जनता का नेतृत्व करना चाहिए?

ह. प. : सामाजिक परिवर्तन केवल लेखन से नहीं आता। उस लेखन से प्रेरित सामाजिक आन्दोलन से आता है। फ्रांस की क्रान्ति रूसो और वाल्टेयर के लेखन से नहीं हुई, बल्कि उससे प्रेरित होकर आन्दोलन खड़ा हुआ और कुलीनवर्ग का उसने सफाया कर दिया। लेखन परिवर्तन की चेतना बनाता है। व्यंग्य यह बताता है कि समाज में ये कमजोरियाँ हैं, ये खराबियाँ हैं, इन-इन चीजों को बदलना चाहिए। इससे आम लोगों की परिवर्तन की चेतना बनती है और वे परिवर्तन के लिए प्रेरित होते हैं। व्यक्तिगत रूप से लोगों पर प्रभाव पड़ता है, यह बात अलग है।

अब प्रश्न का दूसरा हिस्सा है कि लेखक आन्दोलन में सक्रिय हों कि न हों। मेरा खयाल है कि लेखक में यदि सामर्थ्य है, तो परिवर्तन के आन्दोलन में, जो उसके विचारों से प्रेरित है, लेखक को भाग लेना चाहिए। हमारे देश में स्वाधीनता आन्दोलन में बड़े से बड़े लेखक और कवि जेल गए। स्पेन में जनरल फ्रैंको की तानाशाही के खिलाफ अन्तरराष्ट्रीय बिग्रेड में क्रिस्टोफर कॉडवेल और रॉलफाक्स

शामिल थे। वे मारे भी गए। मानवाधिकारों के आन्दोलनों में लेखक शामिल होते हैं। हम यूँ भी समाज में जो होता है, उसकी प्रतिक्रिया तो करते ही हैं। आजकल साम्प्रदायिकता बढ़ी हुई है तो लेखक बराबर उसके खिलाफ लिखते हैं, जुलूस में शामिल होते हैं, सही दृष्टि का प्रसार करते हैं। यह सही है कि सब लेखक ऐसा नहीं कर सकते।

डॉ. रा. मि. : अन्य भारतीय भाषाओं की अपेक्षा हिन्दी में व्यंग्य-लेखन में अभी भी रचनाशीलता की बहुत सम्भावनाएँ हैं, लेकिन व्यंग्य को आज भी स्थापित आलोचकों से अपेक्षित स्वीकृति नहीं मिली है। इस सम्बन्ध में आपकी क्या धारणा है?

ह. प. : इस प्रश्न के दो हिस्से हैं। एक तो यह कि भारतीय भाषाओं में व्यंग्य बहुत कम है। मराठी में विनोद बहुत है, पर व्यंग्य बहुत कम है। मेरी रचनाओं का अनुवाद, मेरे अनुवादक ने जब प्रकाशकों को दिया तो वे भौचक रह गए। कहा कि यह क्या है, ये कोई साहित्य है क्या, विनोद है क्या?

बांग्ला में परशुराम ने जो लिखा है, उसमें विनोद अधिक है, व्यंग्य कम। उर्दू में व्यंग्य कॉफी लिखा गया है, पर उसमें फूहड़पन और रूमान अधिक है।

मुश्किल यह है कि आलोचक मुख्यत: अध्यापक हैं। अध्यापक शास्त्रीय होते हैं। उन्हें इस तरह का लेखन शास्त्रों में कहीं नहीं मिला। अब शास्त्र-विरोधी काम वे कर नहीं सकते। कहते हैं, इसमें कोढ़ हो जाता है। कुल मिलाकर मामला यह है कि किसी ने कष्ट ही नहीं किया, इस नये प्रकार के लेखन को समझने का। आम हिन्दी आलोचक में मानसिक आलस्य बहुत होता है। नई चीज को समझने के लिए आलस्य त्यागना पड़ता है। यह मानसिक मेहनत बहुत साल तक नहीं की आलोचकों ने। व्यंग्य पर लिखा उन लोगों ने जो पेशेवर आलोचक नहीं हैं। पर अब स्थिति बदल गई है।

प्रतिष्ठित आलोचकों ने व्यंग्य को मान्यता दी है, जैसे डॉ. नामवर सिंह, डॉ. विश्वनाथ त्रिपाठी, परमानन्द श्रीवास्तव इत्यादि। मेरे ही व्यंग्य के ऊपर लगभग पाँच-छह हजार पृष्ठ अभी तक छप चुके होंगे और ये प्रतिष्ठित आलोचकों के लिखे हुए हैं।

डॉ. रा. मि. : दृश्य माध्यम ने साहित्य की विभिन्न विधाओं की स्वतंत्र सार्थकता को प्रभावित किया है?

ह. प. : दृश्य माध्यम में विशेषता यह है कि वह सामने दिखता है और सहज ही ग्रहण हो जाता है। पढ़ने में और समझने में परिश्रम लगता है। दूसरी बात, दृश्य माध्यम लोक रुचि को ही सन्तुष्ट करते हैं। इस कारण साहित्य के पाठकों की संख्या लगातार घट रही है। तीसरी बात यह है कि जो समय लोगों के पढ़ने का होता है, वही इन दृश्य माध्यमों का होता है, जो अधिक आकर्षक हैं। इसलिए पाठक किताब छोड़ रहे हैं। आगे चलकर लिखित साहित्य को संकट का सामना करना होगा।

दृश्य माध्यमों का असर रचनात्मकता पर बुरा पड़ रहा है। इससे सुरुचि पर भी बुरा प्रभाव पड़ता है। गम्भीर अध्येताओं की बात अलग है पर सामान्य पाठक घटता जाता है और दृश्य माध्यम से चिपका रहता है। विदेशी दृश्य माध्यम भी आ गए हैं। इनके द्वारा एक पतनशील सभ्यता, घटिया जीवन-पद्धति, मूल्यहीनता और कुरुचिपूर्णता का प्रचार हो रहा है। ये हमारी विशिष्ट संस्कृति पर भी आघात करते हैं और उसे विकृत करते हैं, यह एक सांस्कृतिक हमला है।

डॉ. रा. मि. : अंग्रेजी साहित्यकार बर्नार्ड शॉ ने नाटक के माध्यम से समाज पर व्यंग्य की सार्थकता और प्रहारशक्ति सिद्ध की है। भारतीय भाषाओं में और विशेष कर हिन्दी में ऐसा प्रयोग क्यों नहीं हो पाया?

ह. प. : बर्नार्ड शॉ ने लिखा है कि मैं अपनी भूमिकाओं के लिए नाटक रचता हूँ। यानी बर्नार्ड शॉ अपने विचार के प्रचार के लिए नाटक का ताना-बाना बुनते थे। यथार्थ को लेकर उसका नाटक लिखकर उसमें से विचार पैदा नहीं करते थे। इसलिए बर्नार्ड शॉ में लम्बे-लम्बे संवाद, दार्शनिक बहस, बौद्धिक चमत्कार आदि होते हैं। क्योंकि नाटक उसको छोड़कर मंचित करने के योग्य नहीं होते। हमारे यहाँ यशपाल ने भी लिखा है कि नई बहुत-सी रचनाएँ ऐसी हैं जिनमें मैंने विचार के लिए घटना का ताना-बाना बुना है।

मैं नहीं समझता कि किसी ने विचार के प्रचार के लिए लिखा हो—सिवाय उन वामपंथियों के, जो साहित्य को हथियार मानते हैं। पर यह लेखन अच्छा नहीं है।

जयशंकर 'प्रसाद' ने जरूर विचारों के लिए 'कामायनी' की रचना की है। बर्नार्ड शॉ को मरे 40 साल हुए हैं, पर उनके नाटकों को कोई नहीं पूछता; जबकि शेक्सपियर को 500 साल हो गए पर उनके नाटक खेले जाते हैं, उन पर नये-नये प्रयोग हो रहे हैं। कारण यह है कि संवेदना, गहरी भावना के बिना बौद्धिक चमत्कार की कृति चलती नहीं है।

डॉ. रा. मि. : अन्तरराष्ट्रीय मंच पर अपनी पहचान बनाने के लिए अभी हिन्दी की विभिन्न विधाओं को और कितना रचनात्मक दृष्टि से संघर्षरत रहना होगा या इस विचार को केवल फैंटेसी माना जाए?

ह. प. : अन्तरराष्ट्रीय मंच पर पहुँचने के लिए विदेशी भाषाओं में अनुवाद होना चाहिए, खास कर फ्रेंच और अंग्रेजी में। शरत्‌चन्द्र का अनुवाद फ्रेंच में हुआ है और आलोचकों ने कहा है कि इन्हें नोबल प्राइज मिल जाना चाहिए था। तकषी शिवशंकर पिल्लै के कथा साहित्य का अंग्रेजी में अनुवाद हुआ है, प्रेमचन्द के 'गोदान' का भी हुआ है। हिन्दी या कोई और भारतीय भाषा, अन्तरराष्ट्रीय पाठक के लिए नहीं है। मेरा खयाल है, अनुवाद-कार्य बहुत होना चाहिए। भारतीय

भाषाओं के साहित्य का स्तर, यूरोपीय या अमेरिकी भाषाओं के साहित्य से कम नहीं है। जरूरत है अन्तरराष्ट्रीय भाषाओं के माध्यम से उस साहित्य को दुनिया में भेजने की। नोबल पुरस्कार सिर्फ रवीन्द्रनाथ को मिला है, जबकि कम-से-कम आधा दर्जन लेखक हैं, जिन्हें मिलना चाहिए। पेंग्विन बुक्स ने भारत में ही प्रकाशन का कार्य आरम्भ किया है, कॉफी साल हो गए। इसके द्वारा हमारे साहित्य के बाहर जाने की सम्भावनाएँ हैं।

डॉ. रा. मि. : महानगरीय जीवन छोटे शहरों की अपेक्षा अधिक कुंठाग्रस्त, बेचैन और अव्यवस्थित है। सतही सम्पर्क और व्यावहारिक सम्बन्ध मात्र है। क्या वहाँ का जीवन आपके लेखन को कोई बड़ा आधार अथवा आपके लेखन की रूपविधा को कोई बड़ा फलक दे सकता था?

ह. प. : मेरे दिल्ली में बसने की बात कई बार उठी, पर मैं वहाँ नहीं बसा। जो लोग उत्तर प्रदेश के गाँवों से दिल्ली गए हैं, वे दिल्ली के जीवन पर नहीं लिखते बल्कि अपने ग्राम-जीवन की स्मृतियाँ लिखते हैं। इस पर रचना करना और अधिक कठिन है। दूसरा खतरा यह है कि महानगर की दौड़-धूप में आपसी स्पर्धा, कैरियरवाद और समय की कमी के कारण उतने इतमीनान से लेखन नहीं हो सकता है, जैसा किसी छोटे शहर में रहकर हो सकता है। यह मेरा निजी खयाल है। महानगर का जीवन बहुत कुछ सतही होता है, लेखक उसी को पकड़ लेता है। फिर महानगर के प्रलोभन इतने हैं कि कोई भी लेखक पथभ्रष्ट हो जाता है। महानगर में स्पंदनहीन सतही लेखन अधिक होता है। कुछ गाँवों से गए हुए लेखक तो वहाँ दो-तीन साल तक बौखलाए रहते हैं, और कुछ लिख नहीं पाते। फिर महानगर का आतंक उन्हें दबाए रहता है। छोटे शहर या कस्बे का लेखक दिल्ली में बसकर लिखे तो उसे बहुत सफलता नहीं मिलती। वह फॉर्मूले लिखेगा।

डॉ. रा. मि. : 'रानी नागफनी की कहानी' को दूरदर्शन पर प्रदर्शित किया गया था। उसकी प्रस्तुति ने क्या उपन्यास में निहित व्यंग्य की प्रभावशीलता के साथ न्याय किया था?

ह. प. : 'रानी नागफनी की कहानी' का सीरियल बहुत खराब था। बात यह है कि न प्रोड्यूसर और न ही डायरेक्टर उस व्यंग्य को समझ पाए थे। नागफनी की कहानी लड़के-लड़की के प्रेम की कहानी नहीं है। इसमें जीवन के विभिन्न क्षेत्रों की विसंगतियों पर व्यंग्य है। पर दुर्भाग्य यह है कि प्रोड्यूसर, डायरेक्टर और यहाँ तक कि स्क्रिप्ट राइटर जो कि एक हिन्दी के प्रोफेसर हैं, कोई भी उस व्यंग्य को नहीं समझा। मैंने तो तीसरे एपिसोड के बाद उसे देखा ही नहीं।

अनेक नाट्य-संस्थाएँ इसका नाटक बहुत अच्छा खेलती हैं, क्योंकि वे लोग उसके व्यंग्य को समझते हैं।

डॉ. रा. मि. : आपकी कृतियों में अर्थ सांकेतिकता, विषयवस्तु की व्यापकता, यथार्थ की विविधता और शैली की कलात्मकता सम्यक् रूप से व्यंजित हैं। आप यथार्थ के जलते-सुलगते कथ्य को, शिल्प और शैली की कलात्मकता कैसे दे पाते हैं? ये विरोधाभास क्या कभी आपकी रचना-प्रक्रिया को बाधित नहीं करते?

ह. प. : इसमें विरोधाभास नहीं है। असल में यह भ्रम कट्टरपंथी वामपंथियों का पैदा किया हुआ है कि कथ्य ही महत्त्वपूर्ण है, शैली पर ध्यान देना कथ्य को कमजोर करना है। मैंने इसे कभी नहीं माना। शब्द व शिल्पशैली के प्रति मैं इतना सावधान रहा हूँ कि रूपवादी कहला सकता हूँ। सीधी-सी बात है, खूबसूरत बात को आप भद्दे ढंग से क्यों कहना चाहते हैं? क्या इससे क्रान्ति होती है? अच्छी चीज को अच्छे ढंग से ही कहना चाहिए। कुम्हार घड़े पर रेखाओं से सजावट कर देता है। इससे घड़े का घड़ापन कम नहीं होता, बढ़ता है। मैंने कभी भी शब्द शैली रूप की अवहेलना नहीं की। एक-एक शब्द मैंने सावधानी से छाँट-छाँटकर रखा है। मेरी रचनाओं की व्यंजकता के आकर्षक होने का एक बड़ा कारण यह है।

डॉ. रा. मि. : आप अपने पात्रों को वैश्विक धरातल कैसे प्रदान करते हैं? आपके जाने-पहचाने पात्र भी सार्वजनिक और विश्व-पात्र हो जाते हैं, अपनी निजता खोकर। कृति की रचना के समय यह कैसे सम्भव हो पाता है?

ह. प. : पात्र तो मैं यथार्थ से ही लेता हूँ, कुछ कल्पना से भी गढ़ता हूँ। मैं मानता हूँ कि कुछ भावनाएँ, प्रवृत्तियाँ, प्रतिक्रियाएँ, इच्छाएँ सार्वजनिक होती हैं। वे दुनिया-भर के मनुष्य में होती हैं।

मैं मध्य प्रदेश के साधारण आदमी के बारे में लिखता हूँ। पर उसकी प्रवृत्ति दुनिया के दूसरे मनुष्यों में भी हो सकती है। व्यवस्थाओं में भी दुनिया-भर में कुछ चीजें एक सी हो सकती हैं। मेरी दो कहानियों—'भोलाराम का जीव' और 'इंस्पेक्टर मातादीन चाँद पर'—का अनुवाद अंग्रेजी में ब्रिटेन, कनाडा और अमेरिका में पत्रिकाओं में छपा। 'भोलाराम का जीव' पेंशन बहुत देर से मिलने के बारे में है, 'इंस्पेक्टर मातादीन चाँद पर' में पुलिस का चरित्र है। इन दोनों कहानियों को क्यों पसन्द किया गया, शायद इसलिए कि दुनिया-भर में पेंशनरों की हालत एक-सी है और दुनिया-भर की पुलिस भारत जैसी ही है। व्यक्ति और व्यवस्थाएँ कई अर्थों में एक-सी होती हैं। इसलिए मेरी रचनाएँ विदेशियों को अपने ही देश की लगती हैं।

डॉ. रा. मि. : आप नवीनतम साहित्य पढ़ते रहते हैं। आजकल हिन्दी में लघु पत्रिकाओं के प्रकाशन का आन्दोलन-सा चल रहा है। क्या लघु पत्रिकाओं में प्रकाशित रचनाएँ साहित्यिक दृष्टि से स्तरीय होती हैं या केवल सम्बन्धों का पर्याय?

ह. प. : मेरी दृष्टि से अच्छा साहित्य लघु पत्रिकाओं में ही प्रकाशित हो रहा है। व्यावसायिक पत्रिकाओं में साहित्य नहीं के बराबर है। लघु पत्रिकाओं में अच्छा और गम्भीर साहित्य प्रकाशित होता है। यह अलग बात है कि सम्बन्धों के कारण कुछ घटिया भी छप जाए। पर लघु पत्रिकाओं का पाठक वर्ग बहुत-सीमित होता है। बड़ी कठिनाई से ये पत्रिकाएँ छोटी संख्या में छपती हैं और हाथों-हाथ वितरित होती हैं। इन पत्रिकाओं का सम्मेलन पिछले दिनों कलकत्ता में हुआ था। यह अच्छी बात है कि ये एक संगठन बनाकर इसे एक आन्दोलन का रूप दे रहे हैं। मेरा विश्वास है कि श्रेष्ठ और वास्तविक साहित्य की रचना और कथा के लिए लघु पत्रिका ही एकमात्र माध्यम बचा है। इन्हें प्रसार-संख्या बढ़ाना चाहिए।

डॉ. रा. मि. : आज देश और देशान्तर के जनतंत्र ठिठुरे हुए लग रहे हैं। राष्ट्रीयता के प्रति विकलांग श्रद्धा का दौर-सा चल रहा है। ऐसे में एक सृजनशील रचनाकार का क्या दायित्व होना चाहिए?

ह. प. : हमारे देश की हालत ही बहुत खराब है और अन्तरराष्ट्रीय स्थिति भी अच्छी नहीं है। सोवियत संघ के टूटने के बाद अमेरिका ने लगभग पूरी दुनिया पर कब्जा करने की कोशिश की जिसे 'न्यू वर्ल्ड ऑर्डर' कहते हैं। तीसरी दुनिया के देशों को इस नये उपनिवेशवाद से अपनी रक्षा करनी है।

इसके लिए चीन, भारत जैसे महादेशों को अपने मतभेद दूर करके मित्रता कर लेनी चाहिए। एक संयुक्त शक्ति, छोटे और कमजोर देशों की बननी चाहिए जो अमेरिकी साम्राज्यवाद को रोक सके। हमारे देश की हालत बहुत खराब है। गणतंत्र को खतरे पैदा हो गए हैं। हमने अभी देखा कि धार्मिक उन्माद पैदा करके एक राजनीतिक दल ने संविधान, संसद और उच्चतम न्यायालय, सबकी अवमानना कर दी।

धर्म आधारित साम्प्रदायिक राजनीति से गणतंत्र और लोकतांत्रिक मूल्यों को सबसे बड़ा खतरा आज है। एक तर्कहीन उन्माद है जिसका उपयोग सत्ता-प्राप्ति के लिए किया जा रहा है। हमारे गणतंत्र के और संविधान के आधार नष्ट किये जा रहे हैं। राष्ट्रीयता के रूप को विकृत किया जा रहा है। आदमी, आदमी से बँट गया है। समूह बँट गए हैं, शहर के मुहल्ले बँट गए हैं। और देश की हवा में नफरत का जहर है। इसमें लेखक का कर्तव्य यही है कि वह सही लोक-शिक्षण करके इन शक्तियों का प्रभाव मिटाए।

[समय चेतना : सितम्बर, 1995]

हमने अपने पिता का नंगापन नहीं देखा

प्रेम जनमेजय, हरिमोहन, मोहन श्रीवास्तव, श्याम कश्यप की बातचीत

प्रेम जनमेजय : मेरा विचार है कि आपने अपना लेखन आरम्भ किया था कहानियों से। 'सदाचार का ताबीज' में रचनाओं का शीर्षक 'व्यंग्य कथाएँ' दिया गया और इसके पश्चात् जो आपके संग्रह आए, उनमें रचनाओं को 'व्यंग्य' शीर्षक दिया गया है। इसे आप क्या मानते हैं—अपनी विधा की दृष्टि से अपने लेखन में परिवर्तन अथवा...?

हरिशंकर परसाई : नहीं, बात असल में यह है, जैसे कहानी, कविता, उपन्यास या नाटक शास्त्रीय विधाएँ हैं, उनका एक स्ट्रक्चर है। व्यंग्य का ऐसा कोई स्ट्रक्चर नहीं है। इसलिए व्यंग्य शास्त्रीय अर्थों में, विश्वविद्यालयी मायनों में विधा नहीं है। यह एक स्प्रिट है जो किसी भी विधा में हो सकती है। व्यंग्य का मैंने एक बहुत शक्तिवान स्प्रिट के रूप में प्रयोग किया है, वह मेरे निबन्धों में भी हो सकती है, कहानियों में भी।

हरिमोहन : आपके मत में क्या है, अब प्रश्न उठने लगा है कि व्यंग्य एक विधा है अथवा शैली?

ह. प. : इसके लिए आपको साहित्य के शास्त्रीय मानदंड बदलने होंगे। वरना क्या है कि विश्वविद्यालयों में कहानी के पाँच तत्त्व पढ़ाते हैं। अब कोई कहानी लिखे या नाटक उसमें व्यंग्य न हो, ऐसा बंधन तो डाल नहीं सकते। शेक्सपियर के नाटकों में व्यंग्य है। संस्कृत नाटकों में विदूषक हुआ करते थे। रसों में हास्य रस को भी स्वीकार किया गया। बहुत-से लोग रस की रोटी खाते हैं, खा रहे हैं। मेरा विचार है कि व्यंग्य की स्प्रिट की अवहेलना नहीं की जानी चाहिए। लेकिन अब यह आलोचकों का कर्तव्य हो जाता है कि रचनाओं के आधार पर देखें कि व्यंग्य में क्या-क्या तत्त्व हैं। हमें इसकी चिन्ता नहीं करनी चाहिए। इसका निर्णय पेशेवर आलोचक और हिन्दी के विभागाध्यक्ष करें तो अच्छा है।

प्रे. ज. : इसी सन्दर्भ में प्रश्न पूछना चाहूँगा। यदि कोई उपन्यास लिखता है तो उसे उपन्यासकार कहा जाता है, इसी तरह कहानीकार, नाटककार कहे जाते हैं। आप व्यंग्य लिखते हैं, आपको व्यंग्यकार कहते हैं। कहीं न कहीं तो भिन्नता है। मान लीजिए, मैं शोध करता हूँ और स्वातंत्र्योत्तर व्यंग्य साहित्य मेरा विषय है। अब शोध ग्रंथ में क्या केवल उन्हीं की चर्चा की जाएगी जिन्होंने शुद्ध रूप से व्यंग्य लिखे हैं अथवा उनकी भी जिन्होंने छुटपुट अपनी रचनाओं में व्यंग्य के छींटे दिये हैं?

ह. प. : इसके लिए आपको रचना का मूल स्वर क्या है, यह तलाशना होगा। मेरी रचनाओं का मूल स्वर व्यंग्य है इसलिए व्यंग्यकार कहलाता हूँ। और लेखक कहानी, उपन्यास में व्यंग्य को मूल स्वर के रूप में प्रयुक्त नहीं करते हैं। बात मूल स्वर की है। आप जब शोध करेंगे तो उनकी उपेक्षा नहीं कर सकते। आपको यह सिद्ध करना होगा कि उन रचनाकारों की रचनाओं का मूल स्वर व्यंग्य नहीं है परन्तु उन्होंने व्यंग्य का प्रयोग किया है। व्यंग्य आज के युग की माँग है इसलिए वह हर जगह है। वह युग की विसंगतियों, अनुपातहीनता को उद्घाटित करने का अच्छा साहित्यिक माध्यम है। इसलिए जो गम्भीर रूप से लिखते हैं, वे व्यंग्य का प्रयोग करते हैं।

ह. मो. : जिस रूप में हमारे समाज में विसंगतियाँ हैं, उतने अनुपात में हमारे यहाँ व्यंग्य-साहित्य लिखा नहीं जा रहा है। उसका कारण क्या है?

ह. प. : इसका कारण व्यंग्यकार की मूल चेतना है। देखना यह है कि रचना में यह मूल चेतना कितनी गहरी है। दूसरी बात यह कि अपने युग के यथार्थ को तलाशने और उसके सही निष्कर्षों तक पहुँचने के लिए एक विचार-पद्धति की आवश्यकता होती है। एक घटना अथवा अनुभव के कई अर्थ हो सकते हैं। उदाहरण दूँ : मिल-मजदूरों के बोनस की माँग में जुलूस निकला। फायरिंग हुई। पाँच मजदूर मर गए। अब इस घटना के अलग-अलग मतलब हो सकते हैं। मिल-मालिकों के लिए यह कि मजदूर बहुत सर चढ़ गए हैं। पुलिस के लिए आए-दिन दंगा होता रहता है। मजदूरों की दृष्टि में यह कि जब माँगते हैं तो मारे जाते हैं। मजदूर नेता के लिए यह कि आखिर यह जुल्म कब तक चलेगा। एक आदमी जो अखबार पढ़ता है, उसकी प्रतिक्रिया होगी कि मौत कहाँ ले जाती है। तो जब तक आपके पास कोई विचार-पद्धित नहीं होगी, आप अनुभव को सार्वजनिक स्तर तक तो ले जाएँगे, उसमें शक्ति नहीं आएगी। इसलिए मैं कहता हूँ कि अपने अनुभवों के निष्कर्ष निकालने के लिए एक विचार-पद्धति की आवश्यकता होती है।

प्रे. ज. : आज यह माना जाने लगा है कि व्यंग्य-लेखन का अभिप्राय यह है कि वह राजनीति की आलोचना करे। इसका कारण सम्भवत: यह है कि हिन्दी में

जब व्यंग्य की शुरुआत या उसकी दृढ़ता की बात की जाती है तो आपकी चर्चा होती है, क्योंकि आपने राजनीतिक व्यंग्य-लेखन खूब किया है। तो क्या जीवन में पारिवारिक, धार्मिक, सामाजिक ऐसी समस्याएँ नहीं हैं जिनको विशिष्ट मानकर व्यंग्य-लेखन किया जाए?

ह. प. : राजनीतिक लेखन मैंने बहुत किया है और कर भी रहा हूँ। मेरी मान्यता यह है कि राजनीति मनुष्य की नियति को तय करती है। इसलिए कोई लेखक अराजनीतिक होने का दावा नहीं कर सकता है और जो करता है, वह ज्यादा खतरनाक है। तटस्थता की स्थिति कभी नहीं रही। तुलसीदास में भी राजनीतिक चेतना थी। वह लिखते हैं : 'को न राजपद पाय नसाहीं'। वैसे आपका कहना सही है कि सामाजिक जीवन, पारिवारिक जीवन, स्त्री-पुरुष के सम्बन्ध, मनुष्य-मनुष्य के सम्बन्ध जैसे विषयों पर लिखा जाना आवश्यक है और मैंने लिखा भी है। परन्तु हमारे यहाँ जो सामाजिक द्वंद्व की स्थिति है, उसमें तटस्थता की जो नीति है, वह खतरनाक है। आपके उस तरफ जो है, उसे तो आप देख सकते हैं। परन्तु जो कहीं नहीं है, पता नहीं क्या करेगा। किन्तु राजनीतिक लेखन को व्यंग्य की कसौटी नहीं मानना चाहिए।

प्रे. ज. : व्यंग्य के शास्त्रीय-पक्ष पर एक प्रश्न करना चाहूँगा। व्यंग्य के लिए आक्रोश की आवश्यकता होती है। आप क्या मानते हैं कि व्यंग्यकार इस आक्रोश को निर्वैयक्तिक होकर रचना में व्यक्त करता है, क्योंकि व्यंग्य व्यक्तिगत होने का खतरा अधिक होता है?

ह. प. : किसी भी अनुभव को व्यक्तिगत रूप से हम टाल नहीं सकते हैं, परन्तु लेखक जो अनुभव करता है, उसे व्यापक बनाता है। दूसरी बात यह कि व्यंग्यकार के अन्दर मैल नहीं होना चाहिए। उसको अपने अनुभव का बौद्धिक रूप से विश्लेषण करना चाहिए कि जो मेरे साथ घटा है उसका अर्थ क्या है, उसके कारण क्या हैं। मैं भी अगर कोई घटना देखता या सुनता हूँ तो व्यक्तिगत रूप से मुझे क्रोध आता है परन्तु जब लिखता हूँ तो उस राग-द्वेष से मुक्त हो जाता हूँ। अक्सर प्रयत्न करता हूँ कि नाम न आएँ, क्योंकि वह समस्या अब व्यापक हो गई है।

प्रे. ज. : 'सदाचार का ताबीज' में आपने लिखा है कि हिन्दी में व्यंग्य को, विशेष कर हिन्दी कविता में व्यंग्य को, हल्का करने में उर्दू की हास्य-परम्परा दोषी है। क्या आप हास्य को व्यंग्य से अलग करते हैं?

ह. प. : हाँ, मैं हास्य को व्यंग्य से अलग करता हूँ। सामान्य हँसी कोई बुरी चीज नहीं है। एक मोटे शरीर को देखकर हँसी आ सकती है। परन्तु हँसी क्रूर भी होती है। दीवाली पर उत्तर प्रदेश में कुत्ते की पूँछ पर पटाखे की लड़ी बाँध देते हैं। कुत्ता तो मृत्यु-भय से चीखता-चिल्लाता है परन्तु लोग हँसते हैं। यह भी हास्य-रस

हो गया। हँसना अच्छी चीज है। जिस क्षण आदमी हँसता है, उसके मन में मैल नहीं होता। लेकिन उर्दू वालों ने एक गहरी सामाजिक चेतना को, लोगों को व्यर्थ हँसा-हँसाकर, भोथरा कर दिया है। उदाहरण के लिए आपने नारी को ज्ञान-विज्ञान आदि से दूर रखकर उसका शोषण किया, अब आप अबला का मजाक उड़ाते हैं। साले-सालियों को हँसी का माध्यम बनाते हैं। अब हर आदमी किसी न किसी का साला होता है, अगर उसने अपनी बहन को घर नहीं बैठा लिया है। इन लोगों ने नारी का शोषण जारी रखने में सहायता दी है। जीवन में इतनी व्यापक विसंगतियाँ हैं, उसके लिए लोगों में चेतना भरे। ऐसे हास्य में गहरा सामाजिक अर्थ होता है—मैं नहीं मानता और यह किया है उर्दू सम्मेलनी कवियों ने। कोई नाना है, कोई चोंच हैं, कोई कौवा है, कोई तोता है। यह हास्य नहीं, हास्यास्पद रस है। इसने व्यंग्य की शक्ति को भोथरा किया है। ऐसा साहित्य गलत भी हँसाता है। टैक्स लगा दिया तो यह हँसने की बात नहीं है, परन्तु यह काका-काकी हँस रहे हैं। एक कवि हैं जिनकी कविता में अगर कुत्ता आ जाए तो भौंक के बताते हैं। परन्तु मैं अब देख रहा हूँ, लोगों में चेतना आ रही है। ये लोग जानते नहीं हैं।

प्रे. ज. : परसाई जी, क्या आप मानते हैं कि परिस्थितियाँ व्यंग्य को रोक देती हैं, विशेष कर राजनीतिक व्यंग्य को?

ह. प. : आप सीधे-सीधे आज की बात कीजिए। वर्तमान परिस्थिति का मैं व्यक्तिगत रूप से समर्थन करता हूँ। कुछ बन्दिशें हैं परन्तु व्यापक रूप से सोचिए तो साफ लगेगा कि एक व्यक्ति के पीछे साठ करोड़ जनता का जीवन कैसे बरबाद किया जा सकता था। इसलिए मैं वेलकम करता हूँ। राजनीतिक लेखन मैं अब भी करता हूँ लेकिन इस सन्दर्भ में एक प्रश्न करता हूँ कि हम जब थे आजाद, तब इन लोगों ने कौन-सा शेर मार लिया! मैं तो शिकायत नहीं करता।

प्रे. ज. : व्यंग्य-लेखन की इतनी लम्बी यात्रा में आपने मात्र एक व्यंग्य उपन्यास लिखा है : 'रानी नागफनी की कहानी'। हिन्दी में व्यंग्य उपन्यासों की रचना बहुत कम हो रही है। आज भी हम 'राग दरबारी' जैसे उपन्यास की खोज में हैं। इस कमी का कारण क्या है? क्या व्यंग्य की प्रवृत्ति ही ऐसी है? उसे उपन्यास का मूल स्वर बनाना कठिन है अथवा और कोई कारण है?

ह. प. : सम्पूर्ण व्यंग्य उपन्यास लिखना सरल काम नहीं है। दूसरी बात हर विधा हर लेखक को अनुकूल नहीं बैठती। परम्परागत रूप में जिसे उपन्यास कहते हैं, वह मैं नहीं लिख सकता। वैसे मैंने एक लघु उपन्यास लिखा है, जो शीघ्र ही प्रकाशित होगा। दूसरा लिखने की सोच रहा हूँ। 'रानी नागफनी की कहानी' एक फैंटेसी है। मेरा सोचना ही फैंटेसी में होता है। यह मेरी कमजोरी है।

प्रे. ज. : परन्तु 'एक लड़की, पाँच दीवाने' पढ़ते हुए मुझे लगा कि वह फैंटेसी नहीं है और वह उपन्यास का स्वरूप लिये हुए है।

ह. प. : यह एक लम्बी कहानी है। उस पर उपन्यास बन सकता था। अब जो लिखा है, वह भी फैंटेसी नहीं है। परन्तु जो सोच रहा हूँ—'फरिश्ते की डायरी', यह फैंटेसी होगी।

प्रे. ज. : शिल्प पर बात शुरू हुई है तो एक प्रश्न पूछना चाहूँगा कि आपने व्यंग्य के साथ-साथ फैंटेसी का भी प्रयोग किया है। कुछ व्यंग्यकारों ने एब्सर्डिटी का प्रयोग किया है। परन्तु हिन्दी व्यंग्य में विषय की दृष्टि से जितनी विविधता है, उतनी शिल्प की दृष्टि से नहीं। क्या आप व्यंग्य के शिल्प में कुछ और सम्भावनाएँ देखते हैं?

ह. प. : हाँ, है। 'राग दरबारी' में ही देखिए। शिल्प का विविध रूपों में प्रयोग किया गया है। अब जरूरी नहीं है कि फैंटेसी में ही व्यंग्य लिखा जाए। चेखव के व्यंग्य मुझे बहुत बढ़िया लगते हैं...।

प्रे. ज. : माफ कीजिएगा, सन्दर्भ उठा है तो पूछना चाहूँगा कि पाश्चात्य साहित्य में से किन-किन लेखकों के लेखन ने आपको प्रभावित किया है? किन-किन को आपने पसन्द किया है?

ह. प. : मुझे चेखव बहुत पसन्द हैं। उसका कारण है। वस्तुतः व्यंग्य मूलतः बड़ी गहरी मान्यता से पैदा होता है। वे लोग गलत कहते हैं कि व्यंग्यकार क्रूर होता है। अगर मैं मनुष्य के भविष्य के बारे में चिन्तित नहीं हूँ तो गलत होगा। चेखव के व्यंग्य में मानव के प्रति एक करुणा की अन्तर्धारा होती है। उसकी एक बहुत प्रसिद्ध कहानी है : 'एक क्लर्क की मौत'। आप शुरू से हँसते जाएँगे परन्तु अन्त में आपको लगेगा कि नौकरशाही कितनी निर्मम होती है। मुझे चेखव की यह बात पसन्द है। चार्ल्स डिकेंस पसन्द हैं। स्टीफेंस लीकॉक पसन्द हैं।

प्रे. ज. : हिन्दी व्यंग्य पर फिर लौटें। क्या आपको लगता है कि हिन्दी में व्यंग्य की सम्भावनाएँ हैं? क्योंकि हिन्दी में हास्य-व्यंग्य के नाम पर आज गिनती तीन-चार लोगों के नामों पर आकर रुक जाती है। और शेष व्यंग्य जो लिखा जा रहा है, कहा जाता है कि इन्हीं लोगों के ढर्रे पर लिखा जा रहा है। क्या इसका कारण विषयों का दोहराव है? नई पीढ़ी के पास विषय नहीं है?

ह. प. : सम्भावनाएँ मुझे नजर आती हैं परन्तु नाम मैं नहीं लूँगा। छूट जाएँगे तो गड़बड़ होगी। वैसे सारे अनुभव हमने तो लिख न डाले। समाज गतिशील है, जीवन रोज बदलता है। नये सन्दर्भ हैं, उन्हें नये लोग पकड़ें। मैंने जब लिखना शुरू किया

था, अगर मैंने औरों की नकल की होती तो मैं यहाँ नहीं होता। खामख्वाह नकल न करें। हमने कई चीजें नहीं देखी हैं। हमने अपने बाप का नंगापन नहीं देखा, हमारे संस्कार ऐसे थे। नई पीढ़ी ने सब देखा है। नये लेखक अपनी भाषा को नया रूप दें। हम लोग भी नकल करते तो शौकत थानवी, इस्मत बेग चुगताई जैसा लिखते। नये लोगों में सम्भावनाएँ तो नज़र आती हैं। आपने जो व्यंग्य संकलन 'व्यंग्य एक और एक' दिया था, मैंने उसे पढ़ा। नये लेखक हैं। सम्भावनाएँ हैं। परन्तु अभी नये अनुभव और तलाश करने होंगे। आपको सड़क पर खड़े होना ही पड़ेगा, जुलूस में जाना ही होगा और इस तरह आपके अनुभव बढ़ेंगे। आपकी चेतना पर प्रभाव पड़ेगा। फिर देखना है कि आप उस अनुभव को ट्रीटमेंट कैसे देते हैं।

ह. मो. : मुझे लगता है कि एक-आध व्यंग्यकार को छोड़कर, मूल संवेदना को छूने की जो शक्ति होनी चाहिए, आयरनी होनी चाहिए, वह हमारे हिन्दी के व्यंग्य-लेखकों में नहीं है। कुछ लेखक ऊपर ही ऊपर से निकल जाते हैं और पाठक के दिल को (दिल को नहीं, दिमाग को—परसाई)...जी हाँ, वही छू नहीं पाते। कारण क्या है?

ह. प. : इसका कारण यह हो सकता है कि जो आपका निजी अनुभव है, वह व्यापक न हो। यदि आप अपने अनुभव में विश्वसनीयता नहीं ला सकते तो जिसे आपने दिल कहा है, उससे ऊपर से निकल ही जाएगा।

प्रे. ज. : प्रगतिशील साहित्य में अन्याय का विरोध और जनवादी भाषा की जो माँग होती है, वह व्यंग्य की भी मूल चेतना है। फिर भी कुछ ऐसी ही रचनाएँ लिखी जाती हैं जो प्रतिक्रियावाद...।

ह. प. : देखिए, आप प्रयोग कर रहे हैं टेक्निकल शब्दों का। आज दुनिया-भर के नारे हैं—आम आदमी की तलाश, सामान्य आदमी की तलाश, मानवीयता, अतिमानवीयता। कोई यह साहस नहीं कर सकता कि वह बहुजन के खिलाफ बोल सके, परन्तु तरीका ऐसा अख्तियार किया जाता है कि लगता है, जैसे जनवादी साहित्य का होना ही जन-विरोधी है। यह हो रहा है। यह एक तरकीब है। मेरा विचार है कि लोग इस बारे में सचेत भी हैं। वह भी सही है कि बीस साल पहले के एक प्रगतिशील साहित्य के जो मुहावरे भाषा थे, वह ट्रीटमेंट अब नहीं रह गया है। यह अब जरूरी नहीं है कि प्रेमिका जब अपने प्रेमी को भेंट करे तो लाल रूमाल ही भेंट करे, हरा भी हो सकता है। मानदंड बदल रहे हैं। लेकिन मूल रूप से उसका स्वर वामपंथी है और मार्क्सवादी सौन्दर्यशास्त्र को माननेवाला है।

मो. श्री. : व्यंग्य सामाजिक विसंगतियों को उभारता है परन्तु कई बार जो व्यंग्य लिखा जाता है, वह व्यंग्य न होते हुए भी भाषा की दृष्टि से व्यंग्य लगता है। और

आपने बताया कि जब तक व्यंग्य में कोई सामाजिक दृष्टि न होगी, व्यंग्य न होगा। तो क्या बिना भाषा को तोड़े-मरोड़े कथा के आधार पर भी व्यंग्य लिखा जा सकता है?

ह. प. : देखिए, मैं कथ्य और फार्म में कोई विरोध नहीं मानता हूँ। मेरा यह कहना है कि मूल रूप से कथ्य महत्त्वपूर्ण है। कथ्य अपना फार्म खुद ढूँढ़ लेती है। मैंने देखा कि यह चीज कहानी में नहीं आ सकती और निबन्ध इसके लिए अधिक स्वतंत्रता देता है इसलिए व्यंग्य-निबन्ध लिखे। अतः फार्म के लिए कथ्य आपको प्रेरित करता है।

मो. श्री. : व्यंग्य के बारे में कहा जाता है कि वह राजनीतिक यथार्थ की आलोचना है। आप क्या मानते हैं?

ह. प. : पॉलिटिकल रियलिज्म की बात कही जाती है। व्यंग्य का प्रयोजन एक चेतना जाग्रत करना है कि जो गलत है, उसे बदलना है। बदलने के लिए साहित्य के अलावा बहुत-सी चीजें हैं। राजनीतिक दल हैं, ट्रेड-यूनियन हैं। परन्तु व्यंग्य उनकी तरफ संकेत तो करेगा ही। व्यंग्य सिर्फ पॉलिटिकल ही नहीं, रचनात्मक भी है।

मो. श्री. : इसका अभिप्राय हुआ, व्यंग्य सम्भावनाओं की ओर संकेत करता है, निश्चित दिशा की ओर संकेत नहीं करता है?

ह. प. : निश्चित दिशा की ओर व्यंग्य संकेत करता ही है। उतना तो कम-से-कम बतलाता ही है कि यह गलत है।

श्या. क. : मेरे विचार से मोहन जी ने जो कहा, उसका अभिप्राय यह है कि व्यंग्य जो आपके साहित्य की सशक्त अन्तर्वस्तु बन गया है इसलिए व्यंग्य पर जोर देकर बातें करें। परन्तु व्यंग्य शब्द को हटाकर पूरे साहित्य पर व्यंग्य के माध्यम से बातचीत नहीं की जा सकती। तो प्रश्न यह उठता है कि साहित्य क्या दिशा दे रहा है? क्योंकि साहित्य और कला जो कि सुपर स्ट्रक्चर की चीजें हैं, वे भूमिका नहीं निभा सकती हैं जो 'इकोनॉमिक बेश' कर सकता है। लेकिन 'सुपर स्ट्रक्चर' आर्थिक आधार के विश्लेषण का चित्र सामने लाता है और एक निश्चित दिशा देता है। कम-से-कम परसाई जी के व्यंग्यों में यह बात है कि अगर उनका विश्लेषण करें, वे ऐसी दिशा देते हैं जैसी एक राजनीतिक नेता अपने भाषण में नहीं दे सकता है। संस्थाओं का अपना महत्त्व है परन्तु व्यंग्य जिस तरह से आदमी की मानसिकता को हाथ पकड़कर ले जाता है, उसे स्वीकार करना होगा।

ह. प. : आप ठीक कहते हैं। मैंने साहित्य में बीस इंटरव्यूज दिये। उस पर अहिंसावादियों ने हिंसा की धमकियाँ दीं कि हम आपको ठीक कर देंगे। और मैं डर के नहीं लिखता हूँ। मैंने नाम लेकर लिखा है।

प्रे. ज. : आपके लेखन से तो लगता है कि कबीर आपको अत्यधिक पसन्द है?

ह. प. : कबीर को मैं बहुत पसन्द करता हूँ। निश्चित रूप से वह बहुत सशक्त व्यंग्यकार हैं। समस्याओं की उनकी पकड़ बहुत तीखी थी। मैं तो कहता हूँ कि उनका वर्ण-संघर्ष नहीं, वर्ग-संघर्ष था। कबीर से पहले मार्क्स तो हुआ नहीं था इसलिए उन्होंने अपनी अन्तश्चेतना और बाह्य चेतना से चीजों को एक्सपोज किया।

मो. श्री. : अच्छा, क्या गालियाँ डाइरेक्ट व्यंग्य में आ सकती हैं?

ह. प. : साहित्य में अश्लीलता, गालियाँ वगैरह वर्जित नहीं हैं, वर्जित जो है, वो है फूहड़पन। लोग जीवन में बहुत सारी ऐसी गलतियाँ करते हैं जिनकी अभिव्यक्ति इतनी बढ़िया है कि उस सौन्दर्य में वह गालियाँ नहीं लगती हैं।

ह. मो. : व्यंग्य-लेखन को लेकर कहा जाता है कि सामयिक होने के कारण वह शाश्वत नहीं बन सकेगा।

ह. प. : मेरे विचार से शाश्वत साहित्य की बात अब नहीं करनी चाहिए। जैसे हम लोगों को रसवाद की बात नहीं करनी चाहिए। सबसे बड़ा रस श्रृंगार रस को कहते हैं, मैं कहता हूँ कि सबसे बड़ा रस 'घृणा' रस है। दूसरी बात यह है कि जब कोई लिखने बैठता है तो सोचकर नहीं बैठता कि वह शाश्वत साहित्य लिख रहा है। यह समय ही तय करता है। जो शाश्वत सोचकर लिखता है, वह लिख नहीं सकता।

श्या. क. : मेरे विचार से शाश्वत मूल्य केवल पूरे मानव-समाज की चिन्ता हो सकती है।

ह. प. : आप रामचरितमानस को धर्म से जोड़कर कहते हैं, वह शाश्वत है। परन्तु बतलाइए, कितने लोग उसे साहित्य के रूप में पढ़ते हैं, लेकिन साहब, रामकथा हो गई और रामलीला होने लगी। रामायण का पाठ पढ़ना धर्म में शामिल कर दिया। तुलसीदास भक्ति आन्दोलन के साथ थे। अब जो लोग कहते हैं कि प्रोपेगैंडा साहित्य, कोई साहित्य नहीं होता, तुलसीदास का सारा साहित्य प्रोपेगैंडा—साहित्य है। मानस की पोथी आज मिलती नहीं, अगर रामलीला न होती। रोज दस दोहे पढ़ने हैं, चाहे लंका कांड ही क्यों न हो—बस, धूप-बत्ती जला रहे हैं।

श्या. क. : एक बात और, जब प्रचारित करने की बात आती है तो सवाल उठता है राज्य-सत्ता का। तुलसीदास ने चाहे कितना भी विद्रोह किया हो, उन्हें राज्य-सत्ता का संरक्षण प्राप्त था और साम्यवादी मूल्य उनसे जुड़े हुए थे। अब हम मुक्तिबोध के लिए कहते हैं कि वे बहुत क्लिष्ट हैं। लेकिन तुलसीदास को चार सौ वर्ष तक, हर वर्ष पन्द्रह-बीस दिन पूरे उत्तर भारत में होनेवाली रामलीलाओं के रूप में राज्यसत्ता

का जो समर्थन मिला उसका शतांश भी मुक्तिबोध को दीजिए, जन-साधारण को शिक्षित कीजिए, फिर देखिए, मुक्तिबोध कहाँ पहुँच जाते हैं।

ह. प. : और यह भी जरूरी नहीं है कि जो पीपल्ज पोएट हो, उसे साधारण जन समझे ही।

प्रे. ज. : पौराणिक सन्दर्भ उठे हैं। पूछना चाहूँगा कि क्या आप सोचते हैं कि कथाएँ व्यंग्य को उद्घाटित करने का अच्छा माध्यम है?

ह. प. : सदियों की जो लोक-परम्परा है वह यहाँ समाज में जमी हुई है। बैताल-पचीसी है, हितोपदेश है। पौराणिक कथाओं का उपयोग मैं इसलिए करता हूँ कि वह लोक-मानस में सदियों से जमी हुई हैं। उन्होंने एक भूमिका बना ली है। यदि आजकल मैं उनका नये सन्दर्भ में प्रयोग करता हूँ तो वह पाठकों को स्ट्राइक करती है।

प्रे. ज. : आपने शुरू-शुरू में लघु-कथाएँ लिखी थीं परन्तु बाद में...?

ह. प. : मैंने एक दौर में पैंतीस और फिर पन्द्रह लघु-कथाएँ लिखी थीं। लघुकथा लिखना बहुत मुश्किल है। बहुत कठिन और इफेक्टिव कार्य है।

प्रे. ज. : कई बार कहानी का प्लाट ही लिख दिया जाता है और कभी-कभी कोई चुटकुला ही लघुकथा बना दिया जाता है।

ह. प. : मुख्य रूप से बात यह है कि कहना क्या चाहता हूँ और वह कितने गहरे रूप में वार करेगी, यह मुझे समझना चाहिए। हमें शब्दों की बचत करनी चाहिए। लघुकथा में व्यर्थ के शब्दों का प्रयोग नहीं होता, उसकी सार्थकता यही है।

[साक्षात्कार : जनवरी-मार्च, 2012]

परिवेश को छोड़कर कहाँ जाएँ

रमेश गौतम की युवा वार्ता

जबलपुर के एक कैफे हाउस में सुबह नाश्ते के लिए हम तीन-चार मित्र एक टेबल पर बैठे थे। तभी एक मित्र ने कहा, 'नाश्ते के बाद सभी हरिशंकर परसाई से मिलने जाएँगे।'

हमारे बराबर में गुरुजी नवल और उनका परिवार बैठे हुए थे। नवल जी ने कहा, 'दलित साहित्य के विषय में जो कुछ कह रहे थे, परसाई जी से पूछ लेना, अच्छे विशेषज्ञ हैं।'

मैं तुरन्त बोल उठा, 'सामान्य परिचय है, या विशेष अध्ययन है?'

सर ने कहा, 'अच्छी जानकारी है।'

मेरा मन मराठी के दलित साहित्य पर चील की तरह मँडराने लगा। कभी मेरी दृष्टि पर उस अपरिचित व्यक्ति की काल्पनिक मूर्ति दृश्यमान होने लगी। मेरे मन में लगातार प्रश्न उठ रहे थे : परसाई जी की कैसी विचारधारा है, कैसा उनका जीवन-दर्शन है, मानवीय जीवन के सन्दर्भ में कैसा सोचते और विचारते हैं। मैंने न तो उनके साहित्य को ही पढ़ा और न उनके विजन से परिचित था, फिर भी एक संवेदना मन में उठती और धीरे-से काल के चक्र में खो जाती थी।

कैफे हाउस से निकलकर हम बाहर सड़क पर आ गए। हम दो-तीन साथी कैमरे में रील डलवाने के लिए मार्केट में दूर निकल गए। जब वापस आए तो परसाई जी के घर सभी जा चुके थे, हमारे पास न तो उनका पता था और न ही उनका निवासस्थान मालूम था। कॉफी सोच-विचार हम आपस में करते रहे। दुबारा फिर उसी कैफे हाउस में गए। वहाँ कुछ व्यक्तियों ने संकेत किया, अभी यहाँ से कुछ लड़के और लड़कियाँ रिक्शे में बैठकर गए हैं। हमने रिक्शा करना भी व्यर्थ समझा, क्योंकि किसी प्रकार का कोई संकेत ही नहीं था, कहाँ जाएँ। हारकर हम सड़क के बाईं तरफ पैदल ही चल पड़े।

कॉफी दूर पैदल परेड करने के बाद 'नवभारत टाइम्स' का प्रकाशन केन्द्र दिखलाई पड़ा। वहाँ से हरिशंकर परसाई का पता लिया और रिक्शा पकड़कर परसाई जी के घर पहुँच गए।

उनके घर के सामने ही एक वृद्ध व्यक्ति से मुलाकात हो गई। हमने उनसे पूछा, 'परसाई जी यहीं रहते हैं?'

वृद्ध व्यक्ति ने उत्तर दिये, 'हाँ-हाँ, वेलकम आइए, परसाई जी आपका सुबह से इन्तजार कर रहे हैं। लेकिन उनका घर छोटा होने के कारण सभी एक साथ नहीं मिल सकते, इसलिए उन्होंने बारी-बारी से बुलाया है।'

उस वृद्ध व्यक्ति ने हमें उनके कमरे में पहुँचा दिया। सामने ही पीछे कुछ विद्यार्थी कुर्सियों पर बैठे हुए थे, बराबर में हमारे गुरुजी ऋतुपर्णा, नवल जी और उनके परिवार के साथ दो-तीन विद्यार्थी भी बैठे हुए थे। दरवाजे के बराबर में ही परसाई जी का पलंग बिछा हुआ था, जिस पर लेटे हुए थे। सफेद कुर्ता-पाजामा पहने हुए, सिर के दो-चार बाल सफेद हो गए थे। गोरा पतला सुन्दर चमकता हुआ चेहरा जिस पर चश्मा लगा हुआ था, जो उनकी प्रौढ़ता और गम्भीरता की ओर संकेत करता था। उनके सामने की दीवार पर किसी माननीय व्यक्ति का फोटो लगा था। पलंग के पास ही एक स्टूल रखा था जिस पर कुछ पत्र और पत्रिकाएँ, पुस्तकें इत्यादि रखी हुई थीं। पलंग के बराबर में एक अलमारी रखी हुई थी। बस, यही परसाई जी की छोटी-सी दुनिया थी, जिसमें परसाई जी ने अनावश्यक वस्तुओं के मोह को त्यागकर अपने को उस कमरे में बन्द कर लिया था, जहाँ से वे देश-विदेश, मानव-जीवन की गतिविधियों को अपनी पैनी दृष्टि और अध्ययन से जाँच-परख रहे थे।

नवल जी ने हमारा परिचय कराते हुए कहा, 'ये केहर सिंह हैं, और ये रमेश गौतम। दोनों आम्बेडकरवादी हैं।'

केहर सिंह अपना बैठने का स्थान ले चुका था, मैं भी जूते उतारकर परसाई जी के सामने जा बैठा।

परसाई जी ने मौन ध्यान त्यागकर मेरी तरफ निगाह डालकर कहा, 'आम्बेडकरवादी हो या मार्क्सवादी?'

मैंने धीरे से उत्तर दिया, 'सर, आम्बेडकरवादी, मार्क्सवाद को कुछ परखकर।'

परसाई जी ने दूसरा सवाल किया, 'कुछ लिखते हो?'

मैं चुप्पी साध गया। कुछ कह नहीं सका। सोचने लगा था, कुछ कह दूँ—समाज की पूर्व परम्परा और नई परम्परा में जो उतार-चढ़ाव आ रहा, प्रौढ़ व्यक्तियों ने उसकी अनुभूति कैसी की और कैसी उसकी अभिव्यक्ति की, मैं उनको परखना चाहता हूँ। मैं तो समाज और मानव-जीवन की गहरी जड़ें टटोलना चाहता हूँ, फिर नई संवेदना, नई चेतना और स्फूर्ति देना चाहता हूँ।

केहर सिंह ने कहा, 'परसाई जी, मराठी में जो दलित साहित्य आया, वैसा हिन्दी में क्यों नहीं...?'

साथ ही मैंने बात को आगे बढ़ाते हुए कहा, 'हिन्दी में प्रारम्भ होनेवाली प्रेमचन्द, धूमिल और मुक्तिबोध की परम्परा क्यों विकसित नहीं हो पाई।'

परसाई जी ने इस विषय में कुछ नहीं कहा। चुप्पी साध गए। फिर कुछ क्षणों उपरान्त हमसे पूछा, 'मराठी में किसे-किसे जानते हो?'

मैंने उत्तर दिया, 'नामदेव ढसाल, अर्जुन डाँगले, दया पवार, त्र्यंबक भकपाले, चन्द्रकान्त बांदिवडेकर इत्यादि।'

परसाई जी ने सामने स्टूल पर रखी पत्रिकाओं में कुछ टटोलते हुए एक फोटो निकालकर मेरे हाथ में रख दिया और कहा, 'पहचानते हो इन्हें।'

फोटो में दो व्यक्तियों के चित्र थे। केहर सिंह ने देखते ही कहा 'नामदेव ढसाल' हैं।

तभी परसाई जी का स्वर गुंजित हुआ, 'नामदेव ढसाल भाई बड़े लड़ाकू आदमी हैं। अश्लील गालियाँ दी हैं, पर अश्लीलता कुछ भी नहीं है। जो कुछ कहा है, वही सही है।'

दूसरी तरफ से ऋतुपर्णा जी का स्वर गुंजित हुआ, 'वही नामदेव ढसाल, जिसने मुक्तिबोध के रेखाचित्र बनाए हैं।'

परसाई जी ने कहा, 'हाँ, मुक्तिबोध का जूनियर है। अभी सी.आई.ए. कॉन्फ्रेंस में गया है। भूख पर वाद-विवाद होते रहते हैं।'

कुछ क्षणों के उपरान्त मैंने फिर परसाई जी से कहा, 'सर, मराठी के दलित साहित्य ने भारतीय पूर्व परम्परा का निषेध किया है। वर्तमान में भी वे किसी से जुड़ नहीं पा रहे हैं। संत-परम्परा की भी उपेक्षा कर डाली है। इस विषय में कुछ जानना चाहता हूँ।'

परसाई जी ने अपनी नजरें मेरी तरफ झुकाईं और धीरे से कहा, 'मराठी भाषी हो?'

मैंने उत्तर दिया, 'नहीं, फिर भी मैं जानना चाहता हूँ।'

परसाई जी ने कहा, 'इससे पहले डॉ. फुले हो चुके हैं। कबीर का जो साहित्य है, वह भी तो शोषक और शोषित का साहित्य है।'

मैंने भी उनके उत्तर में हाँ-में-हाँ मिला दी थी।

कुछ क्षणों के उपरान्त मैंने फिर परसाई जी से पूछा, 'परसाई जी, मराठी का दलित साहित्य अछूती संवेदना का साहित्य है। मानव को केन्द्रित बनाकर उसकी स्वतंत्रता का जी-जान से उद्घोष करता है। ऐसी जन चेतनावाद की कविता हिन्दी में अब तक क्यों नहीं लिखी गई?'

परसाई जी फिर किसी गहरी साधना में लीन हो गए थे। कुछ क्षणों तक मेरे चेहरे को टकटकी लगाए देखते रहे थे। फिर कहा, 'अमृतलाल नागर ने एक बड़ा उपन्यास लिखा है।'

मैं तुरन्त बोल उठा था, 'थोथली सहानुभूति के सिवा क्या है? मूल समस्या वहाँ एक भी नहीं है।'

ऋतुपर्ण जी ने कहा, 'अब लिखा जाएगा। तुम आ गए हो, लिखो।'

मैं तुरन्त बोल उठा, 'हिन्दी में इतने विद्वान हैं, किसी ने भी नहीं लिखा।'

मेरी बात का समर्थन नवल जी की पत्नी ने कर दिया था।

मैंने फिर परसाई जी से पूछा, 'दलित-समस्या आर्थिक कम है, सामाजिक और सांस्कृतिक समस्या अधिक रही है।'

परसाई जी ने उत्तर दिया, 'आर्थिक अधिक है। ब्राह्मण का लड़का नहीं पढ़ता है तो वह भी कारखाने में जूते बनाता है।'

मैं उनके उत्तर से सन्तुष्ट नहीं था। मैंने फिर वही प्रश्न दोहराया, 'सामाजिक और सांस्कृतिक अधिक है।'

मेरे कहने का मात्र तात्पर्य यही था कि जो कुछ होता है, उसकी बुनियाद आर्थिक होती है, परन्तु उसकी अभिव्यक्ति सदियों से जकड़ी हुई एक वर्ग विशेष द्वारा सामाजिक-सांस्कृतिक आधार ग्रहण करती है।

परसाई जी से अलग प्रश्न करते हुए मैंने कहा, 'अभी तक जितने आदर्श और चरित्र गढ़े गए हैं, उनकी क्या विशेषता रही है?'

परसाई जी ने उत्तर दिया, 'जो अच्छा है, उसे अपना लो। उपनिषद् में भी ज्ञान है। तुलसी भी वर्ण-व्यवस्था को मानते थे।' फिर उन्होंने तुलसीदास के दो श्लोक उच्चारण कर दिये थे।

परसाई जी कुछ क्षणों के उपरान्त फिर बोले, 'जैसा हम जीवन में अनुभव करते हैं, सोचते हैं, वैसा ही अपने को बनाते हैं।'

मैंने फिर प्रश्न किया, 'कहाँ? वही पुराना परिवेश, वही पुरानी बातें, सभी स्थापित हो गई हैं।'

परसाई जी ने कहा, 'परिवेश को छोड़कर कहाँ जाएँ? उसमें गतिशीलता होनी चाहिए।'

मैंने उनके साथ उच्चारण करते हुए कह दिया था गतिशीलता तो जरूरी ही है।

परसाई जी ने कहा, 'गांधी जी राम को सत्य मानते थे, लेकिन उनका राम दशरथ का पुत्र नहीं था।'

मैंने परसाई जी से कहा, 'गांधी जी तो पुरातन के पक्षपाती थे। वे वर्ग-व्यवस्था के समर्थक थे।'

इस पर परसाई जी अपनी चुप्पी साध गए थे।

केहर सिंह ने अगला प्रश्न किया, 'परसाई जी, बाबासाहब आम्बेडकर की पुस्तक 'रिडल्स इन हिन्दूज्म' पर क्यों रोक लगा दी गई है?'

केहर सिंह ने दुबारा कहा, 'इस पुस्तक में जो उदाहरण दिये गए हैं, वे वृहद रामायण इत्यादि से लिये हैं जिसमें सीता राम की बहन कही गई है। मुक्तिबोध की पुस्तक 'भारत : इतिहास और संस्कृति' पर भी क्यों रोक लगा दी थी?'

कमल किशोर ने कहा, 'जब तक बेटी और रोटी का रिश्ता स्थापित नहीं हो जाता, तब तक दलित-समस्या समाप्त नहीं हो सकती है।'

तभी पीछे से चतुर्वेदी ने कहा, 'दलित वर्ग अपने को अलग ही क्यों समझता है?'

मैंने तुरन्त इसका उत्तर दिया, 'सदियों से उसे एक वर्ग द्वारा अलग कर दिया और उसे जकड़ दिया गया जो अब तक उससे छूट नहीं पा रहा है। साहित्य भी एक वर्ग द्वारा एक वर्ग के लिए ही लिखा गया है।'

परसाई जी ने कहा, 'हम मध्यवर्ग पर लिख रहे हैं।'

ऋतुपर्णा जी ने कहा, 'सबसे ज्यादा शोषण तो उनके ही आदमियों ने किया है, जो बड़े-बड़े कलेक्टर इत्यादि बन गए हैं।'

मैंने तुरन्त उनकी बात का समर्थन किया था। लेकिन मैं दुर्भाग्य से कुछ कह नहीं सका इसके चित्र भी मराठी में अंकित हो गए हैं। बाबासाहब की विरासत नई पीढ़ी सँभाल नहीं पाई थी। मेरे मन में मराठी की ये पंक्तियाँ उभर रही थीं, 'जिन हाथों को सौंपा था तालाब तुमने/वे सब हाथ ठूँठ निकले/जीवन देने में कमजोर निकले/...खड़ी है धूप बरसात के आघात सहती/ढूँढ़ती है तुम्हारे वे समर्थ हाथ।'

अन्त में फिर एक प्रश्न चतुर्वेदी ने किया, 'जब तक इनके लोग ही रिजर्वेशन का विरोध न करेंगे तब तक रिजर्वेशन समाप्त नहीं हो सकता है।'

परसाई जी ने उत्तर दिया, 'रिजर्वेशन ठीक है और चलेगा?'

समय की कमी थी सभी को। 2 बजे रेल पकड़नी थी। एक-एक कर सभी बाहर आ गए थे, मैं भी परसाई जी को एक प्यासी निगाह से देखते हुए बाहर आ चुका था।

मैंने समाज की बेहतरी के लिए लिखा

महावीर अग्रवाल की बातचीत

महावीर अग्रवाल : अब तक छपी आपकी कहानियों में कौन-सी कहानी अधिक प्रिय है, और क्यों?

हरिशंकर परसाई : ऐसे घिसे-पिटे प्रश्नों से कोई बात बनती नहीं महावीर जी। यह सही है कि आप 'कहानी और कहानीकार' स्तम्भ के माध्यम से महत्त्वपूर्ण कार्य कर रहे हैं। बार-बार आते हैं। फोन भी करते हैं। आपका स्वागत है। लेकिन इंटरव्यू के लिए आग्रह न किया करें। (लम्बा मौन) किसी एक कहानी का नाम बताना कठिन है। 'अन्न की मौत' निबन्ध मुझे बहुत प्रिय है। तुमने पढ़ा है। इस निबन्ध में आटा मिलने में जब बहुत कठिनाई होती है, तो कहीं से मुझे आधा बोरा आटा मिल जाता है। जब उसे खोलते हैं तो उसमें मरा हुआ चूहा निकलता है। तो हम चारों भाई-बहन उस बोरे के आसपास बैठ जाते हैं और हमें याद आता है कि जब हमारे चाचा मरे थे तब भी हम उसी तरह बैठे थे। ये 'अन्न की मौत' है। मुझे अपनी अधिकांश कहानियाँ प्रिय हैं। 'तट की खोज' और 'बाबू की बदली' का नाम भी लिख सकते हो।

म. अ. : अच्छा, यह बताइए, आपकी पहली कहानी कब और किस पत्रिका में छपी?

ह. प. : लिखने की शुरुआत मैंने 1947 में की। मेरी पहली कहानी 1948 में जबलपुर से निकलनेवाले साप्ताहिक 'प्रहरी' में छपी। 'प्रहरी' के सम्पादक भवानी प्रसाद तिवारी और रामेश्वर गुरु थे। यह पहली कहानी एक घटना से प्रेरित होकर मैंने लिखी थी। दीवाली की रात थी। जबलपुर के फुहारा चौक से मैं गुजर रहा था। सबसे ज्यादा रोशनी और चमक-दमक वहाँ कुछ अधिक ही थी। लक्ष्मी पूजा हो रही थी। जबलपुर का वह खास इलाका है। एक बहुत अच्छी, चमचमाती नई कार खड़ी थी। दो-तीन फटेहाल गरीब लड़के उत्सुकतावश कार पर हाथ फेर रहे थे। इतने में ड्राइवर आया और लड़कों को चाँटा मारकर भगा दिया। मैंने देखा,

दूसरे की कार को छूने का सुख वे भोग रहे थे, वह भी नहीं मिला। इस कहानी को मैंने यथावत् लिख दिया। और 'उदार' के छद्म नाम से भेज दिया और 'दूसरे की चमक-दमक' शीर्षक से यह पहली कहानी छपी। दो-तीन रचनाएँ प्रतिष्ठित समाजवादी पत्र 'प्रहरी' में छपने के बाद मेरा आत्मविश्वास बढ़ गया और मैं तेजी से लिखने लगा। 'अघोर भैरव' और 'नर्मदा के तट से' स्तम्भ लिखे।

म. अ. : आप कहानियाँ क्यों लिखते हैं?

ह. प. : कहानी केवल बुद्धिविलास की सामग्री नहीं है। उसमें समाज की पीड़ा और चिन्ता रहती है। देश और समाज की स्थितियाँ मुझे प्रेरित करती हैं कि मैं कहानी लिखूँ। कहानी के भीतर जनचेतना को जगानेवाली ऊर्जा छुपी रहती है। पंडित हजारी प्रसाद द्विवेदी ने एक निबन्ध में लिखा है कि 'मैं चिड़ियाघर देखने गया। मैं बड़ी देर तक वनमानुष को देखता रहा। वह मनहूस चेहरा लिये था। वनमानुष हँसता नहीं है।' द्विवेदी जी यह कहना चाहते हैं कि जो आदमी हँसता नहीं है, वह वनमानुष होता है। मैं बहुत गम्भीरता से मनुष्य और समाज के बारे में सोचता हूँ। अन्याय, असमानता, पीड़ा, शोषण और अत्याचार से मैं बेहद दुखी होता हूँ। मुझे क्रोध भी आता है। मैं इन बुराइयों से नफरत करता हूँ। जिन रूढ़ियों को, सामाजिक विसंगतियों को मैंने देखा है, भोगा है, समझा है—उन व्यापक घटनाओं का आधार, पात्र मैं जन-जन के बीच से उठाता हूँ। सालों उनके चरित्र का अध्ययन करता हूँ। मेरे हाथ में कलम है और मैं चेतना-सम्पन्न हूँ। मैं इसलिए लिखता हूँ कि मैं एक न्यायपूर्ण मानव समाज की स्थापना चाहता हूँ।

म. अ. : कहानियों में कथ्य और कलात्मक सन्तुलन की कोई सीमा तय होनी चाहिए या कहानी कथ्य प्रच्छन्न होनी चाहिए?

ह. प. : कहानी लिखने का कोई शाश्वत या सनातन विषय नहीं है। कथ्य और शिल्प का या कहानी कला का निश्चित ढाँचा नहीं है कि साँचा तैयार किया और कहानी तैयार हो गई। घटनाएँ जब हमारी संवेदना को कचोटती हैं तो भीतर ही भीतर कहानी अंकुरित होने लगती है। लेकिन लिखते समय उसे कागज पर उतारना कठिन हो जाता है। मैं जब कहानी लिखता हूँ तो मुझे यह कठिनाई बराबर आती है कि मैं जो कहना चाहता हूँ, वह मेरे पात्र पूरी तरह नहीं कह पाते। कहानी-कला ने विचार के साथ (कथ्य को आधार बनाकर) व्यक्ति को समष्टि के साथ जोड़कर अन्याय के प्रति जद्दोजहद करने का एक अस्त्र प्रदान किया है। लेखक का मूल आधार स्वयं का अनुभव है। अनुभव के यथार्थ से ही कहानी के कथ्य का जन्म होता है। इसके बाद कहानी या शिल्प विकसित होता है। जनजीवन के संघर्ष में विषयवस्तु की भूमिका लेखन में बहुत महत्त्व रखती

है। इसके साथ ही खूबसूरत बात को खूबसूरत तरीके से कहना मैं जरूरी मानता हूँ। मैंने कभी भी शिल्प की अवहेलना नहीं की। अपनी रचनाओं में शिल्प के लिए मैंने बहुत मेहनत की है।

म. अ. : कहानी की भाषा के सम्बन्ध में आपके विचार बताइए?

ह. प. : कहानी की भाषा जनता की भाषा होनी चाहिए। रोजमर्रा की जिन्दगी से उठाई गई सरल भाषा का महत्त्व सभी स्वीकार करते हैं। कम शब्दों में अपनी बात कहना बड़ी बात है। छोटे-छोटे वाक्यों से भाषा बहुत सजीव बनती है। शब्द स्वाभाविक रूप से अपने अर्थ की अभिधा और व्यंजना को व्यक्त करते हैं। भाषा तब प्राणवान हो जाती है जब कथ्य उस भाषा में घुल-मिल जाता है। ऐसी भाषा समर्थ ही नहीं, बहुत सार्थक भी होती है। जिस समाज में हम रहते हैं, वही हमें भाषा भी सिखाता है। अपने अध्ययन, अपने संस्कार और अपने परिवेश में भी हमारी अपनी भाषा धीरे-धीरे विकसित होती है।

म. अ. : क्या लेखन के कारण आपको व्यक्तिगत जीवन में कभी संघर्ष का सामना करना पड़ा? कोई अविस्मरणीय घटना?

ह. प. : सरकारी नौकरी छोड़कर पूरा समय मैंने लेखन को दिया। सरकार को मेरी रचनाओं से तकलीफ होने लगी थी। यही कारण है कि मेरा तबादला जबलपुर से हरसूद कर दिया गया। और इस तरह 1952 में मैंने सरकारी नौकरी से त्यागपत्र दे दिया। फ्रीलांसिंग करने लगा...।

म. अ. : 21 जून, 1973 को आर.एस.एस. के दो युवकों ने जब आप पर हमला किया तब आपने कहा था, 'मेरा लिखना सार्थक हो गया।' बस, लिखने से पिटने का इतना गहरा सम्बन्ध है?

ह. प. : ऐसी बात नहीं है महावीर जी। कुछ बातें भावनात्मक और तर्कसम्मत होते हुए भी गणित के प्रश्नों की तरह दो और दो—चार नहीं होतीं। साम्प्रदायिक तत्त्वों और कठमुल्ला ताकतों के खिलाफ समाज की बेहतरी के लिए मैंने बहुत लिखा। मुझसे नाराज होनेवालों की संख्या बहुत अधिक है। नाराज होकर साम्प्रदायिक तत्त्वों ने प्रहार भी किया, पर मैं घबराया नहीं। अपने मोर्चे पर आज भी डटा हूँ। हार नहीं मानी।

म. अ. : आप किन कथाकारों से अधिक प्रभावित रहे हैं?

ह. प. : चेखव की 'एक क्लर्क की मौत' बहुत बेहतर कहानी है। प्रेमचन्द की 'सद्गति' मन को छू जाती है। मोपासाँ और ओ'हेनरी की कहानियाँ मुझे बहुत

प्रभावित करती हैं। बर्नार्ड शॉ और मार्क ट्वेन, डिकेंस को भी मैं पसन्द करता हूँ। हिन्दी में व्यंग्य का सूत्रधार कबीर को माना जाता है। भारतेन्दु हरिश्चन्द्र से क्या नहीं सीखा जा सकता? पं. हजारी प्रसाद द्विवेदी में अगाध पांडित्य, इतिहासबोध, सांस्कृतिक समझ, तर्कक्षमता और विकट रचनात्मक प्रतिभा थी। पदुमलाल पुन्नालाल बख्शी 'सरस्वती' के सम्पादक थे। विश्वकथा साहित्य का अध्ययन उनके बराबर तब शायद किसी को नहीं था। हिन्दी में यशपाल, जैनेन्द्र, प्रसाद, रांगेय राघव, भैरवप्रसाद गुप्त, भीष्म साहनी, अमृतराय, विष्णु प्रभाकर और बहुत हैं। सभी ने अच्छा लिखा है।

म. अ. : नये कहानीकारों की कुछ उल्लेखनीय कहानियों के साथ कथाकारों के नाम भी बताइए।

ह. प. : हजारों कहानीकार एक के बाद दूसरी अच्छी कहानियाँ लिख रहे हैं। नाम पर अधिक जोर न दें। मेरा यह मानना है कि साहित्य-सृजेता को स्वतंत्र होना चाहिए, तभी उसका स्वर निर्भय और स्वतंत्र होगा। मेरे बाद की पीढ़ी और उसके भी बाद की ताजा, तेजस्वी, तरुण पीढ़ी से भी मेरे सम्बन्ध हैं। नये-से-नये लेखक के साथ दोस्ती है। मैं जानता हूँ, इनमें से कुछ कॉफी हाउस में बैठकर कॉफी कप में सिगरेट बुझाते हुए कविता-कहानी की बात करते हैं। मैं इन तरुणों से कहता हूँ कि अपनी दुनिया को छोटी मत करो। साहित्य-रचना एक तपस्या है। यदि एक बेहतर समाज-व्यवस्था के प्रति आस्था रखते हो तो श्रमिकों, किसानों और मजदूरों से भी अपना सम्पर्क कायम करो। उनके बीच जाओ। इससे उनके जीवन का यथार्थ समझ में आएगा और गहरा मानवीय सरोकार विकसित होगा।

म. अ. : क्या रचनाकार के लिए वैचारिक प्रतिबद्धता का होना आप जरूरी मानते हैं? यदि हाँ, तो क्यों? यदि नहीं, तो क्यों?

ह. प. : लेखक समाज की उपज है। अत: समाज-व्यवस्था से लेखक अपने-आपको पृथक् नहीं कर सकता। सामाजिक सन्दर्भ में ही उसका लेखन सार्थक होता है। इस कारण मैं हमेशा एक न्यायपूर्ण समाज-व्यवस्था का समर्थक रहा हूँ। सामाजिक जीवन के प्रति मेरी प्रतिबद्धता थी और है। अपने लेखकीय जीवन और सार्वजनिक जीवन के शुरुआती दौर में मैं समाजवादी था। 1959 में मैं कम्यूनिस्ट पार्टी के कुछ नेताओं के सम्पर्क में आया। समाजवादियों से मोहभंग होने के बाद मैंने बाकायदा मार्क्सवाद का अध्ययन भी किया। धीरे-धीरे मैं मार्क्सवादी हो गया। लेकिन कोई चिन्तन अन्तिम चिन्तन नहीं होता। मैं मार्क्स की इतिहास की व्याख्या मानता हूँ। वर्ग-संघर्ष में विश्वास करता हूँ और मानता हूँ कि समाज में मानवीय सम्बन्धों का न्यायपूर्ण हल मार्क्सवाद ने ही दिया है।

म. अ. : कहानी के साथ-साथ और किस विधा (नाटक, उपन्यास, कविता) में लिखना आपको अच्छा लगता है?

ह. प. : क्या यह भी मुझे ही बताना पड़ेगा? तुम सुधी हो, समझदार हो, 'सापेक्ष' के सम्पादक हो। मेहनत भी जमकर करते हो। लिख लीजिए महावीर जी। आपकी कलम कौन पकड़ सकता है। तुम जानते हो, लेखक बनने की मेरी कोई योजना नहीं थी। उपन्यास जरूर लिखना चाहता हूँ। मैंने प्रेमचन्द और मुक्तिबोध की तरह गम्भीर भाव से व्यंग्य लिखा। इस कारण कि समाज में व्याप्त विसंगतियों, पाखंड, भ्रष्टाचार, दोमुँहापन, छल-कपट, सार्वजनिक दुराचार व्यंग्य के माध्यम से अधिक सार्थक और प्रभावशाली ढंग से अभिव्यक्त होते हैं।

म. अ. : रूस और फ्रांस की क्रान्ति के समान ही आज की बदलती हुई परिस्थितियों में लेखन द्वारा सामाजिक, वैचारिक और क्रान्तिकारी परिवर्तन सम्भव है?

ह. प. : सम्भव है। लेकिन समाज में परिवर्तन की प्रक्रिया बहुत जटिल होती है। वह केवल लेखन से नहीं होती—दर्शन, लेखन और क्रान्तिकारी संगठन द्वारा होती है। भारत में दर्शन और क्रान्तिकारी संगठन मिलकर कार्य नहीं कर पा रहे हैं, यह मेरा दुख है। मैं सुधार के लिए नहीं बल्कि परिवर्तन के लिए लिखता हूँ। मैंने कभी दावा नहीं किया कि मेरे लेखन मात्र से कोई परिवर्तन होगा।

मेरी आइडियोलॉजिकल ट्रेनिंग

प्रभाकर चौबे की बातचीत

प्रभाकर चौबे : आपने लिखना कब आरम्भ किया?

हरिशंकर परसाई : लिखना आरम्भ करने की आपको निश्चित तारीख क्या बताऊँ? सभी लोग स्कूल की मैगजीन में लिखते हैं, कॉलेज की मैगजीन में लिखते हैं। मेरी शायद पहली कहानी जो छपी, वह 1948 में। जबलपुर के साप्ताहिक 'प्रहरी' में। उसके सम्पादक थे पं. भवानीप्रसाद तिवारी और रामेश्वर गुरु। पं. भवानीप्रसाद तिवारी बहुत बड़े नेता थे स्वतंत्रता संग्राम में और समाजवादी थे। वे जयप्रकाश नारायण और लोहिया के साथ कांग्रेस से निकल गए थे और समाजवादी दल बना लिया था। 'प्रहरी' बहुत प्रखर साप्ताहिक था उन दिनों। गुरुजी भी बहुत अच्छे कवि और लेखक थे। अभी भी हैं। उन लोगों का साथ मिला तो मैंने पहली कहानी लिखी और लिखकर उपनाम से 'प्रहरी' के दफ्तर भेज दी। अगले हफ्ते छप गई। इस तरह लिखना प्रारम्भ किया।

प्र. चौ. : आपने जब पहली कहानी लिखी तो किस घटना ने प्रेरित किया आपको लिखने के लिए?

ह. प. : हाँ, एक घटना थी। दीवाली का दिन था। जबलपुर में फव्वारा जो है, वहाँ आसपास सब दुकानें हैं। सबसे ज्यादा रोशनी, चमक-दमक और आतिशबाजी वहीं होती है, खास इलाका है वह जबलपुर का। वहाँ से उस समय मैं जा रहा था, रोशनी देखता हुआ तो वहाँ एक बहुत अच्छी चमचमाती कार खड़ी थी। उत्सुकतावश दो-तीन फटेहाल गरीब लड़के उस पर हाथ फेर रहे थे, उसे देख रहे थे। इतने में ड्राइवर आया और उन तीनों लड़कों को मारकर भगा दिया। इसको मैंने देखा। मुझे निश्चित रूप से इस अनुभव ने प्रभावित किया। मैंने देखा कि दूसरे की कार को छूने का सुख ये भोग रहे थे, वह भी इन्हें नहीं मिला। इस कहानी को यथावत् मैंने लिख दिया। इसका शीर्षक था : 'दूसरे की चमक-दमक।' 1948 में छपी यह मेरी पहली कहानी थी।

प्र. चौ. : यह वर्ग-चेतना आपमें पहले से थी या बाद में पैदा हुई?

ह. प. : देखिए, मैं जिस वर्ग से आया था, वह निम्न-मध्यवर्ग है। इसके अलग बन्धन व वर्जनाएँ और भ्रम होते हैं। मुझे पढ़ने का शौक बचपन से ही बहुत था। मुझे सब अध्यापक ऐसे मिले थे जिन्होंने साहित्य की रुचि दसवीं-मैट्रिक में ही जाग्रत कर दी थी। तो कुछ राजनीतिक चेतना जो है, वह किसी आइडियोलॉजी से मेरे अन्दर हो, ऐसी बात नहीं थी। लेकिन 'इंस्टिंक्टली' मैं किसी एक वर्ग को बिलांग करता था। तभी उन लड़कों की हालत देखकर सहानुभूति पैदा हुई। मुझे पढ़ने का बहुत शौक था। दो-तीन अखबार रोज पढ़ता था, लेकिन सैद्धान्तिक अध्ययन किसी आइडियोलॉजी का मैंने तब तक नहीं किया था। समाजवादियों से मैं प्रभावित जरूर था लेकिन उसका कारण यह था कि ये लोग 1942 के स्वतंत्रता संग्राम के 'हीरो' लोग थे। इनको मैंने देखा था। ये लगातार पूँजीपतियों पर, कांग्रेसियों पर अटैक किया करते थे। यह मेरे विद्रोही मन को अच्छा लगता था। इसलिए उस प्रकार की चेतना मेरे अन्दर थी, लेकिन आइडियोलॉजिकल ट्रेनिंग मेरी तब तक नहीं हुई थी।

प्र. चौ. : मार्क्सवाद से आपका सम्पर्क या सम्बन्ध कब रहा?

ह. प. : पहले तो मैं समाजवादियों के सम्पर्क में रहा। पहला चुनाव जब भवानीप्रसाद तिवारी लड़े तो मैं उनका खास प्रचारक था। 1951 के पहले चुनाव में ही इन समाजवादियों की बहुत दुर्गति हो गई और एक निराशा का वातावरण इन लोगों में बना। उस निराशा में थोड़ा-बहुत हिस्सेदार मैं भी था, क्योंकि मैं इन लोगों के साथ था। लेकिन तब तक मैंने दूसरी चीजें पढ़ना शुरू कर दिया था। 1952 में मैं कम्यूनिस्ट पार्टी के कुछ नेताओं के सम्पर्क में आया। तब तक मैंने थोड़ा-बहुत मार्क्सवाद पढ़ लिया था। सन् '52 तक इन समाजवादियों से मेरा मोहभंग हो चुका था। चूँकि मेरा सम्बन्ध कम्यूनिस्ट पार्टी के नेताओं से हुआ तो मैंने बाकायदा मार्क्सवाद का अध्ययन भी किया। इनके संग लगातार रोज ही बैठक होती थी। वे बड़े पढ़े-लिखे लोग थे, प्रबुद्ध। पी.के. ठाकुर थे, महेंद्र वाजपेयी, मल्होत्रा थे। इस तरह अध्ययन से और इनके संग बैठने से मेरी आइडियोलॉजिकल ट्रेनिंग हुई। 1953 के बाद मैं मार्क्सवादी हो गया। वैसे वास्तविक ट्रेनिंग मुक्तिबोध जी के सम्पर्क में आने के बाद हुई।

प्र. चौ. : आपकी रचना-प्रक्रिया क्या है?

ह. प. : सारे साहित्य का सृजन जीवन से होता है। जो जीवन के मूल्य हैं, वही साहित्य के। उसके सिवाय अलग से उसका कोई मूल्य नहीं होता। जीवन है, उसमें जो घटता है, व्यक्तिगत रूप में विभिन्न जो घटनाएँ होती हैं, उनके जो अन्तर्विरोध हैं, और उसके अन्तर्द्वंद्व हैं, तो ये सब उसकी आकांक्षाएँ हैं। उस समय की अच्छाइयाँ

हैं, उसकी आकांक्षाएँ हैं। ये सब चीजें लेखक को प्रभावित करती हैं। घटनाएँ लेखक की चेतना को उद्वेलित करती हैं। ये घटनाएँ स्वयं में मूल्यवान नहीं होतीं, अगर ये अनुभव का अंश न हो जाएँ। लेखक का विषय अनुभव के सिवाय और कुछ नहीं होता। अनुभव जो हुआ है, वह भी जैसे का तैसा रचना के लिए कॉफी नहीं होता। उस अनुभव का विश्लेषण करना पड़ता है, उसका अर्थ खोजना पड़ता है। जैसा कि मुक्तिबोध ने कहा है, ज्ञानात्मक संवेदना और संवेदनात्मक ज्ञान। संवेदना के साथ-साथ ज्ञान भी चाहिए। घटना संवेदना को जगाती है लेकिन ज्ञान से उसका विश्लेषण और अर्थ खोजा जाता है। पर ये मिलकर लेखक की रचनात्मक चेतना का अंग बनती हैं। और तब उसको भाषा मिलती है, शैली मिलती है, और फार्म मिलता है। ये रचना-प्रक्रिया आम साहित्य की होती है।

मैं व्यंग्य लिखता हूँ। इसकी कोई अलग रचना-प्रक्रिया नहीं है। मैं जीवन में जो घटना घटती है, उसको नोट करता हूँ। अनुभव को मैं छोड़ता नहीं, उसका विश्लेषण करता हूँ। जाँचता हूँ कि उस अनुभव का सामाजिक महत्त्व क्या है। कोई अनुभव-सा होता है जिस पर आप एक मिनट हँस सकते हैं, उसका सामाजिक महत्त्व नहीं होता। इस प्रकार जो काम के अनुभव हैं, वे ही आगे चलकर रचना का रूप लेते हैं। रचना-प्रक्रिया इस तरह होती है।

प्र. चौ. : क्या सोचकर आपने व्यंग्य में अपने-आपको केन्द्रित किया?

ह. प. : बहुत सोचकर मैंने तय किया हो, यह बात नहीं है। लेखक की विशिष्ट प्रतिभा होती है और वह अपना फार्म खुद चुन लेती है। हमने दूसरे महायुद्ध के परिणामस्वरूप जो पतनशीलता, गरीबी, भ्रष्टाचार, महँगाई हुई, उसको भोगा। दुनिया के और देशों ने एक्चुअल में युद्ध को भोगा, जिसका प्रभाव उनके साहित्य पर पड़ा। हमारे यहाँ दूसरी घटना हुई। वह थी 1947 में हमारा स्वतंत्र होना। स्वतंत्रता संग्राम से लोगों को बहुत आशाएँ थीं। तब नारे लगते थे : 'इंकलाब जिन्दाबाद, उजड़े घर होंगे आबाद।' लोग उम्मीद में थे कि अब ये घर आबाद होनेवाले हैं, लेकिन अर्थव्यवस्था हमारी पूँजीवादी थी और देश बहुत बड़ा और नेहरू जी कुछ करना चाहते थे, शान्तिपूर्वक करना चाहते थे। इसलिए ये अपेक्षाएँ जल्दी पूरी हों, ऐसी इच्छा करना भी गलत था, देर लगती है।

प्र. चौ. : शायद यह कहना अधिक उचित होगा कि विसंगतियों पर प्रहार व्यंग्य के माध्यम से ज्यादा कारगर हो सकता था, इसलिए आपने चुना?

ह. प. : विसंगतियाँ बहुत पैदा हुईं क्योंकि भ्रष्टाचार, अवसरवाद, आकांक्षा, दोमुँहापन, पाखंड—ये सब-के-सब जो हैं, वे इतने खुलकर सामने आए। सामाजिक विसंगतियाँ और उसके अन्तर्द्वंद्व इतने हैं कि वे खुलकर मेरे सामने स्पष्ट हो गए।

शाकिर अली साहब ने बताया था कि एक नेता अपने कस्बे में गया तो लोगों ने उसे घेर लिया। उससे उन्होंने कहा कि आप नारा लगवाते थे कि 'इंकलाब जिन्दाबाद, उजड़े घर होंगे आबाद'। भैया, इंकलाब आए तो चार, पाँच, छह साल हो गए हैं। हम अब तक उजड़े हुए हैं। नेता ने जवाब दिया कि वह नारा तुम्हारे मकान के बारे में नहीं था। मेरे मकान के बारे में था। ये विसंगतियाँ न केवल राजनीतिक क्षेत्र में, बल्कि आर्थिक और सामाजिक क्षेत्र में, परिवार में, व्यापार में, शिक्षा में—ये मुझे सब जगह परिलक्षित होने लगीं। ये मुझे प्रेरित करती थीं कि मैं लिखूँ। तब मुझे लगा कि सबसे अच्छा माध्यम जो है, इसे व्यक्त करने का वह व्यंग्य है। ऐसी परिस्थिति यदि समाज की हो तो व्यंग्य सबसे अच्छा माध्यम होता है। आलोचना का, साक्षात्कार का और परिवर्तन की चेतना को जगाने का। इसलिए मैंने व्यंग्य को स्वीकार किया।

प्र. चौ. : सत्ता और संस्कृति के सम्बन्ध में चल रहे विवाद पर आपके क्या विचार हैं?

ह. प. : आजादी की लड़ाई के समय जब देश गुलाम था तब सत्ता और संस्कृति के सम्बन्ध स्पष्ट थे। उनके अर्थ भी स्पष्ट थे। आजादी के सैंतीस वर्ष बाद भी सत्ता, संस्कृति और साहित्यकार के सम्बन्ध की व्याख्या न कर पाना या इसे स्पष्ट न कर पाना बड़े आश्चर्य का विषय है। सामन्ती युग में और उसके पहले भी आम तौर से लेखक और कवि राज्याश्रित होते थे और इसको अपमान नहीं मानते थे। कालिदास विक्रमादित्य के जमाने में थे, मध्य में बहुत-से कवि राज्याश्रित थे, आप जानते ही हैं। लेकिन मध्ययुग में जो संत कवि और सिद्ध कवि थे, वे राज्याश्रित नहीं थे। तुलसी ने कहा है : 'हम चाकर रघुवीर के...'

कुम्भनदास ने कहा : 'संतन कौ कहा सीकरी सौं काम'। कबीरदास कहते ही खरी-खरी थे। इसी तरह उर्दू काव्य में भी लीजिए, ग़ालिब और दाग़, दोनों बहादुरशाह जफर के दरबारी थे। दोनों उनकी तारीफ में शे'र कहते थे पर सामन्तवादी वर्ग, संस्कृति का वहन करता था उस समय। हालाँकि एक समानान्तर लोक-संस्कृति का विकास भी साथ-साथ होता था। किसी खास युग में कोई खास वर्ग संस्कृति का वहन करता था। अब लोकतंत्र है, आजादी के पहले लक्ष्य तय था। क्योंकि उस समय सेवा की राजनीति थी। '47 के बाद स्वार्थ की राजनीति आ गई। लोकतंत्र में जनता के द्वारा चुनी हुई सरकार होती है। वह जनता के दिये गए पैसे से काम करती है। एक लोकतांत्रिक सरकार के साथ लेखक के क्या सम्बन्ध हों, इसकी नई व्याख्या हमको करनी पड़ी। उस नई व्याख्या में हमको देर लगी। सरकार के विभाग हैं रेडियो, टेलीविजन, प्रकाशन विभाग, शिक्षा विभाग, संस्कृति विभाग—जिनमें लेखक ही आवश्यक हैं। लेखक की समस्या भी जीविका की समस्या है।

प्र. चौ. : उन लेखकों का क्या दायित्व है जो सरकारी सेवा में हैं?

ह. प. : जो लेखक नौकरी कर रहा हो, चाहे कोई भी सरकार हो, अगर मंत्री चाहता है कि मेरा झूठा भाषण लिखा जाए, विकास का झूठा विवरण दिया जाए तो वह झक मारकर लिखेगा। क्योंकि वह नौकरी कर रहा है और पेट पाल रहा है। मेरा कहना यह है कि अगर आप सरकार के द्वारा चलाए गए इन कार्यक्रमों में हिस्सा नहीं लेते हैं, तब सरकार उसमें अयोग्य लोगों को शामिल करेगी। तब आप ये हल्ला मचाएँगे कि सरकार अयोग्य लोगों को कार्यक्रम में रख लेती हैं। यह प्रश्न बहुत जटिल है। जो लोग इसको सरल कर लेते हैं, वे या तो भोले हैं या बदमाश! सही बात यह है कि जो लोकतांत्रिक सरकार है, वह लोकहित के काम भी करती है और बहुत-से काम उससे लोकहित के विरुद्ध भी होते हैं। लेखक को यह स्वतंत्रता होनी चाहिए कि जो लोकहित के कार्य हैं, उसमें वो सरकार का सहयोग करे, साथ दे। लोकविरोधी काम जो करती है, उसकी आलोचना करने का अधिकार सुरक्षित रखे। जैसे—बैंक का राष्ट्रीयकरण हुआ, सबने समर्थन किया।

प्र. चौ. : क्या आप ऐसा महसूस नहीं करते कि तमाम साहित्य का, व्यंग्य-लेखन का असर समाज पर नहीं हो रहा है और क्या इससे आप निराशा का अनुभव करते हैं?

ह. प. : देखिए, साहित्य का प्रभाव जो समाज पर पड़ता है, वो बहुत सूक्ष्म होता है, ऊपर दिखता नहीं। आप ये सोचते हों कि साहित्य से कोई जनक्रान्ति या सामाजिक क्रान्ति होती है तो यह नहीं होती। साहित्यिक पुस्तकों से कोई जनक्रान्ति या सामाजिक बदलाव नहीं होता, सामाजिक बदलाव के लिए चेतना बनती है। तो हमारा काम इतना है कि हम समाज के अंग को आत्म-साक्षात्कार कराएँ कि क्या आप ऐसे हैं? ये खराबियाँ हैं। एक उनको हम स्वप्न भी दें कि ऐसा होना चाहिए और कुछ रास्ता भी सुझाएँ कि वह इस प्रकार से होगा।

इस प्रकार से हमारा काम जो है, वह परिवर्तन की चेतना बनाने का है। लेकिन जब यह जरूरत पड़े कि खुल्लम-खुल्ला सक्रिय होने का अवसर आ गया है तब लेखक लड़े। सामाजिक परिवर्तन क्रान्तिकारी आन्दोलन से ही होता है और वह राजनीतिक आन्दोलन ही होता है, इसमें कोई शक नहीं। जब उस आन्दोलन की तैयारी हो और संगठित आन्दोलन हो, तब लेखक को उसमें शामिल होना चाहिए।

प्र. चौ. : व्यंग्य का जन्म आप असन्तोष से मानते हैं या मानवीय करुणा से?

ह. प. : दोनों बातें हैं। व्यंग्यकार को कठोर कहा जाता है लेकिन नहीं, अगर मैं न रोता लोगों की दुर्गति पर, अज्ञान पर, उनकी गरीबी पर, उनके पाखंड पर और मैं यह नहीं चाहता कि मनुष्य को बेहतर मनुष्य होना चाहिए तो काहे को लिखता? मेरा

कन्सर्न है, डीप कन्सर्न है मनुष्य से। तभी करुणा व्याप्त होती है। तभी तो लिखता हूँ। असन्तोष तो है ही। मुक्तिबोध ने कहा है कि 'जैसी दुनिया है, उससे बेहतर चाहिए, सारा कचरा साफ करने को मेहतर चाहिए।' मेहतरों में हमारी गिनती है। व्यंग्य में करुणा होती है। व्यक्त करने का हमारा अपना-अपना माध्यम है। व्यंग्य एक गम्भीर चीज है, हँसने-हँसाने की चीज नहीं है।

प्र. चौ. : आपकी जो भाषा है, उस सम्बन्ध में सवाल पूछना चाहता था। प्रेमचन्द के बाद आपकी भाषा में ही एक रिद्म, सरलता और अपनत्व दिखाई देता है, इसके मूल में क्या कारण है?

ह. प. : देखिए, कोई लेखक भाषा बनाता नहीं। हम लोग कोई भाषा नहीं बनाते, विश्वविद्यालय में भाषा बनती है। जिस राह से लोग चलेंगे, वही सड़क होगी। जिस पगडंडी से लोग चल रहे हैं, वह भी सड़क कहलाएगी। तो हम तो भाषा सीखते हैं। जिस समाज के अन्दर हम रहते हैं, वह ही हमको भाषा सिखाता है। अनुभव भी देता है। कोई भाषा के संस्कार हमारे अध्ययन से, संस्कार से आते हैं, यह अलग बात है। तो मेरी जो भाषा है, वह सप्रयास नहीं है। लेकिन जीवन को मैं सही रूप में देखता हूँ।

प्र. चौ. : आपके व्यंग्य में खुलासा अधिक रहता है। क्या आपको पाठक की बुद्धि पर भरोसा नहीं है?

ह. प. : हाँ, ऐसा हो सकता है। आपका कहना है कि अखबारी लेखन मैं अधिक करता हूँ। अखबार में होता है : ओवर स्टेटमेंट और साहित्य में चाहिए : अंडर स्टेटमेंट। तो यह सम्भव है कि मेरी पत्रकारिता के कारण मैं ओवर स्टेटमेंट करता हूँ। और पाठक के समझने के लिए कुछ न छोड़ता हूँ। दूसरी बात यह होती है कि अपनी बात मैं कह पाया या नहीं कह पाया। यह बात मुक्तिबोध को भी होती थी। वे एक ही बात को चार-चार, पाँच-पाँच बार कहते थे। बहुत रिपीट करते थे मुक्तिबोध। क्योंकि पाठक समझ पाया कि नहीं, इसकी चिन्ता रहती थी। लेकिन आपका कहना सही है कि मेरे व्यंग्य में खुलासा अधिक रहता है।

एक सहज भाषा जिसमें मैं अपनी बात अधिकारपूर्वक और प्रभावशाली ढंग से कह सकूँ, ऐसी भाषा मैंने अपनाई। मेरी भाषा बहुत सहज है, ऐसी भाषा लिखना सरल नहीं होता। चेखव का यह कहना था कि एक बार उन्होंने गोर्की के पास कहानी लिखकर भेजी। कहा कि देखिए, इस कहानी में क्या कमी है। मैं भी नया-नया लेखक हूँ। तो गोर्की ने यह किया कि उसमें जितने एडजेक्टिव (Adjective) थे, सब काट दिये। उन्होंने कहा कि एडजेक्टिव नहीं चाहिए। उसके बिना बात समझ में आनी चाहिए। फिर उन्होंने यह कहा कि अधिक वर्णन नहीं चाहिए। चाँदनी रात

में काँच का टुकड़ा पड़ा हुआ है, तो यह मत कहिए कि वह प्रतिबिम्बित हो रहा है, आसपास किरणें फैल रही हैं। पाठक अपने-आप समझ जाएगा। तो जैसे आप आधुनिक हो रहे हैं, वैसे ही पाठक भी आधुनिक हो रहा है। नये भावबोध, नई भाषा वह भी ग्रहण कर रहा है। आज कहानी में हम लिखते हैं कि सूरज पूर्व में उग चुका है। सब जानते हैं कि सूरज पूर्व में ही उगता है। लेकिन अगर कोई पहला वाक्य यह लिखे कि पूर्व में भगवान भुवन भास्कर उदित हो चुके, तो क्या पाठक इस कहानी को आगे पढ़ेगा? बिलकुल नहीं पढ़ेगा। कहेगा कि यह दो कौड़ी की बात है। इस प्रकार भाषा भी हमारी चेतना के साथ-साथ ग्रो (Grow) होती है। जिस समाज में हम रहते हैं, वह ग्रो होता है।

[रायपुर में मायाराम सुरजन के अतिथि के रूप में स्वास्थ्य-लाभ कर रहे परसाई जी से प्रभाकर चौबे की बातचीत। 1982 में ग्वालियर में आयोजित 'महत्त्व परसाई' के अवसर पर सुनाए गए टेप का लिप्यन्तरण।]

व्यंग्य मेरा रोजगार है

जयशंकर पांडेय की बातचीत

जयशंकर पांडेय : बहुत पहले आपने कहीं कहा था कि 'मैं व्यंग्य का सौदागर हूँ'। यह बात आपने किस सन्दर्भ में एवं किस आशय से कही थी?

हरिशंकर परसाई : यह निर्विवाद था, मैंने नौकरी छोड़ी और पूरी तरह से अपना समय लेखन को दिया और स्वतंत्र लेखक हो गया। मेरी जीविका लेखन से चलती थी, मैं लिखता रहा हूँ व्यंग्य। तब तो और भी लिखता था, इसीलिए मैंने कहा कि व्यंग्य जो है मेरा रोजगार है।

ज. पां. : आपका व्यक्तिगत जीवन प्रारम्भ से ही नाना प्रकार के हादसों और ट्रैजिक स्थितियों में घिरा होने के कारण बहुत संघर्षपूर्ण, अनिश्चित व असुरक्षित रहा है। इस प्रकार का जीवन जीनेवाले व्यक्ति के लेखन का स्वाभाविक मार्ग, सामान्य तौर पर दोस्तोएव्स्की और मुक्तिबोध का मार्ग होना चाहिए जबकि व्यक्तिगत जीवन के ठीक विपरीत आपके लेखन में अगाध आत्मविश्वास, यहाँ तक कि विकट विजेता भाव के दर्शन होते हैं।

दोस्तोएव्स्की और मुक्तिबोध की तरह आप जीवन के डेविल फोस्नेक का आतंक नहीं रचते, वरन् इनका विद्रूपीकरण करते हैं। इनका मजाक उड़ाते हैं। इन्हें हास्यास्पद बनाते हुए इनकी दुष्टता व क्षुद्रता पर प्रहार करते हैं। कहने का आशय यह है कि अन्तहीन आतंककारी स्थितियों, परिस्थितियों के बीच लगातार बने रहते हुए आपने जिस तरह का लेखन किया है उसमें उस असुरक्षा भाव की अनुपस्थिति है जो दोस्तोएव्स्की व मुक्तिबोध के लेखन की केन्द्रीय विशेषताओं में से एक है, इस दिलचस्प कंट्रास्ट पर क्या आपने स्वयं भी कभी विचार किया है?

ह. प. : देखिए, एक तो यह है कि दोस्तोएव्स्की और मुक्तिबोध में भेद करना चाहिए। यह सही है कि दोस्तोएव्स्की ने रूसी समाज एवं मनुष्य के दिमाग के अँधेरे से अँधेरे कोने को खोजा है और उस अँधेरेपन को उन्होंने चित्रित किया है

तथा बहुत प्रभावशाली ढंग से प्रस्तुत किया है। क्रूरता, गरीबी, असहायता, कपट और छल इत्यादि जो रूसी समाज की बुराइयाँ हैं, वे सब-की-सब दोस्तोएव्स्की के लेखन में हैं। टॉल्स्टॉय ने इन्हें ईविलजीनियस कहा है। अब उनके पास इन सब स्थितियों को स्वीकारने के सिवाय, उन पर दुखी होने के सिवाय और लोगों का कुछ भला करने की इच्छा के सिवाय कोई और आशा नहीं है और न उनके पास मार्ग है। एक तो वे स्वयं बीमार थे, मिर्गी के दौरे उनको आते थे, जुआ खेलने का भी उनको बड़ा शौक था। उनके बड़े भाई को फाँसी हो गई थी, जारशाही ने फाँसी दे दी थी। वे खुद सेलिया में रहे थे, कष्ट उन्होंने बहुत सहे लेकिन उनके सामने कोई रास्ता नहीं था। जैसे उनके उपन्यास 'इडियट' में जो प्रिंस मुस्की हैं, वे सबके प्रति दयालु हैं और सबकी सहायता करना चाहते हैं, सबका भला करना चाहते हैं। जो भी दुखी है। पर किसी का भला नहीं कर सकते। वे सोसाइटी में भला नहीं कर सके। विश्वास उनके क्या थे? वास्तव में उनके पास पीड़ा थी, दर्द था। वे अपने समाज की सारी बुराइयों को, अनीतियों को समझते थे। लेकिन विश्वास नहीं था उनके पास और दूसरा यह कि कर्म नहीं था और संघर्ष नहीं था। उनके पात्र स्थितियों को स्वीकार कर लेते हैं, कर्म और संघर्ष नहीं करते। एकमात्र उनका सम्बल जो था, वह कैथोलिक विश्वास था, तो मोमबत्ती जलाकर ईश्वर की प्रार्थना कर ली, ये नियतिवाद हुआ, भाग्यवाद हुआ, संघर्ष कदापि नहीं हुआ। मुक्तिबोध की चेतना में अपने युग में सभ्यता का जो संकट था, उसकी समझ बहुत गहरी थी। एक पूरी मनुष्य जाति की सभ्यता के संकट को वे समझते थे। उससे दुखी भी थे वे लेकिन बावजूद उन्होंने अँधेरे का चित्रण किया है। यह सही है, उन्होंने विकट परिस्थितियों का चित्रण किया है। उन्होंने टूटे हुए लोगों का चित्रण किया है और पीड़ित लोगों एवं पीड़ितों का भी चित्रण किया है। यह सब उन्होंने किया है। लेकिन इसके साथ-साथ मुक्तिबोध में आशा है और वे विश्वास करते हैं कि कर्म से, संघर्ष से ये हालात बदलेंगे, इस विश्वास का कारण क्या है? ...इस विश्वास का कारण है उनका एक ऐसे दर्शन में विश्वास जो कि मनुष्य के जीवन को सुधारने के संघर्ष का रास्ता दिखाता है और यह दर्शन है मार्क्सवाद।

दोस्तोएव्स्की के पास ऐसा कोई दर्शन नहीं था। कैथोलिक फेथ में तो भाग्यवाद होता है, कर्म नहीं होता, इसलिए उन्होंने जगह-जगह जहाँ बहुत गहन अँधेरा चित्रित किया है, मुक्तिबोध ने बाद में कहीं न कहीं एक आशा की किरण प्रकट कर दी है।

यहाँ हम आ गए हैं लेकिन
महल के उस तरफ
दीवार के उस पार,

हमारा साथी लश्कर मुहैया कर रहा होगा,
और हमारी हार का बदला लेगा
और हम जीतेंगे।

यह उनकी एक कविता में है। इस तरह उनके काव्य में संघर्ष, आशा और समाज पलटेगा, स्थितियाँ बदलेंगी, यह विश्वास मुक्तिबोध के अन्दर है। इस कारण से दोस्तोएव्स्की में, जिसमें कि उस पतनशीलता को उन्होंने स्वीकार कर लिया है और असहाय है, फर्क है दोस्तोएव्स्की से मुक्तिबोध में जिन्होंने उस पतनशीलता को, उस अँधेरे को स्वीकार नहीं किया है, यह माना है कि यह कुछ समय का है, इतिहास का एक फेस है यह, और संघर्षशील शक्तियाँ लगी हुई हैं, जो कि इसको संघर्ष करके पलट देंगी, बदल देंगी, ये आशा मुक्तिबोध के भीतर हैं।

जहाँ तक मेरा सवाल है, मैंने दोस्तोएव्स्की को भी बहुत ध्यान से लगभग सभी पढ़ा, मुक्तिबोध को भी पढ़ा। मेरे विश्वास भी लगभग मुक्तिबोध सरीखे ही हैं। इसमें कोई शक नहीं है, इसलिए निराशा या कर्महीनता मेरे दिमाग में नहीं है। मैंने एक तो क्या किया कि अपने को अपने दुखों से, अपने संघर्षों से, अपनी असुरक्षा से, अपने भय से लिखते समय अपने-आपको मुक्त कर लिया है, और फिर मैंने यह तय किया है कि ये सब स्थितियाँ जो हैं, इनकी विद्रूप करनी चाहिए, इनका उपहास करना चाहिए, इनकी आलोचना करनी चाहिए, इनका मखौल उड़ाना चाहिए। उनसे दब नहीं जाना चाहिए तो मैं उनसे दबा नहीं, मैंने व्यंग्य से उनकी बखिया उधेड़ी, उनका मखौल उड़ाया, चोट की उन पर गहरी, इसमें मेरा उद्देश्य यह था कि समाज अपने को समझ ले कि हमारे भीतर ये जो कुछ भी हो रहा है, इसमें मेरा उद्देश्य यह रहा है कि समाज आत्म-साक्षात्कार करे, अपनी ही तसवीर देखे और उन शक्तियों को देखे, उन काली शक्तियों को समझे जिन काली शक्तियों का मैंने विद्रूप किया है, उन पर व्यंग्य किया है, और जिन पर सामयिक मखौल उड़ाया है। उन स्थितियों के साथ मेरा ट्रीटमेंट जो है, वह इस प्रकार का है जो कि मुक्तिबोध और दोस्तोएव्स्की इन दोनों से अलग किस्म का है।

ज. पां. : आपने अपनी कोई पुस्तक प्रकाशित रूप में कभी किसी को समर्पित नहीं की, कोई विशेष कारण?

ह. प. : यह समर्पण की परम्परा बहुत पुरानी है। अपने से बड़े को, गुरु को, कोई यूनिवर्सिटी में है तो वाइस चांसलर को समर्पित कर देते हैं। कभी किसी आदरणीय व्यक्ति को, कभी कुछ लोग पत्नियों को भी समर्पित कर देते हैं। कुछ में साहस होता है तो प्रेमिका को भी समर्पित कर देते हैं। यह पता नहीं, क्यों हुआ है ऐसा। कभी भी मेरे मन में यह बात नहीं उठी कि मैं अपनी पुस्तक किसी को समर्पित कर दूँ। जब मेरी पहली पुस्तक छपी, जो मैंने ही छपवाई थी, तो मेरे सबसे अधिक

निकट पंडित भवानी प्रसाद तिवारी थे, अग्रज थे, नेता थे, कवि थे, साहित्यिक बड़ा व्यक्तित्व था, उनसे मैंने टिप्पणी तो लिखवाई किन्तु मैंने समर्पण में लिखा : 'उनके लिए, जो डेढ़ रुपया खर्च करके खरीद सकते हैं'। यह समर्पण है। मेरी एक किताब में। लेकिन वास्तव में यह है उनके लिए जिनके पास डेढ़ रुपया है और यह पुस्तक खरीद सकते हैं। उस समय इस पुस्तक की कीमत सिर्फ डेढ़ रुपया थी। सस्ता जमाना था, पुस्तक भी करीब सवा सौ पेज की थी। इसके बाद मेरे मन में कभी आया ही नहीं कि मैं किसी के नाम समर्पित कर दूँ अपनी पुस्तक। जैसा आपने कहा कि मैंने पाठकों के लिए, जनता के लिए लिखा है, तो यही समझ लिया जाए कि मेरी पुस्तक मैंने किसी व्यक्ति को समर्पित न करके तमाम भारतीय जनता को समर्पित कर दी है।

ज. पां. : आपके गद्य लेखन को व्यंग्यमूलक मानने के बावजूद इधर के कई महत्त्वपूर्ण आलोचकों ने उसमें करुणा भाव के प्रामाण्य को रेखांकित किया है। व्यंग्य मूलतः एक आक्रामक या संहारक रचना-शैली है। इसमें करुणा जैसे विरोधी भाव का अन्तरयोग सिद्धान्ततः बहुत कठिन है। व्यंग्य की रचना-शैली के विशिष्ट अनुशासन के भीतर आप करुणा भाव को कैसे चरितार्थ कर पाते हैं?

ह. प. : ऐसी स्थितियाँ होती हैं जो करुण स्थितियाँ होती हैं और मेरी रचनाओं में आई हैं। जैसे कि 'अन्न की मौत' मेरा एक निबन्ध है। उसमें जब बहुत कठिनाई है आटा मिलने में तो कहीं से मुझे आधा बोरा आटा मिल जाता है, जब उसे खोलते हैं तो उसमें मरा हुआ चूहा निकलता है, तो हम भाई-बहन, चारों उस बोरे के आसपास बैठ जाते हैं और हमें याद आता है कि जब हमारे चाचा मरे थे, तब भी हम उसी तरह बैठे थे तो यह 'अन्न' मरा है। तब भी हम इसी तरह बैठे हैं। अब यह स्थिति तो बहुत करुण है...न...ये बहुत-बहुत करुण स्थिति है। लेकिन मैंने पूरे-के-पूरे निबन्ध को जिस स्थिति में लिखा है, उसमें व्यंग्य ही व्यंग्य आता है। उस बोरे के आसपास उदास बैठना यह भी जो है, इसमें कुछ विनोद ही ज्यादा है, फिर मैंने यह लिखा है कि 'यहाँ तो अमेरिका से आएगा गेहूँ, तब मिलेगा।' फिर एक वाक्य है कि इस देश के बच्चे-बच्चे को पानी के जहाजों के आने का टाइम टेबिल मालूम हो गया है। इस तरह के वाक्य हैं उसमें।

तो बहुत करुण परिस्थिति में से यह व्यंग्य निकल आता है इस तरह का। यह व्यंग्य जो होता है, वह उन परिस्थितियों के ऊपर होता है जिसके कारण वह करुणा पैदा हुई है। तो मैं यह मानता हूँ कि व्यंग्य में करुणा ही अन्तर्धारा होती है, यद्यपि मैं व्यंग्य-विनोद लिखता हूँ, यह बात सही है पर वास्तव में मैं बहुत दुखी आदमी हूँ, दुखी होकर लिखता हूँ...मैं इसीलिए दुखी हूँ कि देखो, मेरे समाज का क्या हाल हो रहा है, मेरे लोगों का क्या हाल है, मनुष्य का क्या हाल होता जा रहा

है, ये सब दुख मेरे भीतर है, करुणा मेरे भीतर है...मैं बहुत संवेदनशील आदमी हूँ, इस कारण से करुणा की अन्तर्धारा मेरे व्यंग्य के भीतर रहती ही है। इस प्रकार यह बात है, जैसे मैं विकट से विकट ट्रेजेडी को व्यंग्य और विनोद के द्वारा उड़ा देता हूँ, उसी प्रकार उस करुणा के कारणों को भी मैं व्यंग्य की चोट से मारता हूँ या उन पर विनोद करता हूँ।

ज. पां. : ऐसा प्राय: देखने में आया है कि आप अपनी रचना में जहाँ सबसे मूल्यवान कथ्य का सम्प्रेषण कर रहे होते हैं, वहाँ बहुत कम देर रुकते हैं। एक लेखक के रूप में अपने इन उत्कर्ष क्षणों में स्वयं को सचेत रूप में अनुपस्थित कर देने का यह गुण आपकी मानवीय विनम्रता का सहज गुण है या सायास निर्मित एक रचना-कौशल?

ह. प. : यह मेरी विनम्रता नहीं है। बात असल में यह है कि यह कौशल भी नहीं है। मैं वास्तव में उस बिन्दु तक आते-आते परिस्थितियों का, वक्तव्यों का ऐसा वातावरण निर्मित कर देता हूँ कि उनमें से इस प्रकार की अभिव्यक्ति निकलनी ही चाहिए, जो कि निष्कर्ष के रूप में होती है, लेकिन उसकी भूमिका मैं लम्बी बनाता हूँ और उस लम्बी भूमिका के बाद उस निष्कर्ष का क्षण आता है। यदि निष्कर्ष के उस क्षण को मैं लम्बा कर दूँ तो मेरे लेखन का प्रभाव नष्ट हो जाएगा। मुझे संक्षिप्त में ही उसे एकदम से कहकर आगे बढ़ जाना चाहिए, कारण कि पाठक का दिमाग तो तैयार हो गया है, तब तक। तो एक-दो वाक्य चलते-फिरते कह देने भर से वह पूरी की पूरी बात ग्रहण कर लेता है। यदि मैं उसको 4-6-8 वाक्यों में समझाऊँ तो इसका मतलब है कि मेरी पंहले की बनाई भूमिका बेकार हो जाएगी और उसका प्रभाव भी नहीं रह पाएगा। इसीलिए मैं ऐसा करता हूँ।

ज. पां. : अनेक महत्त्वपूर्ण आलोचकों के मतानुसार व्यंग्य किसी भी भाषा, समाज या समय के श्रेष्ठ लेखन का अनिवार्य गुण है। जबकि एक वर्ग ऐसे लोगों का भी है जिनका मानना है कि चूँकि व्यंग्य-लेखन में जीवन को सम्पूर्णता में चित्रित करने की क्षमता नहीं होती, अत: श्रेष्ठतम व्यंग्य-लेखन ही महान साहित्य की श्रेणी में परिगणित नहीं हो सकता। इस सम्बन्ध में आप क्या कहना चाहेंगे?

ह. प. : सम्पूर्ण जीवन से क्या अर्थ है? सम्पूर्ण सामाजिक जीवन तो किसी महाकाव्य या किसी एक उपन्यास तक में नहीं आ सकता। कई उपन्यास हों तो शायद आ भी जावे या फिर भी पूरा न आ पाए। जीवनी, उपन्यास हो तो किसी एक व्यक्ति के जीवन, नायक के जीवन का सम्पूर्ण चित्र आ जाता है। मैंने जो व्यंग्य लिखे हैं, सिलसिलेवार नहीं, खंड-खंड लिखा है। निबन्ध, कहानी, लघु उपन्यास, कॉलम इत्यादि और इन सबमें समाज का एक तरह से सर्वेक्षण हो गया है। एक पूरे समाज

का सर्वेक्षण कर लेना भी मेरा खयाल है कि उस समाज को एक (टोटलिटी) में सम्पूर्णता से व्यंग्य के द्वारा चित्रित करना ही है। जैसे रवीन्द्रनाथ ने कोई महाकाव्य नहीं लिखा है, लेकिन उनकी फुटकर कविताओं में लगभग वह सभी आ गया है जो किसी एक महाकाव्य में आता है, ऐसा मेरा खयाल है। और ऐसा ही मेरे लेखन में है। तो यह दावा तो कोई नहीं कर सकता है—दोस्तोएव्स्की कर सकते हैं, न बाल्जाक कर सकते कि उनकी रचना में सम्पूर्ण जीवन आ गया है या बहुत अधिक अंशों तक आ गया है। यह हम मान लेते हैं। मैंने सम्पूर्ण जीवन में लिखने के लिए कोई उपन्यास दो-चार छह नहीं लिखे। मैंने खंड-खंड में जीवन को जहाँ जैसा देखा, उसको वैसा चित्रित किया, उस पर वैसा व्यंग्य किया। अब कॉलम के द्वारा समसामयिक घटनाओं पर वैसा कर रहा हूँ। इस प्रकार समाज का पूरा सर्वेक्षण मेरे लेखन में आ जाता है, लेकिन मैं यह दावा नहीं कर सकता हूँ कि जीवन की सम्पूर्णता या सामाजिक जीवन की सम्पूर्णता मेरे लेखन में आ गई है। वह नहीं आई है। और इतना पर्याप्त नहीं है।

[विवरणिका : अगस्त-सितम्बर, 1995]

मानव-जीवन ही मेरी प्रतिबद्धता है

श्रीराम आयंगर की बातचीत

श्रीराम आयंगर : आपके व्यंग्य अधिकतर राजनीतिक ही क्यों होते हैं?

हरिशंकर परसाई : जीवन एक सम्पूर्ण तथ्य है। राजनीति हमारे जीवन का हिस्सा है। राजनीति में बड़ी शक्ति होती है, वह मनुष्य की नियति को तय करने लगी है। लेखक को अन्य नागरिकों की तरह सही व गलत राजनीति को समझना ही चाहिए। मैं नहीं मानता कि कोई लेखक अराजनीतिक हो सकता है। जो कहते हैं कि वे हैं, वास्तव में वे थोथी राजनीति करते हैं। राजनीतिक व्यंग्य मैंने अधिक लिखे हैं। वैसे, मैंने परिवार, व्यक्ति, धर्म संस्थानों, स्त्री-पुरुष सम्बन्ध, शिक्षा जगत आदि पर भी व्यंग्य लिखे हैं।

श्रीरा. आ. : आपकी राजनीतिक विचारधारा का प्रारूप क्या है और क्या आप मानते हैं कि विशिष्ट विचारधारा से बँधकर लिखने से रचनात्मकता सीमित हो जाती है?

ह. प. : मेरा लेखन प्रमुख रूप से राजनीतिक इसलिए है कि उसमें राजनीतिक चेतना विशिष्ट है। मेरा लिखना ही उन लोगों की संगति में शुरू हुआ जो एक साथ राजनीति, साहित्य व सामाजिक क्षेत्र में बुलन्द लोग थे और तत्कालीन राजसत्ता के प्रति विद्रोही थे। जिसे राजनीतिक विचारधारा कहा जाता है, वह सम्पूर्ण जीवन-दर्शन है, वह मार्क्सवाद है। यह केवल राजसत्ता का वर्णन नहीं है, जीवन की पूर्ण व्याख्या है। इतिहास की व्याख्या है। मैं इस दर्शन में विश्वास रखता हूँ। इस दर्शन से सबसे बड़ा लाभ मुझे यह हुआ है कि मैं जीवन की एक सही-सही वैज्ञानिक व्याख्या कर सकता हूँ। मेरी समझ बढ़ी है। व्यक्ति और व्यक्ति, व्यक्ति और समाज, व्यक्ति और राज्य इत्यादि सारे सम्बन्धों की वैज्ञानिक व्याख्या इस दर्शन से प्राप्त होती है। यदि मैंने इसका अध्ययन न किया होता तो मैं केवल भाववादी या प्रभाववादी होकर रह जाता। जो यह कहते हैं कि विशेष विचारधारा का लेखक एकांगी हो जाता है, यह बात मुझे समझ में नहीं आती। मुझे समाज में साफ-साफ दो वर्ग दिखते हैं और मैं

इनका द्वंद्व भी देखता हूँ। तो क्या मैं इसे नकार दूँ? और गैर-मार्क्सवादी लेखक का पवित्र तमगा पहन लूँ? यह जरूर है कि विचार और विवेक को त्यागकर किसी राजनीतिक दल के कार्यक्रमों का अनसुरण करना लेखक को अपने अनुकूल नहीं पड़ता। मगर विशेष राजनीतिक विचारधारा से या राजनीति से सक्रिय सहयोग से कला या साहित्य की रचना पर बुरा असर पड़ता हो, यह गलत है। गोर्की सक्रिय कम्यूनिस्ट थे, पाब्लो नेरूदा मार्क्सवादी थे, ब्रेख्त, संगीतज्ञ, पॉल रॉबसन और चित्रकार पिकासो कम्यूनिस्ट थे। विचारधारा से इनकी रचनाएँ कहीं श्रेष्ठ ही रहीं।

श्रीरा. आ. : ये उदाहरण अगर पर्याप्त हैं तो क्या इसका तात्पर्य आप यह भी मानते हैं कि प्रतिबद्धता लेखन की अनिवार्य शर्त है?

ह. प. : प्रतिबद्धता पिछले वर्षों में विवाद का विषय रहा है। यह शब्द पिट भी गया है अब। प्रतिबद्धता का अर्थ आज केवल वामपंथी प्रतिबद्धता से निकाला जाता है। जो लोग प्रतिबद्धता के विरुद्ध हैं, छिपाते हैं कि वे कहीं प्रतिबद्ध हैं। समाज द्वंद्वात्मक है, इसमें सही और गलत का, न्याय व अन्याय का, दुखी और दुख देनेवाले का द्वंद्व निरन्तर चलता रहता है। प्रश्न है कि लेखक इनमें से किसके पक्ष में है? या क्या वह तटस्थ भी हो सकता है? मूल प्रतिबद्धता तो मनुष्य जीवन के प्रति है। मेरी प्रतिबद्धता है कि मनुष्य अधिक सुखी, सुसंस्कृत हो, पर जीवन इतना सरल नहीं है। इस सरल प्रतिबद्धता के साथ ही एक प्रश्न खड़ा हो जाता है कि आपका पक्ष क्या है? क्या मैं एक सचेत लेखक की तरह न्याय व अन्याय की लड़ाई देखता रहूँ? ...और यदि संयोग से अन्याय जीत जाए तो उसकी पीठ ठोंक दूँ? तो मैं किस तरह का मनुष्य हूँ? दो कुत्ते आपस में लड़ रहे हों तब तो आदमी तटस्थ रह सकता है कि छोड़ो, कुत्तों की लड़ाई है। पर यदि कुत्ता किसी बच्चे पर झपटे तो क्या उसका यह कर्तव्य नहीं कि कुत्ते को मारे या बच्चे को बचाए? मैं निश्चित रूप से उस वर्ग के साथ हूँ जो अन्याय, शोषण व अत्याचार का शिकार है। मैं उसका एक हिस्सा हूँ। उस पर जो दुख आते हैं, वे मुझ पर भी आते हैं। इसी तरह सुख भी। इसलिए प्रतिबद्धता की बात जब आरोप की तरह थोपी जाती है तो मुझे आरोप लगानेवालों पर शक होने लगता है।

श्रीरा. आ. : फिर भी साहित्य में यह एक समस्या बन गई है और लोग दलों में बँट गए हैं। इस अनचाहे बँटवारे के तहत समान विचारधारा के लेखकों की ही प्रशंसा या चर्चा करना और अन्य विचारधारा के अच्छे लेखकों को भी नजरअन्दाज करने की प्रवृत्ति कहाँ तक उचित है?

ह. प. : किसी कृति को लेकर यह तलाश नहीं की जानी चाहिए कि इसके लेखक की कौन-सी विचारधारा प्रकट होती है। साहित्यिक कृति का मूल्यांकन साहित्य

के माध्यम से ही होता है। यह अलग बात है कि लेखक की अपनी विचारधारा हो और उसके प्रकाश में उसने अपनी रचना में जीवन को विश्लेषित व चित्रित किया हो। यह जरूरी नहीं कि जिसका मार्क्सवाद में विश्वास है, वह अच्छा ही लिखे। वह घटिया भी लिख सकता है। किसी भी रचना का मूल्यांकन करते हुए रचना के तत्त्व ही देखे जाने चाहिए। जो लोग अन्धों की तरह अपने-अपने लोगों को ही मान्यता देते हैं, वे गलत करते हैं।

श्रीरा. आ. : पश्चिमी देशों में व्यंग्य को जो सम्मान मिला है, सम्भवत: भारत और विशेषत: हिन्दी में नहीं मिला। आपने भी खूब पश्चिमी साहित्य पढ़ा होगा। क्या किसी लेखक से आपका लेखन प्रभावित भी हुआ है?

ह. प. : विदेशी लेखकों का प्रभाव मेरे लेखन पर पड़ा है या नहीं, कह नहीं सकता। शायद परोक्ष रूप से पड़ा भी हो। नाम गिनाऊँ तो असंख्य लेखक होंगे जिन्हें मैंने पढ़ा है और ये सिर्फ व्यंग्य के लेखक ही नहीं हैं, हर विधा में लिखनेवाले हैं। मुझे व्यंग्य में मोलियर, सर्वेंटीज, गोगोल, चेखव, बर्नार्ड शॉ, ओ. हेनरी, स्टीफन लीकॉक, चार्ल्स डिकेंस वगैरह पसन्द हैं। इनका निश्चित प्रभाव मैं नहीं समझ पाता हूँ।

श्रीरा. आ. : अपने साहित्यिक और व्यक्तिगत व सामाजिक जीवन के अनुभवों को मिलाकर एक नागरिक के रूप में भविष्य के लिए अब आप कैसे समाज की कल्पना करते हैं?

ह. प. : मैं एक न्यायपूर्ण शोषणविहीन समाज की कल्पना करता हूँ। पूँजीवाद अब सबके सामने खुल चुका है। यह मनुष्य की कोई समस्या तो हल करता नहीं बल्कि अड़चनें डालता है। इसी के कारण बेकारी, भुखमरी, गरीबी पनपती है। पूँजीवादी में मानव-मूल्यों का नाश होता है। पूँजीवादी युद्ध कराता है। मानवीय रिश्ते टूटने लगते हैं। मनुष्य का सांस्कृतिक, आध्यात्मिक पतन होता जाता है। अभी तक मनुष्य ने इससे आगे बढ़कर जो कल्याणकारी समाज-व्यवस्था खोजी व बनाई है, वह वैज्ञानिक समाजवाद है। मैं निश्चित रूप से समाजवाद चाहता हूँ। इससे अच्छी व्यवस्था की कल्पना मनुष्य ने अभी तक नहीं की। इसमें अपनी कुछ कमजोरियाँ भी होती हैं, जिन्हें दूर करने की कोशिश करनी चाहिए।

श्रीरा. आ. : आपके लेखन की शुरुआत कब हुई और आपने व्यंग्य-लेखन का क्षेत्र ही क्यों चुना?

ह. प. : मेरा लिखना 1948 के आसपास प्रारम्भ हुआ। व्यंग्य ही लिखने में पसन्दगी की बात नहीं है। हर लेखक जीवन से साक्षात्कार करता है, उसकी समीक्षा करता है और एक दौर समझ का आता है और उसकी रचनात्मक चेतना का अंग बन

जाता है, जो अपनी अभिव्यक्ति का कोई माध्यम अपनाता है। यह माध्यम उपन्यास, कहानी, निबन्ध या अखबारी टिप्पणी—कुछ भी हो सकता है। मैंने अपने युग के यथार्थ को व्यंग्य के द्वारा उद्घाटित किया है।

श्रीरा. आ. : रचनात्मक क्षणों में क्या पाठकों का मनोरंजन भी आपकी रचनाधर्मिता में निहित रहता है?

ह. प. : मेरा लेखन प्रमुख रूप से राजनीतिक है। मनोरंजन करे, ऐसा तो ध्यान में नहीं रहता। पर यह कोशिश तो करता ही हूँ कि जो लिखता हूँ, वह पठनीय भी हो। मनोरंजन भी हो जाए तो बहुत अच्छी बात है।

श्रीरा. आ. : आज हिन्दी व्यावहारिक जीवन में नहीं, समितियों में सिमटकर रह गई है। आप भी शासकीय और गैर-शासकीय समितियों में रह चुके हैं। साहित्य के नाम पर उनमें निरन्तर होती अनियमितताओं से आप भी परिचित हैं। स्पष्टवादी होने के नाते आपने खुलकर उनका कितना विरोध किया है?

ह. प. : मैं कई शासकीय व गैर-शासकीय समितियों में रहा हूँ। इनमें समूचा प्रतिष्ठान ही हावी रहता है और अक्सर वही होता है जो राजनीतिक सत्ता चाहती है। मुझ जैसे लोग थोड़ा-बहुत लड़ लेते हैं। मैं लड़ा भी, कुछ सही भी कर पाता हूँ परन्तु मेरा अनुभव है कि आप कितने ही स्पष्टवादी व लड़ाकू हों, एक ऐसा दुश्चक्र बन गया है कि आपके रहने के बावजूद लोग गलत कर लेंगे और मजा है कि यह आपकी स्पष्टवादिता की तारीफ करके भी करेंगे।

श्रीरा. आ. : प्राय: समीक्षकों का यह आरोप रहता है कि नये व्यंग्यकारों में वह पैनापन और दृष्टि नहीं है जो गिने-चुने पुराने व्यंग्यकारों में है?

ह. प. : समीक्षकों को ऐसे रिमार्क नहीं करने चाहिए। यह कोई पुराने जमाने की निर्णयात्मक आलोचना तो है नहीं कि 'सूर-सूर तुलसी ससि उडगन केशवदास'! नये व्यंग्य-लेखकों में मुझे कई में पैनापन महसूस होता है। पर यह भी महसूस करना चाहिए कि वे अभी बनने के क्रम में हैं। उनके विचार बन रहे हैं, अनुभव बढ़ रहे हैं, जीवन की समझ बढ़ रही है। वे मुहावरे खोज रहे हैं। पैनापन तो इन सबसे आता है...और मैं उनसे बहुत आशा रखता हूँ।

श्रीरा. आ. : प्रकाशकीय अनाचार के विरुद्ध आपने शायद कभी कोई वक्तव्य नहीं दिया। वैसे भी क्या कारण है कि प्रकाशक नये लोगों को कम ही प्रकाशित करते हैं?

ह. प. : प्रकाशकीय शोषण को भोगा जाता है। इसके बारे में वक्तव्य देने से क्या फायदा? मेरा शोषण बहुत हुआ है, अभी भी होता है। ऐसे प्रकाशकों ने भी शोषण

किया है जो शोषण के खिलाफ चलनेवाले आन्दोलनों में जेल जा चुके हैं। प्रकाशन का साहित्य से कोई रिश्ता नहीं। यह शुद्ध व्यवसाय है। जो बिकता है, वह छपता है। जो नहीं बिक सकता, वह कितना ही श्रेष्ठ क्यों न हो, नहीं छप सकता। व्यापार के दूसरे क्षेत्रों में जो छल, कपट व शोषण होता है, वैसा ही लेखकों के साथ भी होता है। प्रकाशक किसी भी लेखक की, उसकी रचना के गुणों के कारण इज्जत नहीं करता बल्कि उसकी बाजार में अहमियत के कारण इज्जत करता है। नये व्यंग्यकारों को प्रकाशक इसलिए नहीं छापते कि वे प्रसिद्ध नहीं हुए हैं। पाठ्यक्रम में नहीं लगे हैं, ज्यादा नहीं बिकते। मैं भी कभी नया लेखक था और मुझे भी प्रकाशक नहीं छापते थे। अब वे मुझे अनुरोध करते हैं...इस कारण नहीं कि मैं महान लेखक हूँ बल्कि इसलिए कि मैं बिकता हूँ। नये लेखकों को छोटे-मोटे प्रकाशन का अपना इन्तजाम करना चाहिए व इन्तजार करना चाहिए। बड़े लेखक होने पर प्रकाशक उन्हें जरूर महत्त्व देंगे।

श्रीरा. आ. : क्या कारण है परसाई जी कि आपने शादी नहीं की? कोई वजह?

ह. प. : मेरी जिन्दगी कुछ असामान्य रही। मैट्रिक पास होने के बाद नौकरी लगी ही थी कि माता-पिता दोनों चल बसे। गरीबी थी और दो छोटे भाई-बहन थे, ऐसे में बड़े भाई की जो स्थिति होती है, वही मेरी भी रही। पारिवारिक जिम्मेदारियाँ निभाते-निभाते मैं कुँवारा ही रह गया।

श्रीरा. आ. : 'एक लड़की, पाँच दीवाने' उपन्यास पर पाठकों की राय में मतभेद है। कई इसका सम्बन्ध आपके व्यक्तिगत जीवन से जोड़ते हैं। इसे आप ही स्पष्ट कर सकें तो बेहतर होगा।

ह. प. : यह कहानी मेरे जीवन से जुड़ी हुई नहीं बल्कि मेरे वास्तविक अनुभव के घटनात्मक एहसास की है। मूल रूप से वे चरित्र सच्चे हैं, बाकी कल्पना है।

श्रीरा. आ. : आपके लेखन और व्यक्तित्व सम्बन्धी कमजोरियों के बारे में प्राय: बहुत-सी बातें शोचनीय रूप से प्रचारित हुई हैं। इस पर आपकी प्रतिक्रिया?

ह. प. : कुछ सच भी होता है और काल्पनिक भी। कुछ सोद्देश्य भी होता है। मैं यह नहीं कहूँगा कि यह सब बेबुनियाद है। कुछ कमजोरियाँ तो मेरी हैं। मेरे शत्रु भी बहुत हैं, जो इन्हें बढ़ाकर अपने कर्तव्य का पालन करते हैं। जहाँ तक लिखने का सवाल है, मेरे बारे में हर दो-तीन साल बाद यह बात तीन-चार बार कही जा चुकी है कि मेरा लेखन चुक गया है। लेकिन हुआ यह है कि बीच में थोड़ा अन्तराल देकर मैं फिर लिखने लगा हूँ। बात यह है कि लेखक को अपने ही बनाए घेरे को तोड़कर निकलना पड़ता है, अपने से लड़ाई लड़नी पड़ती है, अपने को ही काटना

पड़ता है, वरना उसके लेखन में 'कंडीशंड रिफ्लेक्स' आने लगते हैं व विकास रुक जाता है। जिस वक्त यह कहा जाता है कि वह चुक गया है, उस वक्त लेखक प्रायः अपने इसी घेरे को तोड़ने का प्रयत्न कर रहा होता है। मैं तो, ऐसा मौका आता है तो एकदम पत्रकारिता पर 'शिफ्ट' हो जाता हूँ। जो कॉलम मैं लिखता हूँ, वह साहित्य ही होते हैं। उन्हें महज पत्रकारिता कहकर नकारा नहीं जा सकता।

श्रीरा. आ. : अच्छा, निजी जीवन में वे कौन-कौन से शौक हैं, जिनके लिए आप बेताब रहते हैं?

ह. प. : शौक पहले कुछ थे। मदिरापान का शौक था जो छूट गया। पाँव में तकलीफ रहने की वजह से सिनेमा देख नहीं सकता, पर्यटन कर नहीं सकता। अब शौक है तो...तम्बाकू खाने और गप्पें करने का।

अन्ध-समर्थन न किया जाए तो पुरस्कार लेने पर भी लेखकीय स्वाधीनता बनी रह सकती है

सुभाष मिश्र की बातचीत

सुभाष मिश्र : कथाकार, उपन्यासकार, नाटककार की तरह क्या 'व्यंग्यकार' उचित शब्द है? क्या आप शुद्ध व्यंग्य-लेखक हैं? क्या हिन्दी में व्यंग्य को विधा के रूप में चर्चित करवाने का श्रेय आपको नहीं दिया जाना चाहिए?

हरिशंकर परसाई : मैं कैसे कहूँ? व्यंग्यकार अपने-आपको मैंने कभी नहीं कहा। मैंने तो कभी इस पर विचार भी नहीं किया। यह साहित्यकारों के विचार करने का है। ये सब विधाओं से होता है। मेरे लेखन का मूल तत्त्व व्यंग्य है। लोग मेरा मूल्यांकन दूसरी तरह से नहीं करना चाहते।

सु. मि. : आप लिखते क्यों हैं? क्या आर्थिक-सामाजिक क्रान्ति लाने के लिए? क्या लेखन क्रान्ति ला सकता है? क्या आप सुधारवादी लेखक हैं?

ह. प. : मैं सामाजिक परिवर्तन चाहता हूँ। लेखक सामाजिक क्रान्ति की चेतना बनाता है। सामाजिक क्रान्ति क्रान्तिकारी आन्दोलनों के द्वारा आती है। मैं सुधारवादी नहीं हूँ।

सु. मि. : मुक्तिबोध की संगति में आपने क्या सीखा?

ह. प. : सामाजिक, राजनीतिक दृष्टि साफ हुई। मेरे विश्वास पक्के हुए, प्रतिबद्धता पक्की हुई। ध्येय की निष्ठा और वैचारिक रूप से प्रबुद्ध हुआ।

सु. मि. : 'विकलांग श्रद्धा का दौर' पढ़कर बहुतेरे समीक्षकों ने लिखा था। आप अपने को दोहरा रहे हैं। इस आरोप में कितनी सत्यता है?

ह. प. : बहुत-सी चीजें ऐसी होती हैं, जो समाज में निरन्तर होती जाती हैं, और उन पर लेखक लिखता जाता है। दोहराता जो है, वह हमारा सामाजिक जीवन है। एक

ही बात जब बार-बार होती है तो उस पर बार-बार ध्यान जाता है, और बार-बार लिखा भी जाता है। हालाँकि अलग-अलग तरह से लिखा जाता है। इसी को लोग दोहराना कहते हैं।

सु. मि. : क्या साम्यवादी व्यवस्था में व्यंग्य-लेखन के लिए अवकाश नहीं होता?

ह. प. : हर व्यवस्था के अपने अन्तर्विरोध होते हैं। पूँजीवादी व्यवस्था के अन्तर्विरोध समाजवादी व्यवस्था से नहीं होते पर समाजवादी व्यवस्था के भी अपने अन्तर्विरोध होते हैं। इसलिए इस व्यवस्था में भी व्यंग्य लिखा जाता है। समाजवादी रूस में भी कॉफी व्यंग्य लिखा जाता है।

सु. मि. : सरकारों द्वारा प्रदत्त पुरस्कारों के विषय में आप क्या सोचते हैं? क्या पुरस्कार स्वीकार कर लेने से लेखकीय स्वाधीनता में बाधा आती है?

ह. प. : यह लेखक के अपने व्यक्तित्व और विश्वास पर निर्भर करता है। पुरस्कार लेकर भी लेखक स्वाधीन रह सकते हैं और पुरस्कार न लेकर भी लेखक सरकार के अधीन रह सकता है। यदि लेखक सरकार से डरता नहीं है, उससे लाभ नहीं उठाना चाहता और सरकार का अन्धा समर्थन नहीं करता तो वह पुरस्कार लेकर भी स्वाधीनता नहीं खोता।

सु. मि. : सत्ता और साहित्य के रिश्ते पर आप क्या सोचते हैं?

ह. प. : साहित्यकार को सत्ता पर आश्रित होने की बिलकुल जरूरत नहीं है। लेकिन बहुत से साहित्यकार सरकार की नौकरी भी करते हैं, इस कारण उनके लेखन पर बन्धन होता है। दूसरी तरफ सरकार ने अकादमियाँ स्थापित कर रखी हैं। सरकार का कला विभाग है, साहित्य विभाग है जिनसे सरकार साहित्य और कला को प्रोत्साहित करने का दावा करती है। इनसे पूरी तरह असहयोग भी लेखक नहीं कर सकता। यह सही है कि सत्ता साहित्य में दखल देगी तो अपना समर्थन चाहेगी। साहित्यकार को इस सम्बन्ध में सावधान रहना चाहिए।

सु. मि. : विश्व हिन्दी सम्मेलनों से हिन्दी का कितना उपकार होता है?

ह. प. : कुछ नहीं होता। व्यर्थ के नाटक होते हैं इसमें पैसा बर्बाद होता है, पैसा खाया जाता है। हिन्दी के नेता राजनीतिक लाभ उठाते हैं। इस तृतीय विश्व हिन्दी सम्मेलन में इन नेताओं ने इन्दिरा गांधी की चापलूसी के सिवाय और कुछ नहीं किया। इस तरह के सम्मेलन करके भारत के अहिन्दी-भाषियों में डर पैदा किया जाता है।

सु. मि. : फ्रीलांसिंग के कारण क्या आप असुरक्षा का अनुभव नहीं करते?

ह. प. : मैं जीवन भर असुरक्षा में ही रहा हूँ। केवल आर्थिक ही नहीं, शारीरिक रूप से भी विश्वास करनेवाले गिरोह मेरे शत्रु हो गए हैं। मेरा तो पूरा जीवन ही असुरक्षा में गुजर रहा है।

सु. मि. : नया व्यंग्य-लेखन आपको कैसा लगता है?

ह. प. : व्यंग्य-लेखकों की संख्या बहुत अधिक है और बढ़ती जा रही है, परन्तु तुलनात्मक रूप से यह बहुत कमजोर है। इसका एक बड़ा रास्ता यह है कि अधिकतर लेखक विचारधारा से कतराते हैं और विचारधारा के बिना व्यंग्य में शक्ति नहीं आ सकती।

सु. मि. : इस शताब्दी का शायद सबसे महत्त्वपूर्ण लेखन करते हुए भी आप उपेक्षित क्यों हैं? क्या कोई राजनीतिक कारण है इसका?

ह. प. : यह प्रश्न समीक्षकों से पूछना चाहिए। वैसे बहुत उपेक्षा नहीं हुई है मेरी। कठिनाई यह है कि जो मैंने लिखा है, वह परम्परागत साहित्य से अलग है। समीक्षकों को अभी यही समझ में आ नहीं रहा है कि इस साहित्य के बारे में क्या कहा जाए। ऐसे साहित्य के बारे में लिखने के लिए उसके पास अभी भाषा नहीं है। अधिकतर समीक्षक विश्वविद्यालय के आचार्य होते हैं, दकियानूस होते हैं। नई चीज को उनसे स्वीकारते नहीं बनता। साहित्य के इतिहास में पहले भी ऐसा हो चुका है। इधर मेरे सम्बन्ध में कॉफी लेख लिखे जा रहे हैं।

सु. मि. : आज का व्यंग्य-लेखन कॉलमों का व्यंग्य-लेखन है। आज का व्यंग्य-लेखन क्या हाशिये का (सतही) व्यंग्य-लेखन है? कॉलम-लेखन से क्या आप सन्तुष्ट हैं? क्या इसे पूर्ण सन्तुष्टि व सन्तोष मिल जाता है?

ह. प. : ऐसा नहीं है। मैं भी कॉलम लिखता हूँ लेकिन कहानियों और निबन्धों की मेरी बीस पुस्तकें हैं, एक लघु उपन्यास है। कॉलम-लेखन भी महत्त्वपूर्ण है। मैं भी कॉफी कॉलम लिखता हूँ लेकिन कहानियाँ और निबन्ध भी तो लिखता हूँ। कॉलम किसी तात्कालिक घटना से उठता है, पर इस बहाने यदि उसका सरोकार व्यापक मानवीय सम्बन्धों से हो और लेखक में कलात्मकता हो तो वह कॉलम साहित्य लेखन भी कहा जाएगा। कॉलम लिखने का कारण यह है कि लेखक किसी घटना पर अपना मत और प्रतिक्रिया तुरन्त व्यक्त करना चाहता है।

सु. मि. : आप आर.एस.एस. के बारे में बहुत तीखी प्रतिक्रिया व्यक्त करते हैं। क्या कारण है?

ह. प. : मैं इसे देश के हित में एक खतरनाक संगठन मानता हूँ। लोकतंत्र में इस प्रकार का संगठन नहीं होना चाहिए।

सु. मि. : पढ़ा है कि एक सरकारी नौकरी करनेवाले व्यंग्य-लेखक को प्रताड़ित किया गया है। क्या लेखक पर इस तरह का शासकीय अंकुश ठीक है?

ह. प. : सरकारी नौकरी की अपनी आचार संहिता होती है, जिसके तहत सरकारी व्यक्ति सरकार के खिलाफ वक्तव्य नहीं दे सकता। यदि लेखक सरकारी नौकरी में जाता है तो उसे अपनी कॉलम सरकार को बचाते हुए लिखना चाहिए अन्यथा बिना अंजाम की परवाह किये अपनी बात करने का हौसला रखना चाहिए। सरकारी क्षेत्र में कार्य करनेवाले लेखकों के साथ ऐसी कठिनाइयाँ हमेशा ही आती रहती हैं।

[अग्रदूत : मार्च, 1984]

वैचारिक मामले में बहुत काँइयाँ थे मुक्तिबोध

सुधाकर पांडेय की बातचीत

सुधाकर पांडेय : परसाई जी, मुक्तिबोध के सम्बन्ध में सबसे पहला प्रश्न मैं यही करना चाहूँगा कि उनसे आपका परिचय कब और किस तरह हुआ?

हरिशंकर परसाई : देखिए, मेरा पहला परिचय उनसे 1953 में हुआ। एक अजीब बात यह है कि जबलपुर में जिस स्कूल में मैंने अध्यापकी की, बाद में उसी में तीन साल तक अध्यापक वे भी थे।

सु. पां. : हितकारिणी में?

ह. प. : नहीं, डी.एन. जैन स्कूल में। परन्तु तब मैंने लिखना शुरू नहीं किया था। यह सन् '45-46 की बात है और उनसे मेरा परिचय होने का कारण भी कुछ नहीं था। बाद में मेरे मित्रों ने बताया कि वो यहीं रहते थे और उन्होंने यहाँ पर प्रगतिशील लेखक संघ की स्थापना भी की थी। लेकिन जब मैंने लिखना शुरू किया और मेरी दिलचस्पी इस ओर बढ़ी तब तक वे स्कूल छोड़कर नागपुर चले गए थे।

सु. पां. : प्रगतिशील लेखक संघ की स्थापना उन्होंने कब की थी?

ह. प. : यह उन्होंने, मेरा खयाल है 1944 में की होगी।

सु. पां. : यहीं जबलपुर में?

ह. प. : हाँ, जबलपुर में। नागपुर में वे प्रकाशन विभाग में नौकरी करने लगे थे। 1953 में मैं ठहर गया था, एम.ए. का इम्तिहान देने, प्राइवेटली। वहाँ मैं ठहरा अपने एक मित्र रामकृष्ण श्रीवास्तव के कमरे पर। तो उसके एक साल पहले मुक्तिबोध भी बैठे थे एम.ए. में प्राइवेटली! रामकृष्ण श्रीवास्तव खुद भी बैठे थे। उस कमरे में मुझे ठहराया तो देखा कि उसमें तमाम भाषाविज्ञान, छंद और अलंकार, इसके सब सूत्र लिखे हुए हैं दीवार के ऊपर। तो मैंने पूछा कि ये यहाँ क्यों लिखे हुए हैं?

उन्होंने बताया कि पिछले साल हम लोग एम.ए. में बैठे थे और मुक्तिबोध जी को भाषाशास्त्र जो है, बहुत कष्ट देता था। वे कहते थे, ये मेरे से कभी बन ही नहीं सकता, तो उनके लिए एक मित्र प्रमोद वर्मा ने सूत्र लिख दिये थे, जो दीवारों पर अभी तक हैं। खैर, तब उस वक्त चूँकि मैं वहाँ करीब एक महीना नागपुर में रहा तो ये जो मेरे मित्र थे, जबलपुर के, जो कि मुक्तिबोध की मंडली में थे और वहाँ पर बैठते थे, साथ में, इन लोगों के साथ मैं उनसे मिला। लेकिन मेरी विशेष बात उनसे नहीं हुई। मुक्तिबोध की प्रकृति थी कि एकदम से वे किसी को स्वीकार नहीं करते थे। इसके बहुत-से कारण थे। वे जाँचते-परखते थे आदमी को कि इसमें कुछ है या नहीं और है तो क्या है? और विचारधारा के सम्बन्ध में बहुत सावधान थे वे। दूसरी बात यह कि जिन्दगी में उन्हें बहुत-से धोखे खाने पड़े थे। इसलिए एकदम से वे आदमी को स्वीकार नहीं करते थे। ऐसा होता था कि कोई कवि कविता लिख के ले आता था, तो 6-6 महीने टाल देते थे। मेरा खयाल है, 15-20 मिनट मेरी-उनकी साधारण बातचीत हुई होगी। यह मेरी उनकी पहली मुलाकात थी।

सु. पां. : एक प्रश्न मैं आपसे यहाँ पर करना चाहूँगा कि मुक्तिबोध जी से जो आपकी पहली मुलाकात हुई, उसमें आपने क्या अनुभव किया कि वे कुछ स्नॉब से लगे या ऐसा लगा कि भीतर से बहुत भयभीत हैं वो?

ह. प. : नहीं, मुझे यह नहीं लगा! 'स्नॉब' तो नहीं लगे वे। मुक्तिबोध में एक बात यह भी थी, बड़ी 'स्ट्रांग लाइक्स' और 'डिस/लाइक्स' के आदमी थे वे। अगर आप उनकी पसन्द नहीं हैं तो वे आपकी ओर आधा घंटा यूँ ही, आपकी आँखों को देखते रहेंगे बिना बोले। आप घबरा जाएँगे। बड़ी तीखी आँखों से वे देखेंगे और बिलकुल चुप! इस प्रकार की प्रकृति उनकी थी। खैर, थोड़ी-बहुत बातचीत उन्होंने की इसके बाद। 1954 में रेडियो पर प्रोग्राम था मेरा—नागपुर रेडियो पर। वहाँ जब गया मैं तो तब वे 'नया खून' के सम्पादक हो गए थे। 'नया खून' साप्ताहिक नागपुर से निकलता था। तो मैं सीधा बस से उतरकर 'नया खून' के ऑफिस में चला गया। वहाँ वे मुझे मिल गए।

सु. पां. : यह आपकी दूसरी मुलाकात थी?

ह. प. : हाँ! अब इस दूसरी मुलाकात में वे फिर खुले। और फिर हम लोगों की (मैं वहाँ करीब डेढ़ दिन रहा) थोड़ी जमकर के बात हुई और आत्मीयता मेरी उनसे स्थापित हो गई और मेरे प्रति बिलकुल खुल गए वे।

सु. पां. : दूसरी मुलाकात में अचानक वे खुले कैसे?

ह. प. : दूसरी मुलाकात में जब मैं पहुँच ही गया उनके यहाँ तो मैं जबरदस्ती उनका मेहमान हो गया। वे मित्रों से बोलते थे 'पार्टनर'! तो जब पार्टनर से चालू हुआ तो

फिर खुलकर बातचीत चालू हुई। चाय आई तो चाय पी लीजिए। इसके बाद यह है कि नाश्ता करना है, फिर खाने का है। ये है, वो है। तो वो जो औपचारिकता थी, पहले वाली, वह मिट गई।

सु. पां. : उन दिनों पूरे परिवार के साथ वे वहाँ थे?

ह. प. : हाँ, परिवार के साथ थे। और ऑफिस से उनका मकान कोई बहुत दूर नहीं था। फिर हम लोग तमाम बातों पर चर्चा करते रहे। और मुझे लगा कि मैं उनको पट गया। हम लोगों के बीच एक खास शब्द प्रचलित था उन दिनों कि इस आदमी में खटका है। यानी हमारी मंडली में चलेगा। तो इससे मतलब है कि 'देयर इज समथिंग इन द मैन' जिससे हमारे साथ इसकी अच्छी निभ जाएगी। तो ऐसा उन्होंने देख-परख लिया होगा। मेरी उनसे आत्मीयता हो गई। यह आत्मीयता मेरी उनसे तब हुई, जब हुई 'वसुधा' पत्रिका निकाली हम लोगों ने यहाँ से।

सु. पां. : उसके सम्पादक तो आप ही थे?

ह. प. : हाँ, मेरे सह-सम्पादक, सीनियर सम्पादक थे पं. रामेश्वर गुरु। और यहीं से निकली थी 1956 में और वे नियमित लिखते भी थे उसमें। और बार-बार उनका जबलपुर आना भी होता था। मैं राजनांदगाँव जाया करता था। राजनांदगाँव कॉलेज में आ गए थे वे।

सु. पां. : जब राजनांदगाँव जाते तो आप तो उन्हीं के साथ ठहरते होंगे?

ह. प. : नहीं। वहाँ शरद कोठारी एक हैं, उन्हीं के यहाँ ठहरता था मैं।

सु. पां. : और वे मुक्तिबोध जी के कॉफी निकट रहे हैं?

ह. प. : कॉफी निकट रहे हैं। मुक्तिबोध जी को वहाँ लाने में उनका खास योगदान रहा। उस कॉलेज में लाने में।

सु. पां. : दिग्विजय महाविद्यालय में?

ह. प. : हाँ, और वहाँ वे अपेक्षाकृत अधिक सुखी और सन्तुष्ट रहे। बल्कि नागपुर में उनको संघर्ष बहुत थे। कई तरह के। तो इस प्रकार घनिष्ठता मेरी उनसे बढ़ती गई। और निश्चित रूप से वे अत्यन्त निकट हो गए। वैचारिक रूप से आदान-प्रदान हुआ और सही बात यह है, बहुत कुछ मैंने सीखा उनसे। बहुत-सी चीजें उनके साथ बात करने से साफ होती थीं। मुक्तिबोध जिन्दगी में बहुत सीधे-सादे आदमी माने जाते थे। बुद्धू किस्म के। कोई भी उनको धोखा दे सकता था। लेकिन वैचारिक मामले में बहुत काँइयाँ आदमी थे वे। विचार के मामले में कोई उनसे

कपट नहीं कर सकता था। अत्यन्त चालाक आदमी थे। वे यह पकड़ लेते थे कि देखिए, ये हैं 'वो'।

सु. पां. : लेकिन दादा, ये परस्पर विरोधी स्थितियाँ उनके व्यक्तित्व में आईं किस तरह?

ह. प. : इसमें तो मेरा खयाल है, कोई अन्तर्विरोध नहीं है। मानवीय स्तर पर आप सबके प्रति भले हों, लेकिन आप विचार के मामले में तो उसको पकड़ सकते हैं। मानवीय रूप में वे अत्यन्त स्नेही थे। एक तो उनकी कविताओं को ही पढ़िए, उनके गद्य को पढ़िए, उनमें मित्र भाव बहुत अधिक था। वे चाहते थे कि तमाम मित्र एक जगह कहीं इकट्ठे हों, बैठें और बात करें। कविता भी है उनकी 'मेरे मित्र : मेरे सहचर'। मित्र भाव बहुत था उनमें और स्नेही थे बहुत वे और सरल हृदय के थे, इसमें कोई शक नहीं।

लेकिन कोई कविता किसी ने पढ़ी तो उस कविता को सुनते जाएँगे और फिर बताएँगे कि देखिए यह जो पंक्ति है, इसका अर्थ जो आप समझ रहे हैं, वह अर्थ नहीं है। इसका अर्थ दूसरा है। और इस तरह से जिस विचारधारा को आप ले आए हैं, इस कविता के अन्दर, वह इस एक पंक्ति से नष्ट हो रही है। इस मामले में बहुत सावधान थे वे!

सु. पां. : मुक्तिबोध के 'वे ऑफ लाइफ' को लेकर तरह-तरह अटकलें लगाई जाती हैं। उनकी जीवन-पद्धति में वह खास बात क्या थी, जो उनको अन्य समकालीन लेखकों से अलग करती है?

ह. प. : देखिए, वो एक गृहस्थ थे और एक गृहस्थ की जो जिम्मेदारियाँ होती हैं, वे निभाते थे। उन्होंने स्वयं को 'ग्लोरिफाई' नहीं किया। उनमें विशेषता थी कि अत्यन्त सामान्य आदमी की ही तरह रहते थे वे! और अपने मैनर्स से या ओढ़ी हुई गम्भीरता से वे अपने को विशिष्ट नहीं बनाते थे! रिक्शेवाले, ठेलेवाले के साथ, मजदूरों के साथ, इसके-उसके साथ बीड़ी पीते थे और बात करते जाते थे। कुछ लोग अपने को महिमामंडित कर लेते हैं, उनमें यह प्रवृत्ति नहीं थी। यह प्रवृत्ति भी नहीं थी कि गिरोह बनाया जाए अपने चेलों का और उनको लेके चला जाए। बहुत कम लोग जो उनके आसपास थे, मुश्किल से पाँच-छह। उन्हीं से उसकी घनिष्ठता थी और उनसे उनकी अच्छी मुलाकात होती थी। अपनी बातें, दिल खोल दिया करते थे। उनका जीवन बहुत ही सामान्य था।

सु. पां. : वह अपने जीवन को लेकर बहुत ही अव्यावहारिक थे, ऐसा उनके बहुत नजदीकी मित्रों का कहना है। वे मित्र समय-समय पर ऐसा कुछ करने की सलाह

भी देते थे जिससे उनकी थोड़ी आर्थिक परेशानियाँ दूर हो जाएँ, तो उनके 'वे ऑफ लाइफ' को लेकर एक गहरे मित्र के नाते आपकी भी कहीं असहमति थी?

ह. प. : असल में परिवार चलाने की सारी जिम्मेदारी उन्होंने श्रीमती मुक्तिबोध को दे रखी थी। कम पैसा घर में आएगा और परिवार बड़ा होगा तो उसमें तो खींचतान होगी ही। इसके बावजूद वे अपना पढ़ना-लिखना किया करते थे। उनकी पत्नी बताती हैं कि वे रात-रात भर छत पर घूमते रहते थे। और सोचते रहते थे। दूसरी तरकीबें (चाहे जायज हों) वे अपनाते नहीं थे। उदाहरण के लिए जो पत्रिकाएँ अच्छा पेमेंट करती हैं, उनमें नहीं लिखते थे। मैंने स्वयं उनसे कई बार कहा। उन पत्रिकाओं के सम्पादकों ने मुझे लिखा कि हमारे यहाँ क्यों नहीं लिखते हैं? मैंने उनसे कहा कि आप लिखते क्यों नहीं हैं? आप जो लिखेंगे, वह छापेंगे। उसमें कोई एडिट नहीं करेंगे। फिर ये पेमेंट भी करेंगे। विचार के मामले में आपको समझौता नहीं करना है। फिर उन पत्रिकाओं का सर्कुलेशन बहुत है, एक तो लाभ आपको यह है। वे कहते, नहीं पार्टनर, अपन इन पत्रिकाओं में नहीं लिखेंगे, 'वसुधा' में लिखेंगे। अपनी पत्रिका में लिखेंगे।

सु. पां. : तो क्या पूँजीवादी प्रतिष्ठानों से निकलनेवाली पत्रिकाओं में प्रकाशित होने के वे बिलकुल विरुद्ध थे या कि अपने विचारों के प्रति उनकी प्रतिबद्धता इतनी दृढ़ थी?

ह. प. : हाँ, विचार प्रतिबद्धता तो उनकी थी ही, लेकिन मैंने उनको आश्वस्त किया था कि विचारों के मामले में आपको समझौता नहीं करना पड़ेगा। जो आप लिखेंगे, वह छापेंगे। बस, व्यावसायिक रूप से उनको आपके लेखन की आवश्यकता है। सीधी बात है यह। मैंने कहा, मैं जो लिखता हूँ, वह भी सब उनके विरुद्ध ही जाता है, लेकिन छापते हैं, क्योंकि यह व्यवसाय का मामला है। लेकिन वे इस मामले में कॉफी सख्त थे। कहते थे कि लिखूँगा ही नहीं मैं। तो ऊपरी आमदनी उनकी हो नहीं पाती थी। लेकिन बहुत मन के साथ 'वसुधा' में लिखते थे वे। 'वसुधा' की सबसे बड़ी उपलब्धि मैं यही मानता हूँ कि उनसे हम 'साहित्यिक की डायरी' लिखवा पाए। इतना महत्त्वपूर्ण कार्य करवा पाए।

सु. पां. : पत्नी और बच्चों से उनके सम्बन्ध नॉर्मल थे?

ह. प. : नॉर्मल थे। बड़े स्नेहिल पिता थे वे और अपनी सामर्थ्य के अनुसार, बच्चों के लिए सब कुछ करते भी थे। बहुत विचित्र किस्म का उनका स्नेह था। जैसे कि यहाँ जबलपुर आए तो एक प्रकाशक से पुस्तक का कॉन्ट्रैक्ट करवा दिया मैंने। मैंने उससे कहा कि इनको कुछ 'एडवांस' दे दीजिए तो उसने कहा कि बोलिए, कितना दे दूँ? मैंने कहा कि तीन-चार सौ रुपया दे दीजिए। तो उसने चार सौ रुपये

इनको दे दिये। इन्हें कतई उम्मीद नहीं थी। चार सौ रुपये लेकर जब बाहर निकले तो बड़े चमत्कृत थे। कहने लगे, 'पार्टनर', अद्‌भुत आदमी हैं। ये चार सौ रुपये दे दिये मुझे। इन मामलों में इतने भोले थे कि प्रकाशक ने चार सौ रुपये दे दिये तो चमत्कृत हैं, गद्‌गद हैं कि कैसे दे दिये! कहने लगे—अच्छा, पार्टनर, ऐसा करते हैं कि बच्चों के लिए कल कपड़े खरीद लेते हैं यहाँ से! दूसरे दिन मैंने कहा कि चलिए, कपड़े खरीदते हैं बच्चों के लिए तो बोले, नहीं पार्टनर, बच्चों के कपड़े नहीं खरीदेंगे। इससे हम कर्ज पटा लेंगे। अबकी बार जब फिर मिलेगा, तब बच्चों के कपड़े खरीदेंगे।

सु. पां. : उनकी राजनीतिक गतिविधियाँ अपनी तरह की रही होंगी, उसके सम्बन्ध में आप क्या कहना चाहेंगे।

ह. प. : देखिए, एक तो मैं आपको स्पष्ट रूप से कहूँ कि उनका विश्वास मार्क्सवादी दर्शन में था। वे बहुत अधिक प्रभावित थे, मार्क्सवादी दर्शन से। कुछ लोग छिपाते हैं। इसको ख्वाहमाख्वाह छिपाना नहीं चाहिए क्योंकि सच ही है वह। उज्जैन में ही जब उनकी नई जवानी थी तब ही वे कम्यूनिस्ट पार्टी के मेम्बर थे, और सक्रिय थे। वे कम्यूनिस्ट पार्टी के नजदीक हमेशा रहे। राजनांदगाँव में पैम्फलेट लिखते थे। ट्रांसलेशन करके देते थे। लेकिन वे वहाँ मेम्बर नहीं हुए। जब पहली बार यूरी गगारिन अन्तरिक्ष में गया तो वह उनके लिए त्योहार का दिन था। समाजवादी विज्ञान का कमाल है कि कितने साल हुए हैं क्रान्ति को, इस बीच में इतने पिछड़े देश ने यह उन्नति कर ली कि अन्तरिक्ष में पहला यात्री भेज दिया। बहुत खुश होते थे, इन सब बातों को लेकर।

सु. पां. : हम समझते हैं कि हिन्दी में फैंटेसी का स्वतंत्र इस्तेमाल पहली बार मुक्तिबोध ने ही किया। क्या इसका कोई अनिवार्य सम्बन्ध उनके व्यक्तित्व से था?

ह. प. : देखिए, ऐसा है कि वे कभी-कभी कहते थे कि पार्टनर मेरा सोचना ही 'फैंटेसी' में होता है। उनका एक निबन्ध है : 'कला के तीन क्षण'। इसमें भी कहा है कि यथार्थ को ग्रहण करने के बाद फिर 'फैंटेसी' बनती है। तीसरे क्षण में फैंटेसी पिघलती है तब फिर उसको शब्द-रूप मिलते हैं। तब वह रचना बनती है। मेरा खयाल है कि अपनी अनुभूतियों की अभिव्यक्ति के लिए उनको फैंटेसी अनुकूल बैठती थी। उनके जो पात्र हैं, मैं आपको जानकारी के लिए बता दूँ कि वे सब जीवित पात्र हैं। उनके एक उपन्यास के सारे पात्र राजनांदगाँव के हैं। कॉलेज के टीचर हैं, प्रिंसिपल हैं, गवर्निंग बॉडी के चेयरमैन और उनके मित्र भी हैं। इसका एक सब्जेक्टिव रीजन भी है कि स्वयं मुक्तिबोध हमेशा अपने को असुरक्षित महसूस करते थे। यह नहीं कि विक्षिप्त थे वे। लेकिन एक खास तरह का अविश्वास, असुरक्षा की

भावना और कुछ-कुछ इस प्रकार की ऐब्नॉर्मिलिटी उनके अन्दर दिखती थी। जैसे कि उन्होंने दाहिनी जेब में चाबी रखी है, और जब घर आए, दाहिने जेब में हाथ डाला, चाबी नहीं मिली तो घबरा जाते थे। सही घटना है यह। इक छोटी-सी बात कि जहाँ चीज रखी है, वहाँ नहीं है तो इससे आतंकित हो जाते थे कि कोई षड्यंत्र है, क्या ये मेरे खिलाफ? इसका कारण यह है कि उनके जीवन के अनुभव इस प्रकार के थे। उन पर तरह-तरह के आघात भी हुए—उनके विचारों को लेकर, जैसे उनकी इतिहास वाली पुस्तक को लेकर भयंकर कांड हुआ था। शारीरिक रूप से भी क्षति पहुँचाने की योजना बन चुकी थी। किसी कारण से वे बच गए, यह अलग बात है। लेकिन नारे लिखाए गए थे उनके खिलाफ और जुलूस निकल चुका था। किताबों की होली जला दी गई थी। इनको धमकी दे दी गई थी कि आपको मारेंगे, तो इस सबका असर उनकी मानसिकता पर पड़ा।

सु. पां. : कुछ लोगों ने कहा है कि इसमें वे भी शामिल थे, जिन्हें वे अपना मित्र मानते थे।

ह. प. : यह तो मैं नहीं जानता। इतना भर जानता हूँ कि एक राजनीतिक दल और प्रकाशक, इन लोगों ने मिलकर सारे मध्य प्रदेश में आन्दोलन चलाया था। मुक्तिबोध इतिहासकार नहीं थे। और जो बातें एतराज मानी गई थीं, वह शासन ने स्वयं प्रकाशित की थीं। वे महीने उनके बहुत ही कष्ट और परेशानी में गुजरे। उन्होंने फिर बहुत व्यापक रूप में देखा कि यह कितना बड़ा संकट है। वे अक्सर मित्रों से कहते थे कि आपने देखा होगा कि दिन में देखते हैं, दुकान पर बैठे हैं, धन्धा कर रहे हैं, स्कूल में अध्यापक हैं और क्लर्क हैं। बड़े-बड़े आदमी लगते हैं। लेकिन रात को क्या करते हैं ये? अन्धकार में? बन्दूक लिये हुए हैं, छुरा लिये हुए हैं। ये लिये हुए हैं—वो लिये हुए हैं, तो ये सब उस कविता के पीछे है, उनका अनुभव।

सु. पां. : बीमारी के दिनों में मुक्तिबोध जी किस तरह सोचते थे?

ह. प. : मैं दिल्ली में था, वहाँ खबर मिली। उनकी चिट्ठी पहुँची। श्रीकान्त वर्मा के पास मैं तुरन्त वहाँ से भोपाल आ गया। वहाँ मुख्यमंत्री से बात की। किसी मेडिकल कॉलेज में उनको भर्ती कराने का तय हो गया। फिर राजनांदगाँव गया मैं। उनको वहाँ से लेकर भोपाल आ गया। खुद ले गया था उस स्टेज में। उस स्टेज में भी वे मुझे देखकर बहुत खुश हुए। प्रमोद वर्मा भी आ गए। अत्यन्त प्रसन्नता हुई उन्हें। बीमारी को बिलकुल भूल गए। उसके बाद से उन्होंने अपनी बीमारी के बारे में सोचना छोड़ दिया। अपने को पूरी तरह से मित्रों के हाथ में सौंप दिया था। भोपाल चलना है आपको यहाँ से, मैंने उनसे कहा तो उन्होंने इस बाबत कोई प्रश्न नहीं किया। यह नहीं कहा कि रायपुर पास है, यहाँ से, वहाँ क्यों न जाएँ? नहीं, आप

भोपाल कह रहे हैं, भोपाल चलिए। भोपाल में जो कहते थे, मान लेते थे। शायद निर्णय भी उन्होंने देना बन्द कर दिया था। बस, गुमसुम सोचते रहते थे। साफ बोल भी नहीं पाते थे। केवल अपनी इच्छा से सिगरेट माँगते थे।

सु. पां. : क्या इस चीज का एहसास था कि बीमारी से वे चंगे हो जाएँगे?

ह. प. : हाँ, उनके दिमाग में राजनांदगाँव में यह बात थी कि ठीक हो जाएँगे। एक तटस्थ भाव उनके भीतर आ गया था। भोपाल में क्या हुआ कि एक रात उनका मुँह टेढ़ा हो गया। उनकी एक पुस्तक का नाम है : 'चाँद का मुँह टेढ़ा है'। तब डॉक्टर को हम लोगों ने बुलवाया, उपचार हुआ उनका। टेढ़ापन ठीक हुआ। आन्तरिक संघर्ष में भी डॉक्टरों से वे बहस किया करते थे। वे डॉक्टरों से कहते थे कि उनका दिमाग बड़ा चक्करदार है। वे मेडिकल साइंस को लेकर ही उसकी विश्वसनीयता के बारे में बात करने लगते थे। लेकिन एक स्टेज पर मुझे यह लगता है कि वे मान चुके थे कि यह बीमारी उनकी अच्छी होगी नहीं।

सु. पां. : एक अन्तिम प्रश्न। श्रीमती शान्ता मुक्तिबोध का एक 'इंटरव्यू' प्रकाशित हुआ था, जिसमें उन्होंने लिखा कि शिव की बड़ी पूजा करते थे और कुछ घरेलू कर्मकांडों में विश्वास करते थे।

ह. प. : देखिए, एक तो मैं उनके घर में रहा नहीं, जिससे उनकी दिनचर्या देख सकूँ। लेकिन जो बातचीत होती थी, उसमें तो कहीं वे आस्तिक नहीं थे। वे निरीश्वरवादी ही थे। हम लोगों का विश्वास है, और अभी भी है। लेकिन अगर श्रीमती मुक्तिबोध कहती हैं तब तो यह बात विश्वसनीय है। ऐसा करते होंगे वे। हो सकता है, एक कर्मकांड के रूप में, या उनसे छूट नहीं रही थी एक परिवार की परम्परा, इस कारण करते होंगे। लेकिन बातचीत में, उनके लेखन में कहीं इस प्रकार का कोई अन्धविश्वास है नहीं। दूसरी बात यह है कि इसको बहुत कट्टरतापूर्वक नहीं लेना चाहिए।

[व्यंग्यशती]

साहित्य में 'अविधा' शब्द की कोई अवधारणा नहीं

जया 'नर्गिस', धीरेन्द्र शर्मा की बातचीत

प्रश्न : छंद विधान की वैज्ञानिक उत्पत्ति वैदिक साहित्य, विशेष कर सामवेद और 'ब्राह्मण' ग्रंथों के 'रिच्युअल एप्लीकेशन' से सम्बद्ध है और यह जीवन के लयात्मक स्पन्दनों की भी एक वैज्ञानिक अभिव्यक्ति है। क्या आज इसे नकार देना चाहिए?

उत्तर : साहित्य की समग्रता को ही मैं जीवन की अभिव्यक्ति मानता हूँ। छंद-विधान को संगीत और साहित्य के बीच तालमेल बैठाने के लिए एक सेतु के रूप में स्वीकार करता हूँ। उर्दू छंदों का विधान भी इसी सन्दर्भ में बनाया गया है।

प्र. : क्या संगीत के तीनों अंगों (गायन, वादन, नृत्य) में सुर, लय, ताल, कदम-बोल आदि की भी उत्पत्ति छंदों की उत्पत्ति की ही भाँति हुई है?

उ. : छंद और संगीत में स्वरों का आरोह-अवरोह की उच्चारण प्रक्रिया का पारस्परिक सामंजस्य स्थापित है। यहाँ भाषा-विज्ञान और व्याकरण-शास्त्र (प्रतिशाख्य और अष्टाध्यायी के विशेष सन्दर्भ में) स्वरों के विविध भेदों (उदात्त, अनुदात्त और स्वरित अथवा ह्रस्व, दीर्घ और प्लुत आदि) को संगीत में स्वरांकन-पद्धति का सवाल बीच में खड़ा कर दिया जाता है तो मैं तुम्हारी इस बात से सहमत हूँ कि छंद और व्याकरण में निर्दिष्ट किये गए स्वरों के विविध भेदों और संगीत में स्वरांकन-पद्धति के बीच जो अन्तर्निष्ठ सम्बन्ध है, उसी से असंख्य राग-रागिनियों का निर्माण किया जाता है।

प्र. : 'शह्र' को शहर और 'ज़ह्र' को जहर लिखने की छूट तो दुष्यन्त जी ने भी 'साये में धूप' में माँगी थी और उस प्रकार की सुविधा का इस्तेमाल भी उन्होंने किया था।

उ. : दुष्यन्त कुमार को उर्दू की किसी हद तक अच्छी जानकारी थी, पर कई जगह उन्होंने अपने लिए सुविधा बना ली थी।

प्र. : उर्दू में कुछ शब्द ऐसे हैं जिनमें नुक्तों का बहुत महत्त्व है, जैसे ज़माना और जमाना शब्दों के अर्थ मात्र नुक्तों से ही बदलते हैं। पर कई शब्द ऐसे भी हैं जहाँ नुक्ता होने न होने से फर्क नहीं पड़ता। शिक्षा और संस्कृति मंत्रालय, भारत सरकार ने जो मानक वर्तनी तैयार की है उसमें नुक्ते के पालन न करने और हलंत से रहित कुछ प्रचलित शब्दों को प्रयोग के लिए मान्यता दी है। क्या ऐसे शब्दों को बिना नुक्तों के प्रयोग करने की छूट दी जा सकती है?

उ. : अगर यह मालूम है कि कहाँ नुक्ता लगाना है और कहाँ नहीं, तो नुक्ता लगाने में कोताही से कोई फायदा नहीं, क्योंकि लिपि में ध्वनियों की सही अभिव्यक्ति और उनका सही उच्चारण महत्त्वपूर्ण है।

प्र. : देवनागरी लिपि की वैज्ञानिकता और अभिव्यक्ति क्षमता पूरे संसार में असंदिग्ध है, फिर बोलचाल में ह्रस्व 'ए' नामक एक नया स्वर अस्तित्व में आ गया है। इसकी अभिव्यक्ति के लिए कोई व्यवस्था तो की जानी चाहिए।

उ. : पद्य के पढ़ने में ही इसका अस्तित्व है। मात्राओं की गणना में उच्चारण को देखते हुए इसे ह्रस्व मात्रा माना जाए, न कि दीर्घ।

प्र. : हिन्दी-भाषियों से तो यह उम्मीद की जाती है कि वे उर्दू-फ़ारसी के शब्दों को सही ढंग से बोलें-लिखें, किन्तु गैर-हिन्दी भाषी लोग अंग्रेजी के शब्दों का तो ठीक उच्चारण करते हैं, लेकिन हिन्दी के संयुक्त वर्णों वाले शब्दों को तोड़कर बोलते हैं, जैसे 'प्रदेश' को परदेस, 'कर्म' को करम आदि, तो क्या यह ठीक है?

उ. : नहीं, यह आदत भी गलत है। लेकिन हिन्दी वाले जितनी मेहनत अंग्रेजी सुधारने में करते हैं, उतनी अपनी भाषा को सुधारने में नहीं करते। हिन्दी वाले स्वयं अपने शब्दों को गलत बोलते-लिखते हैं, जैसे श्याम को स्याम, व्यंग्य को व्यंग आदि। यह भी तो ठीक नहीं।

प्र. : लघु व्यंग्य जैसी मान्यताओं से आप कहाँ तक सहमत हैं? कुछ लोग लघुकथा को उपविधा बताते हैं, यह कहाँ तक ठीक है?

उ. : न तो लघु व्यंग्य या दीर्घ व्यंग्य की कोई संकल्पना बनती है और न ही लघुकथा कोई उपविधा है। अभिधा, व्यंजना और लक्षण अभिव्यक्ति की शैलियाँ या रीतियाँ मात्र हैं। छोटी-बड़ी या गद्य-पद्य की किसी भी रचना में रचनाकार इन तीनों का या किसी एक अथवा दो का इस्तेमाल कर सकता है। रचना में जिस गुण की अधिकता रहेगी या जिसके प्रयोग से रचनाकार अपने कथ्य का सम्प्रेषण कर ले, उसी गुण वाली वह रचना मानी जाएगी। मैंने छोटी-बड़ी दोनों तरह की व्यंग्य-कथाएँ लिखी हैं और लेख भी, हास्य और इसके माध्यम से करुण रस का

भी समावेश रहा है। यह करुणा सार्वजनिक हितों से सम्बद्ध रही है। अधिक-से-अधिक ऐसी रचनाओं को व्यंग्य-कथा का व्यंग्य लेख माना जा सकता है। काव्य की विधाएँ तो दो ही हैं—एक गद्य और दूसरी पद्य। दोनों विधाओं की अभिव्यक्ति दृश्य और श्रव्य रूप से की जा सकती है। साहित्य में उपविधा शब्द की कोई अवधारणा बनती ही नहीं।

प्र. : गद्य और पद्य के प्रयोग के लिए कुछ विशिष्ट उद्देश्य निर्धारित किये जा सकते हैं?

उ. : यह तो परिस्थिति, प्रसंग और आवश्यकता पर निर्भर करता है कि कहाँ गद्य से काम लें और कहाँ पद्य से। वैसे निबन्ध, लेख, कहानियाँ, नाटक, उपन्यास, इतिहास आदि गद्य में लिखे जाते हैं और अभिव्यक्ति की अति सरसता के लिए पद्य का प्रयोग होता है।

प्र. : आख्यान, इतिहास, नीति आदि को पद्य में व्यक्त करने की जो परम्परा रही है, उसे क्या कहा जाएगा और गद्य कविता आपकी दृष्टि में क्या है?

उ. : संस्कृत के ऐतिहासिक महाकाव्य, पुराण, आर्ष ग्रंथ आदि पद्य में ही उपलब्ध हैं, इसी तरह गीति काव्य। यह हमारी परम्परा की समृद्धि है। हिन्दी में भी ऐसे ग्रंथ, प्रबन्ध काव्य, खंड काव्य, महाकाव्य आदि पद्य में ही लिखे गए हैं। इन्हें गद्य में लिखा जा सकता था और तब ये उपन्यास, नाटक, कहानी, इतिहास, जीवन-गाथा अथवा पुराण लेखन की कोटि के साहित्यिक ग्रन्थ बनते। रही बात गद्य कविता की, तो गद्य शैली में शब्द, वाक्य-विन्यास और भाषा के माध्यम से वर्णन में एक 'रिद्म' या भावनात्मक लयात्मकता का सान्द्र स्पर्श देना ही गद्य कविता है। फिर भी विधा के तौर पर वह गद्य ही है, जो मुक्त छंद की कविता से अलग है।

प्र. : संस्कृत में नल-चम्पू जैसे ग्रंथों और लोककला में नौटंकी की कलाओं और कथोपकथन शैली को किस कोटि में रखा जाए जो न विशुद्ध रूप से गद्य है और न विशुद्ध रूप से पद्य है?

उ. : गद्य और पद्य की मिश्रित भाषा में भी ग्रंथों की रचना हुई है, जिसे प्राचीन काल में 'चम्पू' काव्य कहा जाता था। ऐसे ग्रंथों के नाम के बाद में 'चम्पू' इसीलिए जोड़ा जाता था। अंग्रेजी में भी शेक्सपियर काल के नाटकों में यह विधा मिलती है। इस विधा की विशेषता यह है कि इसका पद्य मुख्य कथा के क्रमिक विकास का अंग होता है। प्रसंग के अनुकूल गद्य या पद्य में कथा का विकास कराया जाता है, किन्तु अब इसका उपयोग शायद नहीं होता।

प्र. : युवा पीढ़ी, खास कर जो आजादी के बाद पैदा हुई है, उसकी सम्भावनाओं के बारे में आपकी राय क्या है?

उ. : युवा पीढ़ी के संघर्ष में जटिलताएँ अवश्य अधिक हैं, किन्तु उनके पास सुविधाएँ और सहूलियतें भी अधिक हैं। आज की पीढ़ी आजीविका और 'स्टैब्लिशमेंट' की समस्या से जूझते हुए भी कोई न कोई 'स्कोप' देख रही है। प्रकाशनों की न केवल सुविधाएँ बढ़ी हैं, बल्कि अच्छा पारिश्रमिक भी मिल जाता है। जब कि हम लोग जब युवा थे तो प्रकाशनों की सुविधाएँ नहीं थीं और पारिश्रमिक भी बेहद कम और कई बार नहीं मिलता था। आज स्थिति बेहतर है।

प्र. : युवा पीढ़ी के लेखन की सार्थकता के विषयं में आपकी क्या राय है?

उ. : युवा पीढ़ी द्वारा लिखी गई अच्छी रचनाएँ भी देखने को मिल जाती हैं। अब जया 'नर्गिस' की गजलों को ही लो, मुझे इन्हें सुनकर बड़ी प्रसन्नता हुई और जया से आशा बँधी है कि वह आगे और अच्छा लिखेगी। किन्तु सामान्य तौर पर युवा पीढ़ी से निराशा ही मिलती है। ऐसा उसके यथार्थवादी ऐतिहासिक चिन्तन में, परम्पराओं की अनभिज्ञता में, सामाजिक यथार्थ की उपेक्षा में और गहन अध्ययन और चिन्तन के अभाव में परिलक्षित होता है। केवल साहित्य और काव्यशास्त्र की सतही जानकारी से कुछ नहीं होता। लेखक को अपने सामाजिक परिवेश, देश की आर्थिक स्थिति, सामाजिक, धार्मिक, सांस्कृतिक, राजनीतिक, भौगोलिक, ऐतिहासिक और साहित्यिक पृष्ठभूमि के वैविध्य की भी ठोस और गहन जानकारी होनी चाहिए। विभिन्न विषयों के ग्रंथों और सामग्रियों पर उसकी पकड़ असंदिग्ध रूप से होनी चाहिए। इनकी उपेक्षा करके युवा पीढ़ी वैचारिक या व्यावहारिक रूप से प्रगतिशील नहीं हो सकती। इस सन्दर्भ में मुझे तुम दोनों से बात करके वाकई बहुत आनन्द आ रहा है।

प्र. : प्रगतिशील वैचारिकता को स्पष्ट करेंगे?

उ. : अपने परिवेश और रोज की घटनाओं की विश्लेषणात्मक व्याख्या के लिए मार्क्सवादी दृष्टिकोण अपनाते हुए, निष्कर्ष निकालते हुए कार्य (लेखन) करना। मार्क्सवादी नजरिया एक सतत चलनेवाली प्रक्रिया है। उदाहरण के लिए अगर किसी आन्दोलनकारी जुलूस पर गोलियाँ चलें और दो आन्दोलनकारी मजदूर मारे जाएँ तो इस घटना को नौकरशाही, सत्ता वर्ग, पूँजीपति और प्रगतिशील लेखक अपने-अपने ढंग से ग्रहण करेंगे। जो प्रगतिशील होगा, वह घटना की पृष्ठभूमि और उसके परिणामों के कार्य-कारण सम्बन्धों तथा अन्तर्विरोधों को सही ढंग से विश्लेषित करेगा। अगर प्रगतिशील दृष्टिकोण नहीं है तो केवल दकियानूसी परम्पराओं के पालन से क्या होगा?

प्र. : दकियानूसी परम्पराओं से आपका क्या तात्पर्य है?

उ. : इस ढंग से कार्य करना कि जिसका सन्देश 'मा फलेषु कदाचन' है। यह तो एक प्रतिगामी बात हुई कि काम करो पर फल की आशा मत करो। इससे अकर्मण्यता और भाग्यवाद की पुष्टि होती है।

प्र. : यह तो तसवीर का एक पहलू है। नियतिवाद और भाग्यवाद के विरुद्ध और कर्म के पक्ष में प्राचीन साहित्य में बहुत कहा गया है। जैसे यह श्लोक 'उद्योगिनं पुरुषसिंहमुपैति लक्ष्मीः दैवेन देयमिति कापुरुषाः वदंति।'

उ. : यही तो वैज्ञानिक दृष्टि है। साहित्य की परम्पराओं के गहन अध्ययन और चिन्तन से भविष्य के निर्माण के लिए ठोस यथार्थवादी दृष्टि मिलती है।

[अनुगमन]

रचनाखोजी परसाई के साथ

मलय की बातचीत

परसाई के पाठक रचना में रचे हुए परसाई को अच्छी तरह जानते हैं और उनकी रचना के साथ होकर आगे भी बढ़ना जानते हैं। पर जब हम परसाई के साथ या सामने होते हैं, तो यह और बखूबी जान पड़ता है। रचना के बीच उभरकर दिखते परसाई और रचनाखोजी परसाई का व्यक्तित्व, दो ऐसी समानान्तर मार्ग-रेखाएँ हैं, जिनसे चल निकलनेवाली अनुभवी दुनिया, एकदम नई-सी और लगातार आगे बढ़ने-बढ़ाने और समृद्ध होते जानेवाली हमें सीधे तौर से बदलते जानेवाली दुनिया भी है। बस, ठीक जैसे दौड़नेवाली ट्रेन के अन्दर बैठे लोगों की विचार-संवाद वाली स्थिति और उसी से जुड़ी और गतिशील खिड़की के बाहर की हवा की लपट मारती फैली हुई, हमारी ही दुनिया का एक बहुत बड़ा भाग है।

आप परसाई के कमरे में प्रवेश कीजिए, बैठिए। परसाई से संवाद करते हुए लोगों के दिमाग में बराबर खिड़कियाँ खुल गई होती हैं, और वे देखते हैं—देखते जाते हैं—व्यापक उगती लहलहाती मानवीयता के हरे-भरे खेत, जो हरे कपड़े की तरह खिंचकर बहते-से पानी के रेले में, सिकुड़कर घने हो रहे हैं या उनकी तरलता विशेष तरह से लहरा रही है। बाजू की हिलती पहाड़ियों से चट्टानें दरकती उफना रही हैं। खेत पर बेर-झाड़ियों का दरा और झोंपड़ियाँ, एक साथ होने की तैयारी में चल पड़ी हैं। पेड़ भी जैसे कह रहे हैं—तुम चलो, पीछे-पीछे हम भी पहुँच रहे हैं। पर सूखी नदी अभी तक निढाल पड़ी है। जंगल सनसना रहा है, जिसे परसाई सुनते और बातचीत के बीच कागज पर टाँक लेते हैं। यह धूप का रंग और हवा का ढंग, हमारे मन के अँधेरे कोनों में प्रकाश भरता हुआ हिलोर पैदा करता है। और हमें संवाद-कतारों में आजू-बाजू जोड़ता जाता है।

परसाई की हर नई बात, खिड़की से मिनट भर में दौड़कर निकल जानेवाला खेतों या जंगल के बीच बसा ऐसा गाँव, कस्बा या शहर का टुकड़ा होती है जहाँ ठंड से अकड़नेवाले हाथ गणतंत्र दिवस पर तालियाँ बजाते हैं। श्रवण कुमार के

कन्धे दुख रहे हैं, या वसन्त घायल है और बँगले की छाया में बैठा काला कौआ, सोने से चोंच मढ़ा चुका है। पर अचरज और मजे की बात तो यह है कि परसाई की दृष्टि अपनी खिड़की के बाहर इन सभी की जड़ों में छुपकर तिरके बीजों के नवांकुर को आँख खोलते देख लेती है। और जिनके लिए हर तरह की जद्दोजहद अपनी दिनचर्या में शामिल कर लेती है।

अभी सुबह के नौ बजे हैं। मैंने बरामदे का दरवाजा खोला और कमरे तक घुसता चला गया। पाया, परसाई कुछ लिख रहे थे। 'आओ', वे बोले और मैं, सामने सोफा पर बैठ गया। वैसे यह वक्त परसाई के लिखने का ही है। वे तड़के सुबह पाँच बजे उठ जाते हैं। छह-साढ़े छह तक नित्यकर्म से फुरसत पा लेते हैं। लगभग सात बजे सोनू (बड़े भाई का पुत्र) के साथ चाय-नाश्ता करते हैं और फिर थोड़ा बाहर घूमने निकलते हैं। आठ बजे अंग्रेजी-हिन्दी के अखबार पढ़ना शुरू करते हैं और जरूरी नोट्स लेते जाते हैं। (वैसे नोट करने का काम दिन भर हर समय चलता है। यह उनकी आदत में ढल गया है। वे बात करते जाते हैं, किताब पढ़ते जाते हैं और जो सूझा, उसे आजू-बाजू या लिफाफे पर टाँकते जाते हैं) फिर आध-पौन घंटे तक रोज पत्रों के जवाब लिखते हैं। वे लगभग नौ-साढ़े नौ तक लिखने बैठ जाते हैं और यह क्रम छिटपुट अवरोधों के बीच लगभग एक बजे दोपहर तक दौड़ता है। (वे दोपहर में आराम करने के वक्त और देर रात में सोने के वक्त भी लिखते मिल सकते हैं। वे अपने इस कठोर परिश्रम से हिचकते नहीं) लेकिन आ सकनेवाले को और जो जाना-पहचाना हो, एकदम रोका तो नहीं ही जा सकता।

मैंने देखा, दरवाजे से घुसी धूप, बरामदे में चौकोर बिछी है। और वहीं से झुककर खिंचती बढ़ती सी परसाई को, तकिए के इर्द-गिर्द घेरकर छूती जा रही है। राउंड टेबल पर किताबों और फाइलों के छोटे-छोटे ढेरों के बीच परसाई ने हाथ का कागज रख दिया है। लीजिए, मैं कुछ बोलूँ कि इसके पहले ही सोनू बाहर से फुदफुद दौड़ता हुआ आता है। सोनू घर की दुनिया में दूर-दूर कोनों तक जाकर मन की मोहकता बटोरता रहता है और लगभग हर 15-20 मिनट में अपनी कमाई के संसार को परसाई के पास जमा कर देता है और परसाई भी उसे दुलार में डुबोते रँगते-रँगाते हैं। इस बार सोनू अपने दोनों हाथों में दो ताजी और गद्दर बिही के फल दबोचे है। आकर परसाई के सिरहाने खड़े होते ही उन्हें एक हाथ बढ़ाकर दिखाता है। वे कहते हैं, 'कटवा लो चाकू से, जाओ,' और अब वह दूसरे हाथ का फल उनकी ओर बढ़ाता है। परसाई फिर दुहराते हैं, 'कटवा लो चाकू से।' 'नहीं ऐसई खाऊँगा,' सोनू आग्रह के साथ कहता है। परसाई हँस पड़ते हैं। 'दाँतों से तो काटोगे या सीधा निगलोगे? देखो मलय, यह अतिवादी आचरण है। चाकू मनुष्य की श्रम और बुद्धि की विकसित परम्परा की देन है। जब उसको फेंक दिया गया। सीधे दाँत से काटकर खाना या निगलना भी क्या पीछे लौटना नहीं है? हाँ, और चाकू

का उपयोग भी होता है तो उसी तरह का। तुम कॉलेज में प्रोफेसर हो, उससे तो परिचित हो ही।' 'और फिर यह जबलपुर है संस्कारधानी। शायद चाकू इन्हीं बातों के लिए बचाकर रखी जाती है।' मेरे मुँह से निकल गया। (क्षण मात्र हम दोनों हँसी में एक हो गए) अब तक दरवाजा खुलने की आवाज आई और तब कमरे में एक पूरा मध्यवर्गीय किसान परिवार आ चुका था।

एक वृद्ध लगभग साठ वर्ष के, उनकी पत्नी लगभग पचपन वर्ष की महिला और एक पैंतालीसिया जवान। वृद्ध अचानक बोल पड़े, 'पच्चीस को रिट फाइल करना है, केवल पाँच दिन बकाया हैं। वकील चाहता है पूरे आठ सौ फीस के जमा कर दो। यदि लौटकर गाँव जाएँ भी तो इतनी जल्दी इन्तजाम करना मुश्किल है। आप बड़े लेखक हैं, सब जानते हैं—हमारे वकील भी आपको जानते हैं। आप कह दें तो काम बन जाए और परेशानी टल जाए।'

खिड़की से घुसे हवा के जोरदार झोंके से परदा फड़फड़ाया और राउंड टेबल पर से उड़ते हुए समाचार-पत्र को परसाई ने अपने हाथ से थाम लिया, बोले, 'देखिए, वकील साहब मुझे जानते हैं और मैं भी उनको। वे बहुत अच्छे वकीलों में से एक हैं। मुकदमा लेते हैं तो लगन और परिश्रम से लड़ते हैं। कोई कसर नहीं रखते। आप मेरा नाम ले दीजिए कि मैंने भेजा है, और रुपयों के लिए लौटने तक विश्वास करने को कहा है। मैं सोचता हूँ—बस इससे आपका काम चल निकलेगा।'

मुन्नी (परसाई जी की भानजी) चाय का ट्रे लिये खड़ी थी और बूढ़े बाबा इतिहास में झाँक-झाँककर पुराने सम्बन्धों को टटोल-टटोलकर सामने ला रहे थे। परसाई एक संकोच भरी सम्बन्धों की अधेड़ आत्मीयता में डूबते और उतरा जाते। बूढ़े बाबा बोलते गए, 'सीता (परसाई की बहन) बहुत छोटी थीं। मामा के यहाँ आते-जाते थे। हम छोटे थे वे पहचान गए। तुम अमुक के लड़के हो।' उनके चले जाने पर परसाई बोल उठे, 'मलय, आदमी की मजबूरी में सच्ची आत्मीयता भी कितनी बेचारी और करुण लगती है! वह जार्जेट की तरह पतली आभास मात्र हो उठती है और उसके पार रखी हुई जड़ होती चीजें भर दिखती हैं। लेकिन इस जड़ता को विकसित और प्रवाहित रखना ही मानवीय संस्कृति का अंग है।'

आज भी पूरी तरह परसाई हम सबके परिवार के मुख्य सदस्य हैं। वे दुनियादारी में घुसकर नहाते हैं, डूबते हैं, थोड़े ऊबते भी हैं, पर भीगे हुए कपड़ों की बूँद-बूँद का जायजा लेते हैं। और उन कपड़ों को धूप के हवाले करने के पहले 'रचना-तार' में स्वयं खिंचकर संवेदित भी होते हैं। वैसे संवेदना का परिष्कार कब और कैसे हो उठता है या होता चलता है, यह एक जटिल प्रक्रिया है।

परसाई ने शायद खिड़की से बाहर कुछ झाँक लिया था। वे बोलते गए, उसके सम्बन्ध में मेरी धारणा ठीक नहीं थी, वह एक चालाक और छल-प्रपंच से भरा-पूरा आदमी है, यह मेरी समझ थी। लेकिन इस बार वह मेरे पास रोज

आता। घंटों बैठता। कुछ बोलता या चुपचाप बातें सुनता। कभी-कभी अपनी कुछ बातें मेरे सामने रखता—हँसता और मजा लेता। चर्चा चल निकलती और बढ़ती रहती। ऐसा रोज होता। होता रहा। मैं उस दिन जब वापस आने लगा। गाड़ी में बैठा ही था तो वह आदमी मुझसे लिपटकर रोने लगा। क्या करता? तब मैं उसकी आत्मा के प्रसार में लिपटा हुआ स्वयं भीग रहा था। मेरे एक मित्र ने कहा कि वह नाटकीय भी है, लेकिन मैंने कहा कि उसका चेहरा उस समय नाटकीय रंगों से हीन एकदम खुरदरा था, जिस पर लगातार तीन-चार मिनट तक आँसू झरते रहे। चुपचाप आँसुओं के झरते जाने की तीव्र गति, उसके स्रोत की गहराई और सघनता का प्रमाण दे रहे थे।' इस समय परसाई सहज-सीधे लगभग तकिए से अलग होकर बैठे थे, शायद उनकी रोमावली भी इस आत्मीय आवेग से सहज और सजग हो रही थी। आँखें चौड़ी और दाहिने हाथ की तर्जनी पंजे के साथ मिलकर, पिस्तौल जैसी उभरकर उसी कोण में आवश्यकतानुसार हाथ को ऊपर तक उठा चुकी थी। परसाई जब भी अपने रचनात्मक आवेग में बोलते हैं तो उनकी अँगुली की पिस्तौल कोई भी देख सकता है। और यह सुखद आश्चर्य है कि यह पिस्तौल दुश्मनों को गोली दागती है तो पाठकों और सर्वहारा के हित में, चेतना-सम्पन्न उन्मेष का प्रेशर खुलकर, पैदा करने और दे देने का काम भी करती है। उस समय ठीक जैसे सड़क के किनारे लगे नल से अपनी झागदार तेजी से पानी आ रहा हो और घड़े, कंसहड़ी, बाल्टी, पीपे, टीन के डिब्बों, तसलों की लम्बी पंक्तियाँ भर-भर घर जा रही हों।

मुझे भी घर जाने की बात याद आई, यह परसाई के लिखने का वक्त है न? साढ़े नौ बज चुके हैं। उठने को हुआ ही था कि दरवाजे से साथी कमला प्रसाद और श्यामसुन्दर मिश्र अन्दर आ गए। जैसे कुछ क्षणों के बाद फिर यात्रा की नई शुरुआत बढ़ चली। बात दर्शनशास्त्र से शुरू हुई और 'पेट्रियॉट' में छपे बौद्ध दर्शन और परमाणु विज्ञान पर विद्वानों के बीच गोष्ठी को लपेटती आगे बढ़ने लगी। साथी श्यामसुन्दर मिश्र लगभग इस बात को फैलाकर बोल रहे थे कि 'बौद्ध दर्शन का 'अनित्य' रूपों में लगातार परिवर्तन की बात करता है और वह (अनित्य) विश्व के साथ व्यक्ति की एकता को सामने भी लाता है। भाई, सम्भावनाएँ केवल भौतिक नहीं, आत्मिक भी हैं।' कमला प्रसाद बोल रहे थे। 'ये सभी इकाइयाँ और शक्तियाँ आपस में मिलकर अर्जित के रूप में रूपान्तरित हैं। मनुष्य और अर्जित का अनन्त मिलन संस्कृति के नये आयाम खोलता है।'

'प्रकृति से सीखना और उसे बदलना आदमी का लक्ष्य है। लेकिन इतिहास और संस्कृति के अन्दर जब घुसिए, तो सतर्क होकर चलिए। यह भी समझिए कि अति प्राचीन, बृहस्पति के दर्शन को ही नहीं बल्कि बौद्ध दर्शन के निगेटिव इलेक्ट्रॉन और पॉजिटिव प्रोटान्स की जटिल प्रकृति को भी सुलझा सकने में सहयोग कर

पानेवाले इस दर्शन को, चैतन्य वादियों ने अन्धकार में ढकेल दिया। हमें आज भी इस लड़ाई को सैद्धान्तिक और अधिकतर व्यावहारिक स्तर पर भी लड़ना चाहिए लेकिन कट्टरता से नहीं, विवेक के साथ जीवन की तरल-अनुभव बहुलता से। तभी हम एक क्रान्तिकारी चेतना को विकसित कर सकते हैं।" परसाई बोल गए।

"आप ठीक कह रहे हैं। हमें अपने परम्परागत सांस्कृतिक त्योहारों के बीच गहराई में धँसकर उपेक्षित क्रान्तिकारी बीजांकुरों को पनपा सकने के लिए अनुकूल आचरण करना ही होगा।" मैं बोल गया।

"मामा, मनीऑर्डर करना है। ऑफिस जाते वक्त रुपये ले लेना। पिक्की (प्रकाशचन्द्र दुबे, परसाई के दूसरे भानजे) तीसरे भानजे विद्याभूषण दुबे से थोड़ा जोर से बोल रहे थे।

परसाई और हम सब अपनी बातों के ध्यान अवरोधित हुए। परसाई ने गौरी (छोटे भाई) के लिए चार सौ रुपये अपनी जेब से निकालकर दे दिये। अब हम सब लोगों का ध्यान घड़ी पर टिक गया। लगभग साढ़े दस हो चुके थे। हम लोग उठे और अनुमति लेते हुए बाहर आ गए।

हम लोग सड़क पर चल रहे थे लेकिन अभी भी उनके चरित्र और लेखन सक्रियता से घिरे थे। कमला प्रसाद कह रहे थे, 'भाई, परसाई जी अपने हाल के प्रपत्र में लिखते हैं, 'सच्चे आदमी को सावधान भी होना चाहिए।' सावधानियाँ कितनी जरूरी हैं और कितने तरह की भी। संगठन को मजबूत और विकसित करने के लिए हमें इन पर विचार करते हुए इन्हें आचरण में लाना चाहिए। संगठन के लिए परसाई कितने सक्रिए हैं, यह इस बात से पता चलता है कि वे सीधे प्रगतिशील लेखक संगठन के सदस्यों को लिखते हैं, 'संगठन और लेखन के सम्बन्ध में मुझे लिखें—प्रगति से अवगत कराएँ। जो समस्याएँ उठें उनके सम्बन्ध में भी मुझे लिखें।' श्यामसुन्दर बोल रहे थे।

'परसाई की दृष्टि इस मामले में चौतरफा है। वे कहते हैं—लेखन के मामले में हमें अपने और साथियों के प्रति कठोर और आलोचनात्मक होना चाहिए।' मैं बोल गया।

ज्ञानरंजन रास्ते में ही मिल गए और उन्होंने भी संगठन के मामले में इस बात को स्वीकार किया कि उनकी सक्रियता से हमारे कार्यों में गुणात्मक विकास हो रहा है।

जब मैं शाम के चार बजे लौटा तो परसाई कोई मैगजीन पलट रहे थे। उसी समय सोनू ट्राइसिकल पर दौड़ता हुआ दरवाजे पर पड़े बेंत को सिरे से ढकेलता हुआ सामने प्रकट हो गया। वह ट्रांजिस्टर को छूने लगा जिससे शायद परसाई ने समाचार सुने होंगे। शायद संगीत सुनने का इच्छुक था। परसाई उसका हाथ रोकते हुए तत्काल बोले, 'बाजा बिगड़ गया है,' वह ठीक से सोचने को हुआ ही था कि

उन्होंने किसी स्टेशन से थोड़ी आवाज निकाल दी। बस, क्या था! वह उलटे पाँव लौटता हुआ परदे के पीछे तेजी से गायब हो गया। परसाई बोले, 'गुस्सा हो गया कि बेवकूफ बनाता है।'

तब तक एक नये कहानीकार आ गए। मासिक गोष्ठी की तारीख तय होने लगी। फिर यह भी कि किसकी रचना पढ़ी जाए। मैं बोला, 'इस बार भैया, आपकी ही कहानी पर गोष्ठी हो।'

'नहीं भाई, इन नये लोगों को पढ़वाओ। यह नहीं कि मेरे पास कहानी नहीं है, यह पूरी 'बंदी' रखी है। एक क्या जितनी कहो, उतनी पढ़ दूँगा।' हँसी के ठहाके को हवा ने चारों तरफ बाँट दिया।

'क्यों भाई, तुम्हाही कहानी क्या तैयार नहीं है? अच्छा, कल शाम को आ जाओ। मुझे सुनाओ। तैयार हो जाएगी। यह काम अपने दोनों का रहा।'

परसाई की इस बात से नये कहानीकार के चेहरे पर आह्लाद और उमंग की रेखाएँ तारल्य में घुलकर मुस्कान-सी खिल उठीं।

फिर बीच-बीच में टुकड़ा-टुकड़ा बातें उभरतीं। हम सबके चेहरे परस्पर एक-दूसरे के सामने चमकते खिल जाते; या प्राप्त को परस्पर गम्भीरता से बाँट लेते हैं। इस समय परसाई की वाणी की एकाग्र धारा नहीं थी जो सबको डुबोकर एक बना देती है। वैसे परसाई की वाणी ओज के अश्व पर कम ही सवार होती है, वह सचेत और निर्द्वंद्व गजराज-सी चलती है।

मुझे याद है, बचपन में जब मेरे गाँव से हाथी निकलता था तो आते हुए हाथी की चाल के साथ बजते हुए घंटों का क्रमिक संगीत कानों के पास आता-जाता और गाँव के बच्चे उस संगीत के आधार पर हाथी के पीछे इकट्ठा होकर गाँव के बीच से निकलकर दूसरे छोर तक विदा करके ही लौटते। परसाई के गम्भीर लेखन से यह विशेष संगीत-चाल बराबर सुनी जा सकती है और फिर परसाई की बातचीत में जो पहाड़-सी उठान, मजबूत ढकेल, सूँड़ की टटोल और पकड़, पूँछ की सर्पीली फटकार, फक्कड़ मदमस्त निर्द्वंद्वता वर्तमान है, वह क्या इससे मिलती-जुलती नहीं है? यहाँ तक कि वह अपने सवार (चेतना) के आदेश पर दुश्मन को तलाश कर उसे पकड़कर गेंद-सा फेंक सकता है, चीर सकता है और यदि कुछ भी न करे तो भी पैरों से रौंदकर धूल में मिला सकता है। इस सर्वहारा की फौज में परसाई की 'टावरिंग' पर्सनाल्टी दूर से ही ऊँची और आगे दिख जाती है।

अब इस समय कहीं से बोलियों की बात चल निकली—वह इतिहास से होती हुई देश के पुनर्गठन आयोग और उसके अध्यक्ष के.एम. पणिक्कर और फिर तत्कालीन फॉरेन सेक्रेटरी सर गिरिजाशंकर बाजपेयी तक पहुँची। कौल ने लिखा है कि उस समय पणिकर चाइना में राजूदत थे। जब उन्हें सेक्रेटरी बनाकर चाइना भेजा जाने लगा, तो सर बाजपेयी ने मुझे चुपचाप बुलाकर कहा, 'देखो कौल, इस

पणिकर पर निगाह रखना। यह 'प्रो. चाइना' है। बताइए, इतने सीनियर आदमी पर मैं क्या निगाह रखता?'

फिर बात चाइना के डिनर तक पहुँची—(एक ही भोज्य वस्तु) वन कोर्स। फिर पीने का दौर सेकेंड कोर्स—फिर नई दूसरी प्लेट, फिर ड्रिंक का दौर और यही क्रम बढ़ता हुआ इलेवन कोर्सेज तक गया। 'अब सोचो मलय, खानेवाले की क्या हालत होगी?' एक खुली हँसी और लगा, जैसे कई लोग एक साथ हँस रहे हैं।

लेकिन विशेष बात यह है कि परसाई का सक्रिय और गम्भीर लेखक इस हँसी के दौर में भी सक्रिय रहता है और कलम शब्दों के पद-चिन्ह इस कागज पर, उस गजट पर, लिफाफे पर, किताब के फ्लैप पर, छोड़ती चलती है।

कुछ मामलों में परसाई की अपनी क्षमता पर ध्यान जाते ही मुझे यह बात याद आ जाती है कि मेढकों को एक साथ तराजू पर तौलना कठिन होता है। जब तक एक रखकर दूसरे को पकड़ने हाथ बढ़ाओ, पहला भी नीचे आ जाता है। लेकिन इस मामले में परसाई बहुत-बहुत हैं। और तो और, जमीन में गड़े मेढकों को (जो चोरी-चोरी छुपकर जीवित रहना चाहते हैं) टटोल लेते हैं, खींच लाते हैं और तराजू के पलड़े पर रखकर तौलते ही नहीं, चाहते हैं तो उस पलड़े को डिसेक्शन टेबल ही बना डालते हैं। जहाँ तक उनके व्यंग्य-लेखन और पैनी धार का सवाल है, यह बात साफ है कि वे बातचीत के बीच भी अपनी धार पैनियाते चलते हैं। ठीक, जैसे सैलून मास्टर हर समय सिली (आधार) पर उस्तरा घिसकर धार तेज करता है और अपनी गति के अधिरचना के प्रथम प्रैक्टिकल में पहुँचने के पहले ही चमड़े की लम्बी पट्टी पर फट-फट करके एक रगड़ की रीति और फिर क्रियाशीलता की नीति में बदल देता है। और यह सब कहीं न कहीं उनकी दिनचर्या के बीच विकसित होता रहता है।

मेरे दिमाग में इस तरह बातें आ-जा रही थीं। वे अन्दर-ही-अन्दर गूँजकर कहीं किसी परत में चिपक जातीं। तभी सोनू महाराज फिर आ गए। इस बार अकेले नहीं, अपने पिता राजकुमार दुबे (परसाई के सबसे बड़े भानजे) की अँगुली पकड़े खड़े थे। वैसे रात के नौ बजने के करीब थे पर वे बोल रहे थे, 'बाजार जाते हैं? हमें क्या लाओगे?' परसाई ने पूछा।

बस, सोनू भी एकदम बोल गया, 'फुलझड़ी।'

फिर हँसी को हवा ने एक बार फिर उछाला और फैलाया। पता नहीं क्यों, वह यहाँ पर अपने फुलझड़ी प्रेम का इजहार कर रहा था। अँधेरे के बीच प्रकाश को झरते देखना उसे अच्छा लगता था, इसलिए यह बोला था या कि परसाई की सटायरिक प्रवृत्ति में दीक्षित हो रहा था या फिर अपने अतिवादी रुझान से परसाई को चिढ़ाना चाहता था, कौन जाने, क्या था!

अब मेरा ध्यान बाएँ हाथ की नब्ज पर सधी घड़ी पर गया। रात के साढ़े नौ बज चुके थे। जूही की सुगन्ध कहीं बाहर से आकर कमरे में भर गई तो और हवा के पतले रेशे सुगन्ध के साथ हममें भी घुल रहे थे। परसाई का खिला हुआ व्यक्तित्व, उसके विकसित रचनात्मक सुगन्ध सूत्र अब मेरी संवेदना में फहरकर धड़कने लगे थे। लेकिन राउंड टेबल पर पड़ा 'नेलकटर' जैसे सारे प्रकाश का सिरमौर अपने ऊपर बाँधे था। हाँ, भाई, जैसे आईने में सूरज आ बैठता है। परसाई अपने बिखरे कागजों को टटोल रहे थे, शायद बीच-बीच में लिये नोट्स बटोर रहे थे। हो सकता है, किसी रचनात्मक छोर की सूझ और उसको किसी खूँटी से बाँध लेने को बेचैन हों! कुछ कहा नहीं जा सकता। मैं एक झपाटे में उठा।

'अब भैया, मैं चल रहा हूँ।'

'अरे बैठो', जैसे उन्होंने संकोच में कहा।

'नहीं, आपका बहुत वक्त ले लिया।' कहते हुए मैं बाहर आ गया। अब घर की ओर ताजगी से भरा चल पड़ा। लेकिन देखिए तो, थोड़ा ही आगे बढ़ने पर जूही की सुगन्ध की धीमी लहर ने फिर छुआ। कुछ आवाज भी आई। अब दिख गया एक माली रोड लाइट में बँगले की डिडोनिया सँवार रहा है। उसे अभी ही वक्त मिला होगा शायद। और पास आ जाने पर सुगन्ध ने घेर लिया। माली पसीने से तर है शायद। कैंची की आवाज में श्रम का तेजस्वित तरीका और सतर्क चलन की गतिशीलता का संगीत भी है जो मेरे आवेग को धार दे रहा है। लेकिन वे लोग भी हैं—हाँ, अभी तो हैं ही, जो बँगले के अन्दर अँधेरे में सुविधा तानकर सो रहे हैं। हो सकता है, वे हाथ उद्‌घाटन की कैंची सँवारनेवाले हों! मैं और भी ऐसी ही अनेक बातें सोचता आगे बढ़ जाता हूँ। रात गहरी हो रही है पर मैं सतर्कता और ताजगी से भरा हुआ हूँ।

[अन्तत:]

मैं मुक्तिबोध को अपना सच्चा गुरु मानता हूँ

रमेश अनुपम की बातचीत

रमेश अनुपम : लिखने की शुरुआत कैसे हुई, इस बारे में कुछ बताइए?

हरिशंकर परसाई : मैं बातें बहुत करता था, अपने को अभिव्यक्त करने की इच्छा मेरे भीतर जबरदस्त थी। मेरे खयाल से यही बाद में जाकर लेखन में कन्वर्ट हो गई। मेरे लिखने की शुरुआत के सम्बन्ध में एक घटना की महत्त्वपूर्ण भूमिका है। दीवाली की रात थी, मैं जबलपुर के फुहारा चौक से गुजर रहा था। वहाँ एक दुकान में लक्ष्मी पूजा हो रही थी। दुकान के सामने एक नई कार खड़ी हुई थी। उस कार को वहाँ पर खड़े कुछ बच्चे उत्सुकतावश देख रहे थे। तभी उनमें से किसी बच्चे ने कार पर हाथ फेर दिया, जिसे देखकर ड्राइवर ने उस बच्चे को चाँटा मार दिया। मार खाने के बाद वह बच्चा फूट-फूटकर रोने लगा था। इस दृश्य को देखने के बाद मुझे कॉफी आघात पहुँचा। मैंने सोचा कि उस बच्चे ने केवल उत्सुकतावश उस कार पर हाथ फेरा था और यह कोई ऐसी बात नहीं थी, जिससे कार को कोई नुकसान पहुँचा हो। फिर भी ड्राइवर ने उस बच्चे को चाँटा मार दिया था। मुझे इस छोटी घटना ने भीतर तक झकझोर दिया था। मैंने घर आकर इस घटना में थोड़ी-सी कल्पना का समावेश कर ज्यों-का-त्यों लिख डाला और इसे 'प्रहरी' में छपने के लिए भेज दिया। उस समय 'प्रहरी' के दफ्तर में जाकर रचना को देने का साहस मुझमें नहीं था। इसलिए मैंने 'उदार' के छद्म नाम से उसे डाक से भेज दिया, जो बाद में 'प्रहरी' में इसी नाम से छप भी गई। इस तरह यह मेरी पहली रचना थी जो मेरे छद्म नाम (उदार) से 'प्रहरी' में छपी। इस रचना के प्रकाशन के बाद मेरी खोज होने लगी। तब तक किसी को यह मालूम नहीं था कि मैं ही 'उदार' के नाम से 'प्रहरी' में रचनाएँ भेज रहा हूँ। लेकिन मेरे एक मित्र अध्यापक गौतम को शायद किसी तरह यह मालूम हो गया था कि मैं ही 'उदार' के नाम से 'प्रहरी' में लिख रहा हूँ और अन्तत: उन्होंने मुझे 'प्रहरी' के दफ्तर में पं. रामेश्वर प्रसाद गुरु के सामने खड़ा कर दिया। इसके बाद तो मैं नियमित रूप से 'प्रहरी' के दफ्तर में जाने लगा

था और अपने नाम से ही रचनाएँ लिखने लगा था। चूँकि 'प्रहरी' समाजवादियों का पत्र था इसलिए उसमें मैं कांग्रेस सरकार की आलोचना बहुत करता था।

र. अ. : बाद में आप मुक्तिबोध के सम्पर्क में कैसे आए?

ह. प. : मुक्तिबोध से मेरी पहली मुलाकात नागपुर में हुई। उस समय मैं एम.ए. की परीक्षा देने के लिए नागपुर गया हुआ था। वहाँ मैं एक मित्र रामकृष्ण श्रीवास्तव के यहाँ ठहरा हुआ था। जिस कमरे में मैं ठहरा था, उसी कमरे में कभी मुक्तिबोध, अक्षयकुमार जैन और प्रमोद वर्मा बैठकर पढ़ा करते थे। मैंने देखा कि इस कमरे की दीवारों पर भाषाविज्ञान के सूत्र लिखे थे। बाद में पता लगा कि मुक्तिबोध को चूँकि भाषाविज्ञान, अच्छा-खासा सरदर्द लगता था, इसलिए उन्होंने प्रमोद वर्मा से, जिसे वे आचार्य 'शंकुक' कहते थे, भाषाविज्ञान के सूत्र दीवारों पर लिखवा दिये थे। ताकि यदा-कदा वे उन दीवारों पर लिखे हुए सूत्र-वाक्यों को पढ़कर याद रख सकें।

एक दिन मुझे रामकृष्ण श्रीवास्तव मुक्तिबोध से मिलवाने ले गए। मुक्तिबोध दरी पर बैठे हुए थे। उस समय मुक्तिबोध ने मुझसे कोई खास बातचीत नहीं की। मुक्तिबोध की आँखें बहुत पैनी थीं। वह हर आदमी को बहुत जाँचते-परखते थे। यही कारण है कि पहली मुलाकात में मुक्तिबोध मुझसे नहीं खुले। एक वर्ष बाद मुझे आकाशवाणी में अपनी रचना की रिकॉर्डिंग के सिलसिले में नागपुर जाने का अवसर मिला। 'नया खून' के दफ्तर में मुक्तिबोध मुझसे ऐसे मिले, जैसे हम वर्षों से एक दूसरे से परिचिति हों! मैं दो दिनों तक उन्हीं के साथ रहा। इस तरह मुक्तिबोध से मेरा रिश्ता प्रगाढ़ हुआ।

र. अ. : अब जब मुक्तिबोध नहीं हैं, उन्हें याद करके आपको कैसा लगता है?

ह. प. : आप देख रहे हैं कि मेरे कमरे में सिर्फ मुक्तिबोध की तसवीर है। मेरे पास अपने और बड़े-बड़े लोगों के अनेक फोटोग्राफ्स हैं लेकिन मेरे कमरे में सिर्फ मुक्तिबोध की ही तसवीर हैं। मैं मुक्तिबोध को अपना सच्चा गुरु मानता हूँ। उन्होंने मुझे ही नहीं, हमारी पूरी टीम को (प्रमोद वर्मा, श्रीकान्त वर्मा आदि को) बहुत सिखाया है। मेरे खयाल से आज भी नई पीढ़ी के गुरु मुक्तिबोध ही हैं, अज्ञेय नहीं हैं। मुझे मुक्तिबोध की बहुत याद आती है। केवल सैंतालीस वर्ष की उम्र में मुक्तिबोध की मृत्यु हो गई थी, जो जवानी की उम्र होती है। कितनी गहरी दृष्टि और समझ थी उनकी! हम लोग तो चमत्कृत थे। आज जब मैं उनकी कविताएँ पढ़ता हूँ तो पहले से ज्यादा चमत्कृत होता हूँ। आज मुक्तिबोध को याद करके निश्चित रूप से यह कह सकता हूँ कि अगर मुक्तिबोध मेरे जीवन में नहीं आए होते तो मैं नहीं जानता कि मुझे आज जो दिशा मिली है, वह दिशा मुझे कभी मिल पाती। हम लोगों के लिए मुक्तिबोध कॉफी खुशकिस्मत व्यक्ति थे।

एक बार अज्ञेय ने अंग्रेजी में अनुवाद कर 'थॉट' छाप दी थी। वह कहानी इस प्रकार थी कि बुर्जुआ लोकतंत्र में भी सर्वसत्तावाद कैसे पनप जाता है, जिसे अज्ञेय जी ने यह समझकर 'थॉट' में छापा कि यह साम्यवाद का सर्वसत्तावाद है। मुक्तिबोध कॉफी चौकन्ने किस्म के आदमी थे। उन्होंने 'नया खून' में एक पृष्ठ का लेख लिखा कि हरिशंकर परसाई और 'थॉट' की स्प्रिट में कितना अन्तर है और अज्ञेय जैसे लेखक किस तरह नये लेखकों को गुमराह करते हैं। इस लेख के छपने के बाद कुछ मित्रों ने मुक्तिबोध से यह कह दिया कि 'नया खून' में इस लेख के छपने के कारण मैं उनसे नाराज हूँ। इसलिए मुक्तिबोध ने मेरे दो-तीन पत्रों का उत्तर ही नहीं दिया। बाद में मैंने पत्र लिखा कि आप मेरे पत्रों का उत्तर क्यों नहीं देते हैं? तब जाकर उन्होंने मुझे पत्र लिखा कि कुछ लोगों का कहना है कि तुम मुझसे नाराज हो। तब मैंने उन्हें लिखा कि आपने 'नया खून' में बिलकुल ठीक लिखा है, और मुझे इससे सन्तोष मिला है। इस तरह वे हमें सिखाते थे, बताते थे, डिस्कस करते थे।

र. अ. : एक साहित्यकार के साथ-साथ आप समाज और राजनीति में भी अगुवा रहे हैं। इसके चलते आपने खतरे भी बहुतेरे उठाए हैं। इस सम्बन्ध में कोई घटना इस समय याद आ रही हो तो बताइए?

ह. प. : 1962 में चीनी हमले के समय जबलपुर की स्थिति कॉफी खराब थी। इंडियन कॉफी हाउस चूँकि प्रगतिशील बुद्धिजीवियों का अड्डा था, इसलिए इंडियन कॉफी हाउस को राष्ट्रीय स्वयंसेवक संघ जैसे प्रतिक्रियावादी संगठनों के लोग नहीं पसन्द करते थे। 1962 में देश में हुए चीनी हमले के बाद राष्ट्रीय स्वयंसेवक संघ जैसे इन संगठनों को मौका मिल गया था। प्रगतिशील बुद्धिजीवियों और कम्यूनिस्ट पार्टियों के खिलाफ कुछ करने का यानी बदला लेने का अवसर था। उस समय राष्ट्रीय स्वयंसेवक संघ के नेतृत्व में जबलपुर के तमाम गुंडे शामिल थे। उनकी मंशा कम्यूनिस्ट पार्टी का दफ्तर और इंडियन कॉफी हाउस को आग लगा देने की थी। स्थिति बहुत चिन्ताजनक थी। तब मैं और मायाराम सुरजन, दोनों ने राष्ट्रीय स्वयंसेवक संघ और इन गुंडों के मंसूबों को विफल करने का निर्णय लिया। हम लोग कम्यूनिस्ट पार्टी और इंडियन कॉफी हाउस के पहले वाले मोड़ पर खड़े हो गए। राष्ट्रीय स्वयंसेवक संघ के नेतृत्व में निकलनेवाला जुलूस कॉफी लम्बा था, लेकिन जैसे ही जुलूस मोड़ पर पहुँचा, मैंने जुलूस को रोक लिया। जुलूस का नेतृत्व करनेवाले उस्ताद (उस समय जबलपुर का जो सबसे बड़ा गुंडा था) से मैंने कहा कि तुम इससे आगे जुलूस नहीं ले जा सकते। उस्ताद ने मुझसे कहा कि वे आगे जाकर सभा करना चाहते हैं। मैंने उससे कहा, अगर तुम्हें सभा करनी है तो तुम दूसरे रास्ते पर जाकर भी कर सकते हो। चूँकि मैं समाज में कॉफी घुला-मिला था

और सभी मेरी इज्जत किया करते थे। वह उस्ताद भी मुझे अच्छी तरह से जानता था और मेरी इज्जत भी करता था। इसलिए उस उस्ताद के सामने मुश्किल पैदा हो गई। उसे यह विश्वास नहीं था कि मोड़ पर मैं मायाराम सुरजन के साथ खड़ा मिलूँगा। उस्ताद ने कहा कि यही तो आप लोग गलत करते हैं। जब भी हम कुछ करना चाहते हैं, आप रोक देते हैं। लेकिन आप गुरु हैं, इसलिए आपकी बात माननी पड़ती है। इस तरह उस्ताद को जुलूस दूसरे रास्ते पर ले जाना पड़ा था। उस दिन हमने कम्यूनिस्ट पार्टी और इंडियन कॉफी हाउस, दोनों को जलने से बचा लिया। उस समय जबलपुर में जो पुलिस सुपरिंटेंडेंट थे उन्होंने भी हमारी सहायता की थी।

र. अ. : क्या आपको ऐसा नहीं लगता कि आपके बाद इधर व्यंग्य के नाम पर केवल गुदगुदी पैदा करने का काम जोरों से किया जा रहा है?

ह. प. : मेरे खयाल से दोनों ही हो रहा है। सार्थक सामाजिक व्यंग्य भी लिखा जा रहा है और फुलझड़ियाँ भी छोड़ी जा रही हैं। निश्चित रूप से फुलझड़ियाँ अधिक छोड़ी जा रही हैं, क्योंकि इससे अच्छी-खासी आमदनी भी होने लगी है। कवियों के साथ-साथ हास्य-विनोद भी मंच पर चलने लगा है।

आर.एस.एस. लोकतंत्र-विरोधी संगठन है

स्वामी त्रिवेदी की बातचीत

स्वामी त्रिवेदी : परसाई जी, चार्ली चैप्लिन मानते थे कि व्यंग्य एक क्रूरता है लेकिन वह बिना मानव सहानुभूति के उत्पन्न नहीं होता। क्या आप इसे मानते हैं? साथ ही मैं यह पूछना चाहता हूँ कि चार्ली चैप्लिन क्या मात्र 'कॉमेडियन' थे?

हरिशंकर परसाई : क्रूरता और मानव सहानुभूति में ऊपरी तौर पर विरोधाभास मालूम होता है पर चैप्लिन का अर्थ यह था कि गहरी मानवीय सहानुभूति से व्यंग्य उत्पन्न होता है। क्योंकि उसका उद्देश्य मनुष्य के जीवन को बेहतर करना होता है। पर जिन शक्तियों ने मनुष्य के जीवन को दुखी बना रखा है, उन पर प्रहार में क्रूरता होती ही है। यह आवश्यक है। चट्टान जैसी बुराई पर सुनार की छोटी हथौड़ी से चोट नहीं की जाती, उस पर लुहार के घन का वार ही करना होता है। चैप्लिन को कॉमेडी और ट्रेजेडी जैसे नाट्य-रूपों से मूल्यांकित नहीं करना चाहिए। यह प्रासंगिक नहीं है। चैप्लिन अपने जमाने की यूरोपीय सभ्यता के कटु आलोचक थे। 'मॉडर्न टाइम्स' में पूँजीवादी : औद्योगिकीकरण में मनुष्य की दुर्गति का चित्रण है। 'दि ग्रेट डिक्टेटर' में यूरोप के फासिस्टवाद पर व्यंग्य है। चैप्लिन कोई हँसोड़ नहीं थे। वे अत्यन्त-गम्भीर चिन्तक और आलोचक थे और पश्चिम में औद्योगिकी पूँजीवादी सभ्यता के अमानवीयकरण को चिन्ता के साथ चित्रित कर रहे थे। इसीलिए राजनीतिक और आर्थिक यथास्थिति वाली शक्तियों ने उन्हें 'कम्यूनिस्ट' कहकर अमेरिका छोड़ने को मजबूर किया।

हेमिंग्वे युद्ध-विरोधी थे। फासिस्टवाद-विरोधी थे। उनकी सहानुभूति सामान्य मनुष्य के साथ थी। तो शासक वर्ग और आर्थिक शक्तियों ने उनके पीछे भी 'कम्यूनिस्ट है' का भूत लगाकर मानसिक रूप से अस्वस्थ करके आत्महत्या करने के लिए बाध्य किया। अपने जमाने की विकृतियों का विरोध करनेवाले की अक्सर यही नियति होती है।

स्वा. त्रि. : भारतीय नाट्य में 'विदूषक' की क्या स्थिति है? यह भर्त्सना का पात्र होता है या सहानुभूति का? क्या पश्चिमी साहित्य में भी ऐसे पात्र की यही स्थिति होती है?

ह. प. : संस्कृत नाटक में 'विदूषक' का नाटक के मूल कथानक से सम्बन्ध लगभग नहीं होता। वह हास्य पैदा करने के लिए थोपा हुआ एक पात्र है, जो अक्सर मूर्ख, लोभी ब्राह्मण या मसखरा होता है। ग्रीक नाट्य परम्परा में कॉमेडी सामाजिक आलोचना का एक सशक्त माध्यम होता है। यूरोप में शेक्सपियर- बर्नार्ड शॉ आदि के नाटकों में 'क्लाउन' और 'बफून' होता है, पर यह अपने भारत के विदूषक की तरह नहीं होता। अक्सर सबसे बुद्धिमानी की बात 'क्लाउन' ही बोल जाता है। सामाजिक व्यंग्य के नाटक पश्चिम में बहुत लिखे गए हैं, जैसे—मोलियर ने। अपना 'विदूषक' तो एक बेचारा प्राणी होता है। न उसे सहानुभूति मिलती है और न भर्त्सना। वह केवल गम्भीर नाटक के बीच में थोड़ा हँसा देता है।

स्वा. त्रि. : जीवन के प्रति व्यंग्य का सतत लहजा क्या लेखक को दार्शनिक रूप से अस्थिर नहीं बना देता है?

ह. प. : लेखक कोई भी हो, कुछ जीवन-मूल्यों में विश्वास करके चलता है। जीवन-मूल्य ही साहित्यिक मूल्य होते हैं। व्यंग्य का लम्बा जीवन आलोचना का लहजा होता है—यानी गलत मूल्यों को तोड़ना और सही मूल्यों की स्थापना उसका उद्देश्य होता है। इस तरह व्यंग्य-लेखक 'सिनिक' नहीं होता, न अस्थिर होता है और न नकारवादी ही। उसके जीवन चिन्तन का एक सिलसिला होता है।

स्वा. त्रि. : आपने पत्र-पत्रिकाओं में कई सालों से चार-पाँच नियमित व्यंग्य-स्तम्भ लिखे हैं। अभी भी आप स्तम्भ लिखते हैं। आपके समकालीनों में और बाद की पीढ़ी में इस दिशा में आपको क्या सम्भावनाएँ दीखती हैं? क्या आपको ऐसा नहीं लगता कि अभी भी हास्य-व्यंग्य का साहित्य—सही खतरे न उठाकर यश, धन और वाहवाही से अधिक जुड़ा है?

ह. प. : मुझे नहीं मालूम कि मैंने ही इतना लिखकर कौन-सा शेर मार लिया। यह सही है कि खतरे मैंने उठाए हैं और अभी भी उठा रहा हूँ—यह मेरी तीव्र सामाजिक, राजनीतिक, चेतना से पैदा हुई एक बाध्यता है। जिन लेखकों में ऐसी तीव्रता नहीं है, वे हास्य-विनोद और हल्के-फुल्के मजाक से काम चला लेते हैं। पर इसका भी महत्त्व है। मनुष्य हँसना चाहता है, खुश होना चाहता है, तो उसे क्यों न हँसाया जाए? पर ऐसे लेखन में भी सामाजिक आलोचना आ ही जाती है। यश और धन सब चाहते हैं। मैं भी चाहता हूँ पर मेरे कुछ निर्मोही हो जाने और अधिक खतरा उठाने का कारण यह है कि मैं शायद लेखक से अधिक एक आन्दोलन हूँ। मैं 'शुद्ध' लेखक नहीं हूँ।

स्वा. त्रि. : अपने से पहले के व्यंग्य-लेखकों में से आप किसे स्मरण करते हैं और अपने समय के व्यंग्य-लेखकों के बारे में आपकी बेबाक राय क्या है?

ह. प. : भारत में व्यंग्य की कोई समृद्ध परम्परा नहीं है। भारतेन्दु-युग में प्रतापनारायण मिश्र और बालमुकुन्द गुप्त—शक्तिशाली व्यंग्य-लेखक थे जो मुझे पसन्द हैं। मुझसे पहले जी.पी. श्रीवास्तव और राधाकृष्ण अच्छा लिखते थे। विदेशी लेखकों में मुझे कई लेखक पसन्द हैं, 'मार्क ट्वेन, ओ'हेनरी, स्टीफन ली कॉक, मोलियर, जुनाथन स्विफ्ट, बर्नार्ड शॉ, गोगोल, चेखव, चार्ल्स डिकेंस आदि। समकालीनों के बारे में मत देना उपयोगी भी नहीं और झंझट की बात है। आप यह बात आलोचकों से पूछिए। मैं तो कह देता हूँ कि वे सब शरीफ आदमी हैं। पिछले साल नामवर सिंह मुझसे पूछने लगे कि अमृतराय कैसे लेखक हैं। मैंने जवाब दिया, अमृत राय शरीफ आदमी हैं। नामवर सिंह ने कहा कि मैं पूछ रहा हूँ कि वे कैसे लेखक हैं। मैंने कहा कि मैं जवाब भी दे रहा हूँ कि वे शरीफ आदमी हैं।

स्वा. त्रि. : कबीरदास—ऐसा मालूम होता है कि आपके प्रिय कवि हैं? ऐसा क्यों है? क्या कबीरदास अराजक नहीं थे?

ह. प. : कबीरदास में जो रहस्यवाद और सूफीवाद है, वह दिव्य है। वह अलग चीज है। मैं प्रभावित हूँ कबीरदास के विद्रोही काव्य और व्यक्तित्व से। न केवल कबीरदास, बल्कि रैदास चमार, कुम्भनदास कुम्हार आदि का विद्रोह वास्तव में मध्ययुग के वर्ण और वर्ग-सत्तात्मक समाज के प्रति विद्रोह था। संत और कवि पर भी ऊँचे वर्ण विशेष कर, ब्राह्मणों का वर्चस्व था। नीची जातियों ने कहा कि हम अपना कवि, अपने संत और अपने चिन्तक पैदा कर लेंगे। इनमें अग्रणी थे—जुलाहे कबीरदास जिन्होंने भेदग्रस्त समाज को चुनौती दी। उन्होंने वर्ण-भेद पर प्रहार किया। ऊँच-नीच पर प्रहार किया। धार्मिक कर्मकांड और पाखंड की बखिया उधेड़ी। कई मान्य परम्पराओं को मूर्खता सिद्ध किया। उनका विद्रोह चहुँमुखी था। उन्होंने काव्यशास्त्र को तोड़ा। प्रचलित काव्य-भाषा को तोड़ा। यह सब प्रहार और तोड़ने की प्रक्रिया अराजकता नहीं है। एक अन्यायी परम्परा स्थिर रहे और उससे समाज अनुशासित होता रहे, यह जड़ता है। कबीरदास ने इस जड़ता को तोड़ा। इस तोड़ने का उद्देश्य अराजकता नहीं बल्कि न्यायपूर्ण और समतावादी, मानव-मूल्यों की आग्रही नई व्यवस्था की स्थापना की उत्कट आकांक्षा है। इस तरह कबीरदास को अराजकतावादी नहीं कहा जा सकता। कबीरदास में न सम्प्रदायवाद का आग्रह था और न पंथवाद का। पंडित और मुल्ला पर समान चोट करते थे और हठयोगियों का भी मजाक उड़ाते थे। मुझे कबीरदास का अक्खड़पन और फक्कड़पन पसन्द है और उनकी झकझोर देनेवाली बेलाग अभिव्यक्ति। उन्होंने जीवन को आर-पार देखा था और सारे भ्रम तोड़ डाले थे।

स्वा. त्रि. : हिन्दी के कुछ लेखक जैसे अश्क और जैनेन्द्र प्रकाशन व्यवसाय भी करते हैं। अधिकांश लेखक विश्वविद्यालयों या प्रकाशन संस्थाओं में ऊँची नौकरियाँ करते हैं पर आपने दो दशक पहले नौकरी छोड़कर फ्रीलांसिंग का जोखिम-भरा रास्ता क्यों अपनाया? कौन-सी आकांक्षाएँ और दबाव आपके अन्दर काम कर रहे थे?

ह. प. : यह सत्य है कि बीस-पच्चीस साल पहले फ्रीलांसिंग भूखे मरने का सरल उपाय था। मेरे ऊपर तो एक बहन और उसके बच्चों की जिम्मेदारी भी थी। मुझे ऐसा लगता है कि अधिक-से-अधिक लिखने की आकांक्षा मेरे भीतर तीव्र थी। दूसरा कारण यह है कि मुझे अपनी क्षमता पर विश्वास भी था। मेरी इच्छा ऊँचे किस्म का जीवन जीने की कभी नहीं रही। फिर मुझमें शायद कोई महत्त्वाकांक्षा भी नहीं थी। मैंने सिर्फ वही लिया और पाया है जो मेरे लेखन से मुझे मिला है। लेखन के बाहर किसी जरिये से मिलनेवाला कोई लाभ मैंने नहीं लिया। नौकरी में मेरी अधिकांश शक्ति और समय चला जाता था और मैं असन्तुष्ट रहता था। मैंने पूरा समय और शक्ति लेखन को देने का तय किया। एक कॉलम मैं तब लिखता था। फिर लिखना बढ़ा और मुझे कामचलाऊ आमदनी होने लगी। आर्थिक कष्ट हमेशा रहा पर काम चलता गया।

स्वा. त्रि. : मध्य प्रदेश के बहुत-से लेखकों, कलाकारों ने यह प्रदेश छोड़ दिया—अपनी उन्नति के लिए, पर अवसर मिलने पर भी आपने जबलपुर नहीं छोड़ा। क्या इस शहर से आपके कुछ अतिरिक्त जज्बाती ताल्लुकात हैं या यह शहर आपको लेखकीय सुविधा देता है?

ह. प. : जबलपुर में मैं 1941 से हूँ। इसके पहले गाँवों-कस्बों में रहा। मूल रूप से देहाती हूँ, जो जबलपुर में अर्द्ध शहराती हो गया। जबलपुर 1941 में डेढ़ लाख की आबादी का एक बड़ा कस्बा होगा। ऐसे बड़े कस्बों का विशिष्ट सामाजिक जीवन होता है। आदमी-आदमी के सम्बन्ध करीबी होते हैं। जिनसे मिलना है, उनसे रोज मिलना हो सकता है। बैठने के अड्डे होते हैं। मानवीय सम्बन्ध स्थापित होते हैं। आदमी अकेलापन महसूस नहीं करता। फिर मित्र जिन्दगी में हमेशा नहीं बनाए जा सकते। मेरा यहाँ कई सालों का मित्र-वर्ग है। महानगरों में मैं घबड़ा जाता हूँ। दिल्ली में तीन-तीन महीने साल में रहता था। लेकिन कनॉट प्लेस की भीड़ में हर आदमी अकेला होता था। वहाँ शाम को आठ बजे जैसे आधी रात हो जाती है जबकि जबलपुर में आठ बजे शाम शुरू होती है और यारों के अड्डे जमते हैं। मैं बहुत अधिक सामाजिक प्राणी हूँ। तो महानगरों के ठंडे मानवीय सम्बन्ध, अकेलापन, हिसाब-किताब की जिन्दगी मुझे नहीं पटती। वहाँ तो किसी के मरने पर सहानुभूति के लिए भी हिसाब से 10-15 मिनट देने पड़ते हैं। इससे ज्यादा हुआ तो बस चूक जाती है। यहाँ मैं किसी के साथ बैठकर दिन भर रो सकता हूँ या हँस सकता हूँ। एक और बात है। मुझमें 'पाश लाइफ' जीने की महत्त्वाकांक्षा नहीं है। यानी एक किस्म का 'गब्दू' आदमी

हूँ। इसी कारण मैंने यह शहर नहीं छोड़ा। यहाँ मुझे काम करने की सुविधाएँ हैं तो बाधाएँ भी हैं। मैं यहाँ लेखक से अधिक, सामाजिक हलचल का आदमी रहा हूँ।

स्वा. त्रि. : आप इतना अधिक राजनीतिक लेखन क्यों करते हैं?

ह. प. : इसलिए कि राजनीति मनुष्य की नियति तय करती है। कोई मनुष्य अराजनीतिक नहीं हो सकता। भारतीय जन शायद दुनिया में सबसे अधिक राजनीतिक प्राणी हैं। दो साल बाद साले, बहनोई मिलते हैं तो यह नहीं पूछते कि बाबूजी के कैंसर में कुछ फायदा है या नहीं। कहते हैं—चरणसिंह तो गए—अब शायद बाबू जगजीवन राम आ जाएँ। पर यह राजनीति सिद्धान्तबद्ध न होकर व्यक्तियों के आसपास है। मेरे अपने कुछ राजनीतिक विश्वास हैं इसलिए मैं राजनीतिक लेखन अधिक करता हूँ।

स्वा. त्रि. : तो राजनीतिक परिवर्तन में आपके व्यंग्य की क्या भूमिका है? क्या आप व्यंग्य से क्रान्ति करके अपनी इच्छित राजनीतिक व्यवस्था कायम करने का दावा करते हैं?

ह. प. : क्रान्तियाँ व्यंग्य-लेखन से नहीं बल्कि आन्दोलन से होती है। मैं यह मूर्खतापूर्ण दावा नहीं करता कि व्यंग्य की दम पर क्रान्ति करूँगा। मेरा उद्‌देश्य है जड़ता को तोड़ना, क्रान्तिकारी चेतना का निर्माण और परिवर्तन की इच्छा। मैं पाठक को अपने साथ विचार-यात्रा पर भी ले जाना चाहता हूँ। कुल इतनी मेरी भूमिका है। इससे अधिक नहीं।

स्वा. त्रि. : क्या आपको राजनीतिक लेखन के कारण कुछ खतरे भी उठाने पड़े हैं?

ह. प. : कुछ तो आप लोग सब जानते ही हैं। एक बार मुझ पर हमला भी हो चुका है। बहुत लोगों के लिए मैं अछूत हूँ। निन्दा का पात्र हूँ। मेरा संगठित रूप से चरित्र-हनन भी होता है। पर मुझे किसी का वोट तो चाहिए नहीं। मुझे गालियों और धमकियों की चिट्ठियाँ भी मिलती हैं जिनसे लगता है कि लिखना निरर्थक नहीं जा रहा। मैं जानता हूँ, पीटनेवाला धमकी की चिट्ठी नहीं लिखता। वह बिना चिट्ठी लिखे पीटता है। मैं सक्रिय राजनीति में नहीं हूँ इसलिए राजनीतिक हानि होने का कोई सवाल ही नहीं।

स्वा. त्रि. : आप राष्ट्रीय स्वयंसेवक संघ और जनसंघ के विरोध में बहुत लिखते हैं। क्या इन्हें आप देश के लिए खतरनाक मानते हैं?

ह. प. : मेरा विश्वास लोकतंत्र और समाजवाद में है। संघ एक फासिस्ट संगठन है। वह लोकतंत्र-विरोधी है। वह इस देश में उच्च वर्ण हिन्दुओं की तानाशाही कायम करना चाहता है। यूरोप के फासिस्टवाद ने जो महानाश किया, उसे दुनिया भूली नहीं है। संघ हिन्दू राष्ट्र की बात करता है पर वास्तव में वह हिन्दू-विरोधी है। उसकी व्यवस्था में शोषक वर्ग का हिन्दू—बाकी हिन्दुओं का अबाध शोषण करता रहेगा।

मुझे केवल मुसलमानों की चिन्ता नहीं है, हिन्दुओं की भी है। मुख्य बात मानव-मूल्यों की है। फासिस्ट मानव-मूल्यों का शत्रु होता है। संघ संस्कृति का नारा देता है परन्तु संस्कृति के सारे अच्छे तत्त्वों का विरोधी है। इसलिए लोकतंत्र और मानव-मूल्यों की रक्षा के लिए मैं इसका विरोध करता हूँ। ये लोग चुनाव लड़ते हैं, इसका यह अर्थ नहीं कि उनका विश्वास लोकतंत्र में है। यह ढोंग है। चुनाव तो हिटलर की पार्टी भी लड़ी थी। संघ सरीखा फासिस्ट संगठन, पूँजीवाद के पक्ष की आखिरी लड़ाई लड़ता है। पर यह यूरोपीय फासिस्टवाद से भिन्न है। यह अर्द्ध-सामन्ती और मध्यवर्गीय है। भारतीय पूँजीपति और उद्योगपति अभी संघ की तानाशाही नहीं चाहते क्योंकि भारतीय पूँजीवाद विकास पर है, संकट में नहीं। संघ की तानाशाही उद्योग के आधुनिकीकरण में बाधा पहुँचाएगी। और दस करोड़ गैर-हिन्दू भारतीयों की खरीदने की क्षमता कम करेगी। भारतीय पूँजीपति दस करोड़ उपभोक्ता नहीं खोना चाहता। इसलिए पूँजीवाद सत्ता में संघ की हिस्सेदारी चाहता है—एकाधिकार नहीं। संघ भारत में कभी भी हिन्दू तानाशाही स्थापित नहीं कर पाएगा, क्योंकि जनता उसके साथ नहीं है। वास्तव में भारतीय संस्कृति और जनमानस अत्यन्त उदार, लोकतंत्रवादी-मानवतावादी-विश्वात्मवादी है। हमारे देशवासी संघ को कभी बर्दाश्त नहीं करेंगे। अभी जो वह बढ़ा है, वह केवल संकीर्ण उन्माद के कारण।

स्वा. त्रि. : आपने विवाह क्यों नहीं किया? या इसका असर आपके लेखन और दृष्टिकोण पर नहीं पड़ा?

ह. प. : छोटी उम्र में ही माता-पिता की मृत्यु हो जाने और छोटे भाई-बहन होने के कारण दायित्व निभाने का सिलसिला 20-21 वर्ष की उम्र से जो शुरू हुआ तो अपनी गृहस्थी करने की फुर्सत ही नहीं मिली। यह जिम्मेदारियाँ अभी भी निभा रहा हूँ। यह सही है कि जीवन के एक पक्ष के अनुभव मुझसे छूट गए और वे मेरे लेखन में नहीं आए। दृष्टिकोण में कोई खास अन्तर पड़ा हो, ऐसा मुझे नहीं लगता।

स्वा. त्रि. : क्या आगे आप कुछ ऐसा लिखना चाहते हैं जो अभी आपसे नहीं लिखा गया?

ह. प. : कई लेखकों की मजबूरी होती है कि जो वे लिखना चाहते हैं, वह न लिखकर कुछ और लिख जाते हैं। मेरे साथ भी यही है। मैं कोई बड़ा उपन्यास नहीं लिख सका। मुझे लगता है कि मुझसे 'एपिक्टेलेंट' शायद नहीं है। मैं परम्परागत उपन्यास की विधा को सँभाल नहीं सकता। मेरा सोचना अधिकतर 'फैंटेसी' में होता है। मैं चाहता हूँ कि आगे एक-दो लम्बी फैंटेसियाँ लिखूँ, जिन्हें आलोचक उपन्यास मान लें या उपन्यास की परिभाषा बदल दें।

मैं सर्वहारा की तानाशाही को गलत मानता हूँ

सरजू प्रसाद मिश्र की बातचीत

सरजू प्रसाद मिश्र : आपका बचपन कहाँ बीता? पढ़ाई-लिखाई कहाँ हुई? लेखन-प्रकाशन कब शुरू हुआ?

हरिशंकर परसाई : मेरा जन्म सन् 1922 में हुआ। मेरे पिता लकड़ी-कोयले का धन्धा करते थे, जहाँ जंगल खरीदते थे, वहीं रहना पड़ता था। बचपन में होशंगाबाद जिले के कई गाँवों में घूमा। फिर हम लोग टिमरणी कस्बे में बस गए। वहीं से मैंने मैट्रिक पास किया। इसके आगे आर्थिक हालत खराब हो गई। पिताजी मृत्युशय्या पर थे। मैट्रिक पास करने के बाद जंगल विभाग में नौकरी कर ली। फिर खंडवा के न्यू हाईस्कूल में मिडिल का अध्यापक हो गया। यह बात सन् 1940 की है। वहाँ मुझे छह महीने हुए थे कि मेरा चुनाव टीचर्स ट्रेनिंग के लिए हो गया। जुलाई, 1941 में मैं ट्रेनिंग के लिए जबलपुर आ गया। सन् 1943 में ट्रेनिंग पूरी की। मेरी नियुक्ति जबलपुर के मॉडल हाईस्कूल में हुई। तब से यहीं हूँ।

लेखन की शुरुआत मैंने सन् 1947 से की। रचना थी : 'पैसे का खेल'। इसमें एक घटना का वर्णन था। वह 'प्रहरी' साप्ताहिक में प्रकाशित हुई। रचना उपनाम से भेजी थी, छप गई। चार-पाँच रचनाएँ छप गईं तब सम्पादकों से परिचय हुआ। 'प्रहरी' समाजवादियों का पत्र था। मेरी रचनाओं के प्रकाशन में कोई कठिनाई नहीं आई।

स. प्र. मि. : व्यंग्य-लेखन करने का निश्चय आपने कब किया? कोई वजह?

ह. प. : थोड़ा-बहुत व्यंग्य तो हमेशा ही लिखता था। सामाजिक विरोधाभास को उकेरने की दृष्टि मुझमें पहले ही थी। मेरी आरम्भिक रचनाएँ गम्भीर और दुख की हैं। 'हँसते हैं, रोते हैं' में मेरे भोगे हुए दुखों की अभिव्यक्ति है। इससे मैं हल्का हो गया और अपने से बाहर आ गया। तब मैंने व्यापक समाज को देखा, समझा, उसके सुख-दुख को समझा। समाज-व्यवस्था का अध्ययन किया। इतिहास, राजनीति,

दर्शन इत्यादि का अध्ययन किया। मैं बहुत संवेदनशील और सचेत व्यक्ति हूँ। मेरी संवेदना व्यक्ति से लेकर विश्व तक जाती है।

स. प्र. मि. : आपने इन सबको अभिव्यक्त कैसे किया?

ह. प. : मैंने अपने समाज में और दुनिया में जो देखा, समझा उसको अभिव्यक्त कैसे किया जाए, यह समस्या सामने आई। उस यथार्थ को कई तरह से प्रकट कर सकते हैं। कॉलम, कहानी, उपन्यास, गम्भीर लेख। मैंने समाज में व्याप्त विसंगतियों, विरोधाभासों, विडम्बनाओं, मिथ्या प्रचारों, अत्याचारों, पाखंडों, क्रूरताओं को पकड़ा। उन्हें इतिहास के सन्दर्भ में समझा, समाजशास्त्रीय अध्ययन किया, तो मुझे लगा कि इन्हें अभिव्यक्ति देने का सबसे अच्छा प्रभावकारी तरीका व्यंग्य है। साहित्य समाज की आलोचना होता है और व्यंग्य से आलोचना प्रभावशाली और सार्थक होती है। व्यंग्य पढ़कर समाज आत्म-साक्षात्कार करता है तो मैं अधिक व्यंग्य लिखने लगता। सिर्फ व्यंग्य मैंने नहीं लिखा।

स. प्र. मि. : उस समय के हास्य-व्यंय लेखन से क्या आप असन्तुष्ट थे?

ह. प. : उस समय केवल हास्य था—उपहास था—उसमें सामाजिक, राजनीतिक चेतना नहीं के बराबर थी। मैं तब बहुत सामाजिक और राजनीतिक चेतना ग्रहण कर चुका था। मेरे लेखन में ठोस व वास्तविकता आ गई थी, इसलिए मुझे अपना अलग रास्ता खोजना पड़ा। हिन्दी में मुझसे पहले इस प्रकार का व्यंग्य भारतेन्दु हरिश्चन्द्र, प्रतापनारायण मिश्र लिख चुके थे, पर वह परम्परा टूट गई थी। मैंने दुनिया की दूसरी भाषाओं के साहित्य का भी अध्ययन किया। इससे मुझे कॉफी लाभ हुआ।

स. प्र. मि. : अखबारों और पत्र-पत्रिकाओं में कॉलम-लेखन की शुरुआत आपने कब से की? सर्वाधिक सराहा कौन-सा स्तम्भ गया?

ह. प. : 'प्रहरी' में मैं 1950 से व्यंग्य स्तम्भ लिखने लगा था, जिसका शीर्षक था : 'अगोर भैरव के अखाड़े से'। फिर 1956 से मैंने जबलपुर के ही 'नई दुनिया' में साप्ताहिक स्तम्भ शुरू किया : 'सुनो भाई साधो'। अब भी लिख रहे हैं। मासिक स्तम्भ भी लिखे—'सारिका' में 'कबीरा खड़ा बजार में'। 'कल्पना' में छह साल तक 'और अन्त में' लिखा। विभिन्न कारणों से विभिन्न स्तम्भ सराहे गए। 'कल्पना' के स्तम्भ का साहित्यिक क्षेत्र में स्वागत हुआ। 'सुनो भाई साधो' सबसे लोकप्रिय स्तम्भ है।

स. प्र. मि. : क्या पाठकों के पत्र आपको मिलते रहे हैं? उनकी प्रतिक्रियाएँ कैसी थीं?

ह. प. : हाँ, पाठकों के पत्र मुझे बहुत मिलते हैं। उत्तर भी मैं हर सप्ताह में एक अखबार में देता हूँ। पाँच स्थानों से एक साथ प्रकाशित होनेवाले अखबार 'देशबंधु'

में पिछले 16 वर्षों से 'पूछिए परसाई से' शीर्षक स्तम्भ के अन्तर्गत मैं पाठकों के प्रश्नों के उत्तर देता हूँ। प्रश्न अत्यन्त गम्भीर होते हैं और उत्तर भी ज्ञानवर्द्धक होते हैं। मेरा-उनका (पाठकों) जीवन एक है। हम एक ही सुख-दुख भोगते हैं। पाठक यही लिखते हैं कि आपने सही लिखा है, कुछ पत्र विरोध में भी आते हैं—विशेषत: सामाजिक, राजनीतिक विचारों के बारे में।

स. प्र. मि. : आपने 'वसुधा' का सम्पादन किया था—क्या वह प्रयास सफल रहा?

ह. प. : सफल ही रहा। कठिनाई बहुत थी। पूँजी नहीं थी। चन्दा करके, दौड़-दौड़कर उत्साह से निकालते थे। पौने तीन साल उसे निकाला। अब दूसरे लोग कहते हैं कि वह महत्त्वपूर्ण कार्य था।

स. प्र. मि. : स्वर्गीय मुक्तिबोध से आपके सम्बन्ध थे? क्या उनका लेखन सचमुच महत्त्वपूर्ण था?

ह. प. : मुक्तिबोध जी से मेरे गहरे सम्बन्ध थे। व्यक्तिगत भी। विचारधारा भी लगभग समान थी। हमारी पीढ़ी में मुक्तिबोध ही ऐसे लेखक-चिन्तक हुए हैं, जिन्होंने वास्तविक सौन्दर्यशास्त्र समझा है। उनके विचारों के प्रकाश में ही साहित्य को समझना चाहिए। वे अत्यन्त गहरे चिन्तक थे, और मैं समझता हूँ कि शताब्दियों में ऐसा व्यक्तित्व पैदा होता है, जो इस तरह का साहित्य चिन्तन करता है। नया सौन्दर्यशास्त्र बनाता है और इतना उच्च कोटि का साहित्य लिखता है, जो उसके जीवनकाल में ही क्लासिक होने लगता है। मैंने मुक्तिबोध से बहुत कुछ सीखा है।

स. प्र. मि. : मुक्तिबोध जी ने 'कामायनी' के सम्बन्ध में जो पुस्तक लिखी है, उस पर आपके क्या विचार हैं?

ह. प. : उसमें मुक्तिबोध जी ने नई तरह से 'कामायनी' को अर्थान्वित किया है। उनकी दृष्टि मार्क्सवादी है। वर्ग-दृष्टि से उन्होंने 'कामायनी' का अर्थ निकाला है। क्रिस्टोफर कॉडवेल के नजरिये का भी प्रभाव है। मुक्तिबोध ने सामाजिक संघर्ष के परिप्रेक्ष्य से देखा है। वे प्रसाद जी द्वारा सुझाए गए समाधान से सन्तुष्ट नहीं हैं। सौन्दर्यशास्त्र की दृष्टि से मुक्तिबोध की 'एक साहित्यिक की डायरी' बहुत महत्त्वपूर्ण है।

स. प्र. मि. : आप मार्क्सवादी विचारधारा में आस्था रखते हैं—फिर आप पूँजीपतियों की पत्रिकाओं में क्यों लिखते थे?

ह. प. : मुझे लिखना है, उसे पाठक तक पहुँचाना है। सबसे अधिक प्रसार इन्हीं पत्रिकाओं का है। मेरी जीविका ही लेखन है, धन भी मिलता है। मैं इस बात

को नहीं मानता कि इनमें लिखना ठीक नहीं है। मैं पूरी तरह से एक कट्टर या जड़ मार्क्सवादी नहीं हूँ। मार्क्सवाद से कुछ चीजें सीखी हैं—इतिहास, समाज का विश्लेषण, सामाजिक परिवर्तन की प्रक्रिया, अर्थव्यवस्था का विश्लेषण। दूसरी बहुत-सी बातें मैं नहीं भी मानता हूँ। मैं सर्वहारा की तानाशाही को गलत मानता हूँ। वास्तव में मार्क्सवादियों ने ही मार्क्स को बहुत कुछ गलत समझा। उनके कुछ मोटे-मोटे सूत्र ले लिये, जैसे धर्म के सम्बन्ध में उनका एक वाक्य लोग ले उड़े हैं कि 'धर्म अवाम के लिए अफीम है।' पर कार्ल मार्क्स ने यह भी तो कहा है कि धर्म आत्महीन जगत में आत्मा की पुकार है। धर्म दुखी आदमी का आर्तनाद है। हम देखते हैं कि जीवन में अन्तिम सहारे के लिए मनुष्य ईश्वर को ही पुकारता है।

स. प्र. मि. : हमारे देश में समस्याएँ हल होने के बदले बढ़ती ही जा रही हैं—क्या वजह है?

ह. प. : जहाँ तक आर्थिक समस्या का सवाल है, इसके समाधान का एक सूत्र जवाहरलाल के जमाने में शुरू हुआ था—समाजवाद। सिर्फ कार्ल मार्क्स को समाजवादी मानना गलत है। मानव समाज के गठन से ही सामाजिक न्याय की इच्छा है, आगे भी रहेगी। यह अटल सत्य है। मार्क्स के बिना भी यह होता तो मिश्रित अर्थव्यवस्था के सूत्र को अपनाकर प्रयोग हुए और सफल भी रहे। नेहरू जी की मृत्यु के बाद वह धीरे-धीरे ढीला होता गया। स्वाधीनता-प्राप्ति के बाद हमारा लगातार पतन होता गया—उन मूल्यों का पतन, जिन्हें गांधी-युग से प्राप्त किया। सत्ताधारी भ्रष्ट हो गए, नौकरशाह उनसे अधिक भ्रष्ट। यहाँ तक हो गया है कि जो आदमी जहाँ है, वहीं बेईमानी कर रहा है और पैसे खा रहा है। शर्म भी नहीं आती। पहले आती थी। नई सरकार ने पूरी तरह से पूँजीवादी रास्ता अख्तियार कर लिया है, विदेशी अर्थ-संस्थाओं पर निर्भर। निजीकरण, उपभोक्तावाद बढ़ गया है। गरीब और गरीब होता जा रहा है। पूँजीवाद बेकारी, गरीबी, भिखमंगापन, शोषण देता है। अमेरिका में 18 फीसदी, ब्रिटेन में 20 प्रतिशत लोग बेकार हैं। ये दोनों पूँजीवादी देश हैं। हमसे गलती हुई कि एक रास्ता अपनाकर हमने उसे बीच में छोड़ दिया। यह आगे चलकर समाजवाद में बदल जाता, सार्वजनिक क्षेत्र निजी क्षेत्र से ऊपर हो जाता और अर्थव्यवस्था पर नियंत्रण करता।

सामाजिक स्थिति पर विचार करें, तो वहाँ मूल्यों का घोर पतन है। अब बुरा काम करने में किसी को कोई संकोच नहीं होता। कुछ साल पहले संकोच और शर्म आती थी। फिर समाज में धिक्कारने की शक्ति होती है, जिससे मनुष्य का आचरण ठीक रहता है। धिक्कारने की शक्ति समाज ने खो दी। अब जिस बात पर धिक्कारना चाहिए, उस पर 'धन्य' बोला जाता है, यदि करनेवाला सफल आदमी है। पतन का

कारण हमारी शिक्षा है। अध्यापकों ने छात्रों को कोई नई या सही दृष्टि नहीं दी, न सामाजिक दायित्व समझाया, न सही इतिहास-बोध दिया, न विवेक दिया, न उसे आधुनिक चेतना दी, न वैज्ञानिक दृष्टि दी। इससे हुआ यह कि विदेशी कपड़ों के सिवा कुछ भी आधुनिक नहीं रहा। सूट आज का और मानसिकता दो हजार साल पहले की रखते हैं। अभी तो मुश्किलें और बढ़ेंगी। समाज का विघटन हो रहा है, टूटन आ रही है, जातिवाद विकट है, राजनीति में हिंसा आ रही है, कोई जीवन-मूल्य रह नहीं गया है। जब समाज का पतन होता है, तो खंडों में नहीं होता—वह पूर्ण होता है। यदि पुलिस का पतन हुआ है तो अस्पताल, विश्वविद्यालय, साधु-संतों का भी हुआ है—इस तरह का भयावह माहौल देश में है। मैं बहुत सोचता हूँ, किन्तु मेरी समझ में नहीं आ रहा है कि सुधार का क्या रास्ता है। इतना स्वार्थ, इतना अमानवीयकरण मैंने पहले कभी नहीं देखा था। मनुष्य आर्थिक पशु हो गया है। नैतिकता का पतन सब क्षेत्रों में हो गया है—शासन-तंत्र से लेकर स्त्री-पुरुष सम्बन्धों तक। यह कथा बहुत लम्बी है।

स. प्र. मि. : साम्यवादी क्रान्ति हमारे देश में क्यों नहीं पो पाई?

ह. प. : क्रान्ति के लिए संगठन चाहिए—संगठन नहीं हुआ। सामाजिक न्याय की हर व्यवस्था को साम्यवाद नहीं कहा जाता। रूस में समाजवाद था। चीन में भी समाजवाद है। सन् 1917 में रूस में क्रान्ति हुई, जो सशस्त्र वर्ग-संघर्ष से हुई। वैसी क्रान्ति की कल्पना अब नहीं की जा सकती। फिर साम्यवाद बहुत दूर की कल्पना है। अब संसदीय रास्ते से ही किसी देश में समाजवाद आ सकता है। मार्क्स ने कहा है कि पूँजीवाद से समाजवाद में परिवर्तन के लिए वर्ग-संघर्ष अनिवार्य नहीं है। भारतीय साम्यवादी दलों ने काम करने के तरीके गलत स्वीकार किये, जो कि यूरोप के थे। फिर इन दलों का प्रभाव कुछ क्षेत्रों में था। इनमें गुटबंदी हो गई। इस तरह यह आन्दोलन कॉफी बिखर गया। अब कोई लेनिन, माओ, कास्ट्रो की तरह क्रान्तिकारी होगा, यह कल्पना नहीं की जा सकती। सामाजिक न्याय की व्यवस्था लोकतांत्रिक संसदीय मार्ग से आएगी।

स. प्र. मि. : क्या भारत के लिए प्रजातांत्रिक शासन-व्यवस्था के बदले सैनिक शासन उपयुक्त है?

ह. प. : सैनिक शासन कोई समस्या हल नहीं करता। वह समस्याएँ बढ़ाता है। पाकिस्तान का उदाहरण हमारे सामने है। तानाशाही, चाहे वह देवताओं की ही क्यों न हो, हमेशा खराब होती है। हमें लोकतांत्रिक पद्धति में सुधार करना चाहिए और चुनाव-प्रक्रिया को बेहतर बनाना चाहिए। लोकतंत्र ही सही रास्ता है। तानाशाही जनता की निराशा और गिरावट के माहौल में सत्ता पर कब्जा कर

लेती है और जनता हताशा में उस वक्त उसे स्वीकार कर लेती है और बाद में विद्रोह करती है।

स. प्र. मि. : सोवियत संघ के बिखराव के लिए क्या गोर्बाचोव जिम्मेदार हैं?

ह. प. : कॉफी हद तक, परन्तु इस बिखराव, असफलता के बीज उस व्यवस्था में थे, रूस की कम्यूनिस्ट पार्टी नेतृत्व और अफसरशाही भ्रष्ट हो गई थी। फिर उनके चिन्तक समय के साथ नहीं चल रहे थे। वे शस्त्रों पर अधिक निर्भर थे। रूस हथियारों पर अमेरिका से तिगुना खर्च करता था। इसका व्यवस्था पर बुरा असर पड़ा। व्यवस्था की कमजोरियों को सन् 1956 में स्टालिन के बाद के नेता ख्रुश्चेव ने समझ लिया था। उन्होंने धीरे-धीरे सुधार शुरू कर दिये थे, पर कट्टरपंथियों ने उन्हें पद से हटा दिया। यदि ख्रुश्चेव को सुधार करने दिया जाता तो सोवियत संघ का यह हाल न होता।

स. प्र. मि. : इस घटना से क्या साम्यवाद का भविष्य अन्धकारमय हो गया है?

ह. प. : नहीं, जैसा मैंने कहा है—सामाजिक न्याय की प्राप्ति ध्येय है। किसी एक नमूने की न्यायपूर्ण व्यवस्था पर ही जोर नहीं देना चाहिए। रूस में जो हुआ, उससे दूसरे देशों ने सीखा। अब नाम महत्त्वपूर्ण नहीं रह गया है। नये तरीके से, नई सामाजिक न्याय और समता की व्यवस्था स्थापित करने की कोशिश चलती रहे। मार्क्स के विचार इसमें सहायक ही होंगे—चाहे उनकी कल्पना का साम्यवाद न आए।

स. प्र. मि. : 'साहित्य अकादेमी' और 'भारत भवन' के विवाद पर आपकी क्या राय है?

ह. प. : साहित्य अकादेमी लोकतांत्रिक संस्था है और उसका यह रूप अखंडित रहना चाहिए। अभी पुरस्कारों को लेकर विवाद चल रहा है। अमृता प्रीतम ने एक पुस्तक को बिना पढ़े पुरस्कार दे दिया। एकाध घटना और भी ऐसी हुई। कुछ लोग यह चाहते हैं कि अकादेमी नौकरशाहों को दे दी जाए, यह बिलकुल गलत है, जो मूल लोकतांत्रिक स्वरूप है, वह रहना चाहिए। अकादेमी की स्वायत्तता नहीं छिननी चाहिए। सुधार करना चाहिए।

'भारत भवन' बहुत अच्छी कल्पना है। लेकिन यह शुरू से ही विवादास्पद रहा। अर्जुन सिंह के मुख्यमंत्रित्व काल में कुछ काम अच्छे हुए। किन्तु रीति-नीति को लेकर आलोचना भी हुई। अब यह नई सरकार है। इसके नये विचार हैं। शायद संस्कृति आदि के बारे में इसने कुछ नया तो किया नहीं है। सम्भवत: भारत भवन एक्ट में परिवर्तन हो, परन्तु रचनात्मक कार्य वहाँ नहीं हो रहे हैं।

स. प्र. मि. : क्या आप अपने लेखन-कार्य से सन्तुष्ट हैं?

ह. प. : सन्तुष्ट तो नहीं हूँ अधिक। बहुत-से विषय लिखने से छूट गए। अवस्था अधिक हो गई, स्वास्थ्य भी ठीक नहीं, फिर भी कोशिश करता हूँ। लिखा मैंने इतना है कि मेरे अंग्रेजी के अनुवादक का कहना है कि इतना तो कई जीवनकाल में लिखा जाता है। मैंने सामाजिक कर्तव्य समझकर लिखने का कार्य किया, उसमें जितना भी सफल हुआ हूँ।

केतकी नागफनी हो गई है

डॉ. विश्वभावन देवलिया की बातचीत

डॉ. विश्वभावन देवलिया : 'नागफनी की कहानी' लिखने की आपकी क्या प्रेरणा रही है? इसके 'लँगड़ी टाँग' के रूप में नाट्यान्तर और उसके मंचीकरण से उपन्यास का व्यंग्य-धर्म किस सीमा तक सार्थक हुआ है?

हरिशंकर परसाई : अभिव्यक्ति के कई माध्यम होते हैं। इस युग में साहित्य का मूल स्वर व्यंग्य है। मैं व्यंग्य कई प्रकार से लिखता हूँ। लेकिन व्यंग्य शास्त्रीय हिसाब से कोई माध्यम नहीं माना जाता, जैसे कहानी, उपन्यास, नाटक। व्यंग्य इन सब माध्यमों में आता है। पर उसका अपना स्ट्रक्चर नहीं है। इसलिए वह विधा नहीं माना जाता। मैं व्यंग्य को एक स्प्रिट मानता हूँ जो किसी विधा में आ सकती है। 'रानी नागफनी की कहानी' एक फैंटेसी है। मैंने 'रानी केतकी की कहानी' पढ़ी और मुझे लगा कि आधुनिक जीवन को इस तरह की फैंटेसी के माध्यम से व्यक्त किया जा सकता है। मैंने 'रानी नागफनी की कहानी' की भूमिका में लिखा है कि इंशा अल्लाह खाँ की 'रानी केतकी की कहानी' से मुझे प्रेरणा मिली। आज के जीवन में रानी केतकी नागफनी हो गई है। जहाँ तक इसके मंचीकरण का सवाल है, इसका नाट्यान्तर इलाहाबाद के सरनबली श्रीवास्तव ने किया है और यह लोकप्रिय हो गया। कोई भी उपन्यास रंगमंच पर आ सकता है। व्यंग्य जीवन की समीक्षा और अपने से साक्षात्कार है। तो चाहे मेरा उपन्यास हो या उसका नाटक बने, मेरा उद्देश्य और धर्म यही है कि आज के मनुष्य का अपने से साक्षात्कार कराऊँ और जीवन की समीक्षा करूँ। इसके लिए रंगमंच सचमुच बहुत उपयोगी है।

डॉ. वि.भा. दे. : क्या व्यंग्य की महीन मार रंगमंच के माध्यम से तिलमिलाहट पैदा करने में सफल हो सकती है? व्यंग्य की रंगमंचीय सफलता पर आपके विचार क्या हैं?

ह. प. : रंगमंच एक माध्यम है जिसमें दर्शक अपने जीवन को देखता है। उपन्यास पढ़ा जाता है, नाटक देखा जाता है। इसलिए रंगमंच पर किसी कथा का आना अधिक सार्थक, प्रभावशाली और उपयोगी होता है।

डॉ. वि.भा. दे. : क्या यह कहना ठीक है कि आधुनिक व्यंग्यकार की सम्भावना और कमजोरियों की जाँच-पड़ताल मंच पर ही होनी चाहिए?

ह. प. : मैं पूरी तरह इस बात से सहमत नहीं हूँ। एक पाठक वर्ग होता है जो व्यंग्य पढ़ता है। एक दर्शक वर्ग होता है जो नाटक देखता है। सभी लोगों के लिए नाटक देखना सम्भव नहीं है, क्योंकि हिन्दी में रंगमंच इतना विकसित नहीं है। इसलिए पाठक व्यंग्य पढ़ता है। पर यदि उसके सामने इसी व्यंग्य का मंचन होता है तो वह उसे पसन्द करता है। हर कृति, जिसमें नाटकीय तत्त्व हैं, उसका नाट्य-रूपान्तर होना चाहिए। नाटक अधिक प्रभावित करता है, क्योंकि दर्शक, कथा और पात्र आमने-सामने होते हैं।

डॉ. वि.भा. दे. : व्यंग्य नाटक का नमूना क्या होना चाहिए? संस्कृत, विदेशी, प्राचीन, अर्वाचीन और आधुनिक भारतीय लोक-नाट्य शैली में लिखी हुई कहानियाँ। हास्य प्रहसन गम्भीर व्यंग्य किस शैली में हमारे समाज को अधिक प्रभावित करेंगे?

ह. प. : शास्त्रीय मान्यता के अनुसार संस्कृत में नाटक लिखे जाते रहे हैं। इनका नायक हमेशा उच्चवर्गीय होता था। राजा हो या देवता हो। सामान्य मनुष्य इन नाटकों में आता ही नहीं था। कालिदास के नाटकों में सामान्य मनुष्य नहीं है। भवभूति ने उत्तररामचरितम् में राम की आलोचना की है। सीता के परित्याग पर। फिर इब्सन सामान्य आदमी को नाटकों में लाया। फिर ब्रेख्त ने परम्पराओं को तोड़ा। इस तरह नाटक की परम्परागत मान्यताएँ टूटती गईं, जैसा कि हर कला में होता है। फिल्म में सत्यजित राय ने एक नया आयाम पैदा किया। उत्पल दत्त ने छोटे-छोटे नाटक खेले। इससे इस माध्यम का विकास हुआ। वरना यह माध्यम जड़ होता जा रहा था। मैं मूल रूप से नाटककार नहीं हूँ पर अब नाटक की ओर बढ़ रहा हूँ, क्योंकि लेखक को नये माध्यम खोजने पड़ते हैं।

जीवन-मूल्य युग की आवश्यकता से उत्पन्न होते हैं। मेरे विचार से इन मूल्यों की अभिव्यक्ति का बड़ा सशक्त माध्यम रंगमंच है, जिसका विकास होना चाहिए। मलयालम में एक नाटक है जिसका लेखक साम्यवादी नहीं है। उस नाटक का नाम है : 'तुमने मुझे साम्यवादी बनाया'। इस नाटक में शोषक वर्ग और शोषित वर्ग का संघर्ष है। यह नाटक का प्रभाव जिसने कितने ही लोगों को शोषक वर्ग से मुक्ति के लिए तैयार किया। कला ही मनोरंजन करती है। आस्करवाइल्ड का कथन है : 'दी इम्प टेंस ऑफ वीइंग अर्नेस्ट'। इसमें कोई जीवन-तत्त्व नहीं है। पर चेखव के नाटकों में जीवन की समीक्षा है तो हास्य मनोरंजन भी करता है। लेकिन व्यंग्य एक गम्भीर चीज है जो जीवन की समीक्षा करता है।

डॉ. वि.भा. दे. : और इससे भी महत्त्वपूर्ण सवाल है—व्यंग्य-नाटक की भाषा का?

ह. प. : भाषा जन-सामान्य की होनी चाहिए। व्यंग्य के अति भावुकता या फिल्मी संवाद की गुंजाइश ही नहीं है, क्योंकि व्यंग्य सतही नहीं होता। वह जीवन में गहरे जाता है, खोज करता है और अभिव्यक्ति देता है। इसलिए व्यंग्य चाहे जिस माध्यम से रचित हो, वह गहरे हर्फ खोजता है। वह सिर्फ हँसाता नहीं है बल्कि सोचने के लिए बाध्य भी करता है।

डॉ. वि.भा. दे. : इधर जो नये नाटक लिखे जा रहे हैं, उसमें धार्मिक, सामाजिक और राजनीतिक अवमूल्यन को उकेरा जा रहा है। क्या आप भी इसे कोई सार्थक और संगत रंगदृष्टि दे रहे हैं?

ह. प. : वह समय अवमूल्यन का है। इस समय सारी मान्यताएँ चाहे वे धार्मिक हों, सामाजिक हों, नेति हों, उनकी परीक्षा की जा रही है। साहित्य का धर्म है मान्यताओं की परीक्षा करना। इस परीक्षा में जो झूठे दर्शन, धार्मिक मान्यताएँ, सामाजिक सम्बन्ध युग के अनुकूल नहीं हैं। उनका नाश हो रहा है और व्यंग्य इसका सही माध्यम है। नये नाटक यही काम कर रहे हैं। वे परम्परागत मूल्य की परीक्षा कर रहे हैं और जो झूठे हैं, युग के अनुकूल नहीं हैं, उनका पर्दाफाश कर रहे हैं। मैंने अभी एक राजनीतिक नाटक पूरा किया है, जिसका शीर्षक है : 'चौपट राज'। इसमें राजनीतिक भ्रष्टाचार का पर्दाफाश किया गया है।

डॉ. वि.भा. दे. : दर्शक को रंगमंच से आत्मीयता के साथ जोड़ने के लिए व्यंग्य-नाटक क्या भूमिका अदा कर सकता है?

ह. प. : हिन्दी में नाटक अधिकाधिक आकर्षक तथा लोकप्रिय हो रहे हैं। व्यंग्य इसमें अच्छी भूमिका अदा कर सकता है, क्योंकि व्यंग्य एक ओर जहाँ मनोरंजन भी देता, वहीं दूसरी ओर आत्मालोचन के लिए भी बाध्य करता है। दर्शक व्यंग्य नाटक में अपना चरित्र खुद देख लेता है और इस तरह व्यंग्य नाटक एक सामाजिक भूमिका अदा कर सकता है।

['दैनिक यंग ब्लड' : 11 अगस्त, 1995]

हमलावरों के बीच मेरी जिन्दगी मुजरिम है

डॉ. रामशंकर मिश्र की बातचीत

डॉ. रामशंकर मिश्र : आप हिन्दी में व्यंग्य-लेखन के प्रारम्भिक दौर से ही एक सचेत रचनाकार हैं। हिन्दी की अन्य समृद्ध विधाओं की अपेक्षा आप अविकसितप्राय व्यंग्य को ही अपनी अभिव्यक्ति का माध्मय क्यों बनाया?

हरिशंकर परसाई : लेखक के सामने प्रश्न जीवन की समझ, जीवन के चित्रण और जीवन की समीक्षा का होता है। मुख्यत: सक्रिय जीवन की आलोचना ही है। यह आलोचना उपन्यास में हो सकती है, कहानी में हो सकती है, निबन्ध में हो सकती है और अखबार की टिप्पणी में भी। व्यंग्य तब भी अटपटा लगता था और अब भी। पर मैं पूरे जोर के साथ यह कहता हूँ कि जीवन के संघर्ष में जितने गम्भीर और चिन्तनशील मुक्तिबोध थे, उतना ही मैं भी था; जबकि हम दोनों का लेखन भिन्न प्रकार का है। व्यंग्य उतना ही गम्भीर है, जितना कोई दूसरे प्रकार का लेखन। किन्तु हर रचनाकार को यह देखना होता है कि मैं जो लिखना चाहता हूँ, वह किस विधा में सबसे अच्छी तरह अभिव्यक्त हो सकता है। यह मानना चाहिए कि भिन्न-भिन्न लेखकों में भिन्न-भिन्न प्रकार की प्रतिभा होती है और उसके अनुसार शैली तय होती है। मैंने प्रेमचन्द और मुक्तिबोध की तरह ही गम्भीर भाव से व्यंग्य लिखा। इस कारण कि समाज में व्याप्त विसंगतियाँ, पाखंड, भ्रष्टाचार और दोमुँहापन-दुराचरण व्यंग्य के द्वारा अधिक सार्थक और प्रभावी ढंग से अभिव्यक्त होते हैं। लिखते समय मेरे ध्यान में अपना पाठक हमेशा रहा है।

डॉ. रा. मि. : रचनाशीलता के दौर में आपने किन चुनौतियों का साक्षात्कार किया और रचनाधर्म का निर्वाह किन विपरीत परिस्थितियों में करते रहे?

ह. प. : सामान्य हल्का-फुल्का लेखक पाठक को खुश करता है। इसमें कोई खतरा नहीं है जब तक कि किसी व्यक्ति को चोट न पहुँचाई गई हो। मेरे लेखन के विषय इतने व्यापक रहे हैं और अभिव्यक्ति में इतनी तीक्ष्णता रही है कि मुझसे

बहुत-से लोग नाराज रहे हैं। व्यक्तिगत रूप से मैंने किसी को दुखी नहीं किया। राजनीतिक और सामाजिक प्रवृत्तियों पर मैंने प्रहार किये। इसके नतीजे भी भोगे और एक बार साम्प्रदायिक तत्त्वों ने मुझे पीट दिया। सताते लोग शुरू से रहे हैं और अब भी सताते हैं। शोषक वर्ग पर मैंने प्रहार किया, वे नाराज हैं। और उनसे जहाँ बना, मुझसे बदला निकाला। एक तरह से हमलावरों के बीच मेरी जिन्दगी मुजरिम है। हमले से मेरा मतलब केवल शारीरिक हमला नहीं है। अपने प्राप्य से वंचित किया गया कई बार, यह भी एक हमला है। परन्तु एक तो मेरे अटूट विश्वास मुझे समझौता नहीं करने देते हैं। दूसरे पाठक वर्ग मेरे साथ हैं, जो मुझे सही मानता है और मेरी बात पर निर्भर करता है। तीसरी बात है, ऐसी निष्ठा जो मुझे विवश किए है और जिसने मुझे यहाँ-वहाँ होने नहीं दिया। सुविधा-भोग की इच्छा मैं आरम्भ में ही छोड़ चुका था।

डॉ. रा. मि. : हर रचनाकार स्वानुभवों को अपनी रचनाओं में उतारता है, व्यंग्य-लेखन के सन्दर्भ में आपका क्या मत है?

ह. प. : लेखक का वास्तविक ईश्वर अनुभव ही होता है। अनुभव ही लेखन का आधार है। अनुभवहीन रचना झूठी, खोखली होती है। समाज में जो हो रहा है, उसे लेखक को देखना और समझना पड़ता है, उसके बीच में घुसना पड़ता है और चिन्तन से वास्तविकता का अन्वेषण करना पड़ता है। मैं हमेशा अनुभव पर निर्भर रहा हूँ। उसी में से विचार प्रकट होते हैं। उसी के साथ स्मृतियाँ जुड़ती हैं और एक यथार्थ चित्र प्रस्तुत होता है। जैसे यह दूसरे प्रकार के साहित्य के बारे में सही है, उसी प्रकार व्यंग्य साहित्य के बारे में भी सही है। व्यंग्य का वास्तविक आधार जीवन-यथार्थ ही होता है। अनुभवों से ही व्यंग्य-लेखक विसंगतियाँ पकड़ता है। तो व्यंग्य, उतना ही यथार्थ होता है, जितना दूसरा लेखन।

डॉ. रा. मि. : हिन्दी व्यंग्य-लेखन में अभी भी रचनाशीलता की बहुत सम्भावनाएँ हैं, लेकिन व्यंग्य को आज भी स्थापित आलोचकों से अपेक्षित स्वीकृति नहीं मिली है?

ह. प. : मुश्किल यह है कि आलोचक मुख्यत: अध्यापक हैं। अध्यापक शास्त्रीय होते हैं। उन्हें इस तरह का लेखन शास्त्रों में कहीं नहीं मिला। अब शास्त्र-विरोधी काम वे कर नहीं सकते। कहते हैं, इससे कोढ़ हो जाता है। कुल मिलाकर मामला यह है कि किसी ने कष्ट ही नहीं किया, इस नये प्रकार के लेखन को समझने का। पर अब स्थिति बदल गई है। प्रतिष्ठित आलोचकों ने व्यंग्य को मान्यता दी है, जैसे डॉ. नामवर सिंह, डॉ. विंश्वनाथ त्रिपाठी, परमानन्द श्रीवास्तव इत्यादि।

डॉ. रा. मि. : दृश्य माध्यम ने क्या साहित्य की विभिन्न विधाओं की स्वतंत्र सार्थकता को प्रभावित किया है?

ह. प. : आगे चलकर लिखित साहित्य को संकट का सामना करना पड़ेगा। वैसे इसकी शुरुआत हो चुकी है। दृश्य माध्यम का असर रचनात्मकता पर बुरा पड़ रहा है। इससे सुरुचि पर भी बुरा प्रभाव पड़ता है। सामान्य पाठक घट रहा है। वह दृश्य माध्यम से चिपक रहा है। विदेशी दृश्य माध्यम भी आ गए हैं। इनके द्वारा पतनशील सभ्यता, घटिया जीवन-पद्धति का प्रचार हो रहा है। ये हमारी विशिष्ट संस्कृति पर भी आघात करते हैं और उसे विकृत बनाते हैं। यह एक सांस्कृतिक हमला है।

डॉ. रा. मि. : महानगरीय जीवन आपके लेखन को कोई बड़ा आधार अथवा आपके लेखन की रूप-विधा का कोई बड़ा फलक दे सकता था?

ह. प. : मेरे दिल्ली में बसने की बात कई बार उठी। पर मैं वहाँ नहीं बसा। जो लोग उत्तर प्रदेश के गाँवों से दिल्ली गए हैं, वे दिल्ली के जीवन पर नहीं लिखते, बल्कि अपने ग्राम-जीवन की स्मृतियाँ लिखते हैं। महानगर के जीवन को समझना आसान नहीं है। इस पर रचना करना और अधिक कठिन है। फिर महानगर के प्रलोभन इतने हैं कि कोई भी लेखक पथभ्रष्ट हो जाता है। छोटे शहर या कस्बे का लेखक बड़े शहर में बसकर लिखे तो उसे बहुत सफलता नहीं मिलती। वह फॉर्मूले लिखेगा।

[कार्तिक टाइम्स : 31 जुलाई, 1995]

परसाई जी अन्तिम समय तक प्रखर और ऊर्जावान थे

जगदीश किंजल्क की बातचीत

जगदीश किंजल्क : सामाजिक प्राणी के रूप में परसाई जी, आप कितने सफल रहे और कितने असफल?

हरिशंकर परसाई : सामाजिक प्राणी के रूप में मेरा जीवन बहुत सफल नहीं रहा। बहुत-सी चीजें छूट गईं। विवाह छूट गया। बहुत-से अभाव हुए जो नहीं होने चाहिए थे। सच तो यह है कि सामान्य मनुष्य की तरह मैं जिया ही नहीं। जीवन में एक पड़ाव ऐसा भी आया जब असामान्यताओं में जीने में भी मजा आने लगा था। मुझे लगने लगा था कि असामान्यताएँ भी ऊर्जा देती हैं। इसी ऊर्जा के कारण मेरा मस्तिष्क हमेशा विचारों से लबरेज रहा। शायद इसी कारण मैं इतना कुछ लिख सका।

ज. किं. : विवाह न कर पाने का अभाव कभी खलता है आपको?

ह. प. : नहीं, मुझे कोई अभाव नहीं खलता। हाँ, युवावस्था में जरूर अविवाहित होने का एहसास बना रहा। कुछ प्रसंग जीवन में आए भी जिनसे मेरे हृदय में प्रेम की बेल पल्लवित हुई, परन्तु वह शीघ्र ही मुरझा गई। छोड़िए, वे युवावस्था की बातें थीं। अब कोई अभाव नहीं खलता मुझे।

ज. किं. : क्या यह सच है कि यदि आप प्रगतिशील आन्दोलन से नहीं जुड़ते तो शायद इस ऊँचाई पर न पहुँच पाते?

ह. प. : अरे भाई, मेरी जैसी चेतना वाला प्रगतिशील आन्दोलन से क्यों नहीं जुड़ता? वह तो जुड़ता ही। तो इस तरह से नहीं कहा जा सकता कि अगर वैसा न होता तो कैसा होता! मैं तो जुड़ता ही, और जुड़ने से ही मुझे लाभ हुआ है। मेरे विचारों की प्रगतिशीलता ने ही मुझे 'परसाई' बनाया है। बदलाव तो मानव स्वभाव है। वैचारिक बदलवा सदैव नये मंच देता है। मैं सहर्ष स्वीकार करता हूँ कि प्रगतिशील आन्दोलन से मुझे लाभ मिला।

ज. किं. : आपके ऊपर यह आरोप है कि आप व्यंग्य-विधा में किसी दूसरे रचनाकार को स्वीकार नहीं करते।

ह. प. : हाँ, यह आरोप नहीं, सच है। वैसे लिखनेवाले तो चाहिए। आज व्यंग्य के नाम पर चुटकुलेबाजी चल रही है। 'फूहड़ हास्य लिखा जा रहा है।' मंच पर कवि, कविता से नहीं, अपनी बेहूदी हरकतों से श्रोताओं को हँसा रहे हैं। अरे, आपके हास्य-व्यंग्य में यदि तीखापन है, नवीनता है तो लोग अपने-आप हँसेंगे। न केवल हँसेंगे, उस पर चिन्तन भी करेंगे। शारीरिक हरकतों से हास्य क्रिएट हो सकता है, व्यंग्य नहीं। जिसके व्यंग्य में धार है, हिला देने की ताकत है, उसे मैं स्वीकार करता हूँ। फूहड़ रचनाकारों को मैं क्यों स्वीकार करूँ?

ज. किं. : आप प्रारम्भ से ही व्यंग्यकार बनना चाहते थे या सुयोग से बन गए?

ह. प. : सच तो यह है कि मैं प्रारम्भ से अध्यापक बनना चाहता था। यह मेरी दिली तमन्ना थी, परन्तु नियति को यह सब मंजूर नहीं था। व्यंग्यकार बन गया। अब सोचता हूँ, व्यंग्यकार बन गया तो अच्छा ही हुआ। अध्यापक बन जाता तो मुँह से शब्दों का प्रक्षेपण करता, अब कलम से कर रहा हूँ।

ज. किं. : अगर आप राजनीति में होते तो क्या आज परसाई से ज्यादा महान होते?

ह. प. : क्या कह सकते हैं? मेरा पतन ही हो गया होता। राजनीति मेरे अनुकूल नहीं है। राजनीति के लिए जो काँइयाँपन चाहिए, जो खुराफाती दिमाग चाहिए, वह मेरे पास नहीं था। राजनीति से मुझे जो कुछ मिलता, उससे कहीं अधिक मुझे मेरी व्यंग्य-विधा ने दिया है। इससे मैं सन्तुष्ट हूँ।

ज. किं. : यदि आप स्वयं के समालोचक होते तो आपकी दृष्टि में आप कहाँ होते?

ह. प. : अपनी आलोचना जब मैं करता हूँ तो खामियाँ दिखती हैं अपने में—इससे अच्छा हो सकता हूँ; यह विषय इस तरह होना चाहिए था, ये एक्सप्रेशन ठीक नहीं, आदि-आदि। आत्मालोचन और आत्मावलोकन संतों का काम है। मैं इस पचड़े में क्यों पड़ूँ? मेरे लेखन में कमियाँ निकालने का काम तुम लोगों का है।

ज. किं. : मैं मूल्यांकन की बात कर रहा हूँ।

ह. प. : (बीच में रोकते हुए) साहित्य या लेखन का मूल्यांकन टोटलिटी में होना चाहिए। समग्रता का मूल्यांकन ही सही समालोचना है...मुझे अपना टोटल लेखन पसन्द है।

ज. किं. : परसाई जी, आपकी श्रेष्ठतम कृति आ चुकी है या अभी आनी शेष है?

ह. प. : भविष्य हमेशा अच्छा दिखना चाहिए। मैं यही मानूँगा। आजकल लिखना कम हो गया है। मन में भाव हैं, लिखना चाहता हूँ परन्तु बीमारी...शरीर साथ नहीं दे रहा। किंजल्क, लिखना जरूर चाहता हूँ।

ज. किं. : व्यंग्य-विधा में आप अपना उत्तराधिकारी किसे मानते हैं?

ह. प. : भाई, उत्तराधिकारी की बात मैं नहीं कर सकता। न तो मैं अपना उत्तराधिकारी बनाना चाहता हूँ, न फिलहाल मेरी दृष्टि में कोई है। यह मेरे लिए मुश्किल सवाल है।

ज. किं. : कोई उभरता हुआ व्यंग्यकार, जो आपकी दृष्टि में अच्छा लिख रहा हो?

ह. प. : बहुत लोग लिख रहे हैं, अच्छा भी लिख रहे हैं, लेकिन विशेष रूप से किसी ने मेरा ध्यान आकर्षित किया हो, ऐसा कोई नहीं है।

ज. किं. : आपकी दृष्टि में एक भी व्यंग्यकार ऐसा नहीं है जो आपके समकक्ष आ सके या आपका उत्तराधिकारी बन सके?

ह. प. : यह मैं कैसे कह सकता हूँ? संकोच की बात है। इतना अवश्य कह सकता हूँ कि किसी व्यंग्यकार ने मुझे अधिक प्रभावित नहीं किया।

ज. किं. : व्यंग्य के अलावा अन्य किसी विधा में आपने लेखन किया?

ह. प. : नाटक लिखे हैं, लघु उपन्यास भी। लम्बी कहानियाँ भी लिखी हैं। कविताएँ मैंने कुल दो लिखी थीं, परन्तु मैं यह अच्छी तरह से समझ गया कि मुझसे कविता बनेगी नहीं। कविताई में सफल नहीं हूँ, इसलिए उससे दूर हूँ।

ज. किं. : क्या आप अपनी जीवनी लिखने का भी विचार कर रहे हैं?

ह. प. : मैंने कुछ संस्मरण लिखे हैं। वे एक पुस्तक में सम्मिलित हैं। उपन्यास के रूप में, अपने बारे में कुछ भी लिखने का इरादा नहीं है। संस्मरणों में मैंने कॉफी कुछ अपने बारे में कह दिया है। आगे चलकर यदि लोग चाहेंगे तो इन्हीं संस्मरणों के आधार पर जीवनी लिख डालेंगे। स्वयं ही स्वयं पर जीवनी लिखना अपने-आपको इतिहास बनाने जैसा है, यह बात तुम्हारे पिताजी (अम्बिका प्रसाद दिव्य) ने मुझसे कही थी। मैं उनसे सहमत था। वे अजयगढ़ से पाठ्य-पुस्तक निगम की एक बैठक में भोपाल आए थे।

ज. किं. : प्राचीन साहित्य में भी व्यंग्य मौजूद था। उस दृष्टि से आपको कौन-से लेखक पसन्द हैं?

ह. प. : सर्वाधिक प्रभावित तो मुझे मथुरा मंडल के लेखकों ने किया है। उग्र, निराला इस दृष्टि से मुझे अच्छे लगते हैं। पुराने लेखकों के व्यंग्य में शालीनता होती थी। उसे हम मखमली व्यंग्य कह सकते हैं। वे गुदगुदाते हैं परन्तु चुभते नहीं। समयानुसार व्यंग्य के तेवर बदल गए हैं। आज व्यंग्य को चुभना चाहिए।

ज. किं. : परसाई जी, क्या कारण है कि हिन्दुस्तानी लेखक अन्तरराष्ट्रीय स्तर पर इतनी ख्याति प्राप्त नहीं कर पाते? नोबेल पुरस्कार भी नहीं ले पाते?

ह. प. : किंजल्क, अपनी भाषा अन्तरराष्ट्रीय भाषा नहीं है। यूरोप की भाषाएँ अन्तरराष्ट्रीय हैं। स्पेनिश, फ्रेंच, इंग्लिश—तीनों अन्तरराष्ट्रीय भाषाएँ हैं। हम विश्व के पाठकों तक पहुँच ही नहीं पाते तो नोबेल पुरस्कार मिलेगा कैसे? हमारे देश का लेखन स्तरीय तो है, परन्तु भाषा के कारण मात खा जाता है। नोबेल पुरस्कार प्राप्त पुस्तकें मैंने पढ़ी हैं, परन्तु अपने यहाँ की पुस्तकें उससे कमतर नहीं हैं। सिर्फ भाषा के कारण यहाँ का लेखक रह जाता है।

ज. किं. : आपको कभी ख्वाहिश रही कि आपको नोबेल पुरस्कार मिले?

ह. प. : नहीं, कोई पुरस्कार मुझे मिले, ऐसी इच्छा मेरी कभी नहीं रही, लेकिन पुरस्कार मुझे मिले अवश्य हैं।

ज. किं. : परसाई जी, आपके लिए जीवन क्या है और प्रेम क्या है?

ह. प. : जीवन की परिभाषा कठिन भी है और सरल भी। माँ के पेट से पैदा होना अपने वश में नहीं है। कोई भी मनुष्य अपने माँ-बाप को नहीं चुनता। जहाँ उसे पैदा होना होता है, हो जाता है। संयोग से उसकी परिस्थितियाँ जो हैं, वे उसे मिल जाती हैं। उसका धर्म भी उसे मिल जाता है। उसकी सम्पन्नता, उसकी गरीबी भी उसे मिल जाती है, फिर वह अपने जीवन को बनाता है। इस आधार पर यह जीवन निरन्तर आगे बढ़ता है।

ज. किं. : अन्तिम प्रश्न, आपने अपने जीवन से क्या सीखा?

ह. प. : इस जीवन से मैंने अपनी रुचि, सुविधा, असुविधा, उद्देश्य और चेतना, इसके अनुसार ही केवल जीना और काम करना सीखा है। काम तो सब मनुष्य करते हैं, लेकिन जीवन का एक लक्ष्य बनाकर काम करना और सहज ढंग से काम करना ही श्रेयस्कर है। मैंने अपना लक्ष्य लेखन बना लिया और जीवनपर्यन्त लिखता रहा। आज भी लिख रहा हूँ।